L. 1264.
G. 49. d. 12.

à Conserver

COLLECTION
DES MÉMOIRES

RELATIFS

A L'HISTOIRE DE FRANCE.

*LA PHILIPPIDE, POËME,
PAR GUILLAUME LE BRETON.*

PARIS, IMPRIMERIE DE LEBEL,
Imprimeur du Roi, rue d'Erfurth, n. 1.

COLLECTION

DES MÉMOIRES

RELATIFS

À L'HISTOIRE DE FRANCE,

DEPUIS LA FONDATION DE LA MONARCHIE FRANÇAISE JUSQU'AU 13ᵉ SIÈCLE.

AVEC UNE INTRODUCTION, DES SUPPLÉMENS, DES NOTICES
ET DES NOTES;

PAR M. GUIZOT,

PROFESSEUR D'HISTOIRE MODERNE A L'ACADÉMIE DE PARIS.

A PARIS,

CHEZ J.-L.-J. BRIÈRE, LIBRAIRE,

RUE SAINT-ANDRÉ-DES-ARTS, Nº 68.

1825.

LA PHILIPPIDE,

POËME,

Par GUILLAUME LE BRETON.

NOTICE

SUR

GUILLAUME LE BRETON.

Nous avons déjà publié plusieurs poèmes historiques, celui d'Ermold le Noir sur le règne de Louis le Débonnaire, celui d'Abbon sur le siége de Paris par les Normands, etc. Aucun n'égale *la Philippide* de Guillaume le Breton en mérite et en importance : non que Guillaume soit un grand poète, comme l'ont pensé quelques érudits, toujours émus d'une paternelle admiration pour le manuscrit qu'ils ont lu presque seuls, ou mis au jour les premiers; aucun art de composition, aucune conception épique, aucune invention, ne se rencontrent dans son ouvrage; car quelques descriptions brillantes, quelques tirades animées par un sentiment énergique et vrai, ne font pas une épopée. *La Philippide* est, comme tant d'autres poèmes du VIe au XVe siècle, une chronique en vers; mais cette chronique, sous le point de vue moral et littéraire aussi bien qu'historique, n'en est pas moins d'une grande valeur. Si elle ne porte pas l'empreinte du génie de l'auteur, elle atteste les progrès de la civilisation et de l'esprit humain dans son pays et de son temps. Les poemes d'Ermold et d'Abbon appartiennent évidemment à une société barbare, non seulement sans institutions, mais sans idées, sans mouvement intellectuel, où la pensée et l'activité de l'homme se renferment dans la monotonie de ses habitudes et le cercle étroit des intérêts présents. Une histoire en vers n'est pour de tels écrivains qu'une œuvre un peu plus élaborée, où le travail de la construction des phrases sert, pour ainsi dire, de compensation à la stérilité des idées. Il est évident que Guillaume le Breton a déjà conçu de la poésie une idée plus juste et plus élevée; il sent qu'elle est appelée à retracer autre chose que des faits sans couleur et sans vie, qu'elle a le pouvoir de transporter l'imagination au milieu des scènes qu'elle représente, et qu'elle doit par conséquent les animer de toutes les circonstances, de tous les détails propres à produire sur l'esprit des lecteurs une impression semblable à celle qu'ont dû recevoir les témoins de l'action même. *La Philippide* sort donc de la sécheresse d'une pure narration. Si le poète ne peint pas, du moins il décrit; les mœurs des peuples, la situation des lieux, la forme des armes et des machines, les phénomènes de la nature entrent dans sa composition et y font passer quelque chose du mouvement intellectuel qui commençait à se produire en France; preuve certaine d'un accroissement de bien-être et de loisir qui permet à l'homme de porter sa curiosité sur des objets étrangers à l'intérêt du moment, et d'étendre la sphère de son existence. Ces descriptions contemporaines donnent à l'ouvrage de Guillaume le Breton un grand mérite historique; deux faits importans s'y révèlent d'ailleurs; la puissance complétement établie du lien féodal, manifestée en plusieurs endroits par l'expression du dévouement qu'il commande, et la naissance d'un sentiment national, dont les indices se font clairement reconnaître dans l'effet que produisit en France la victoire de Bovines; aux transports de joie et de fêtes qu'elle excita dans les moindres villages, à l'accueil qu'à son retour Philippe reçut partout sur sa route, enfin à la composition seule du poème, évidemment consacré à la gloire de ce grand événement, on pressent la différence qui commençait déjà à exister pour la France entre ces triomphes de province à province, de château à château, qui ne détruisaient que des Français, et une victoire remportée sur des Allemands et des Flamands; on aperçoit le germe de l'unité nationale, et la France est déjà, à ses propres yeux, autre chose que l'agrégation des possessions du comte de Champagne, du comte de Blois, groupées autour de celles du roi de Paris.

Quant à la confiance que peuvent mériter les récits de Guillaume, sa situation était de celles qui altèrent souvent la bonne foi de l'historien; mais un pareil danger était peu à redouter dans ces temps, où l'incertitude de la morale et la naïveté de l'intérêt personnel donnaient à la conscience une latitude très-favorable à la franchise des aveux; et il est certain que Guillaume était plus que personne à portée de savoir tout ce qu'il avait à raconter. Né vers 1165, en Bretagne, dans le diocèse de Léon, il avait été envoyé à Nantes à l'âge de douze ans pour y achever ses études et cultiver des talens poétiques, déjà remarqués, du moins dans sa famille. Entré dans les ordres, il fut très-promptement appelé à la cour de Philippe-Auguste en qualité de clerc ou de chapelain, et entra fort avant dans la confiance du prince, du moins en ce qui touchait ses affaires personnelles. Philippe l'envoya plusieurs fois à Rome pour obtenir du Pape qu'il approuvât son divorce avec Ingelburge de Danemarck; mission qui prouve à la fois et l'habileté reconnue de Guillaume et la complaisance de son zèle. Un poète de ses amis, Gilles de Paris, la lui a reprochée dans ses vers; et quoique Guillaume ait parlé de son influence dans les conseils, il paraît que sa familiarité avec le roi tenait à des services plus intimes. Il fut chargé de l'éducation de Pierre Charlot, fils naturel de Philippe, mort en 1249 évêque de Tours. Il avait auparavant accompagné son maître, en qualité de chapelain, dans la plupart de ses expéditions militaires, et fut témoin oculaire de ce qu'il raconte, entre autres de la bataille de Bovines. Son poëme de *la Philippide*, adressé à son élève Charlot, parut pour la première fois du vivant de Philippe : il y ajouta, en 1224, tout ce qui a rapport à la mort et aux obsèques de ce prince mort l'année précédente, et en fit alors hommage, par une seconde dédicace, au nouveau roi, Louis VIII. On ignore l'époque de la mort de Guillaume le Breton, on sait seulement qu'il survécut à Louis VIII mort en 1226. On ne connaît des biens d'Eglise qu'a dû lui procurer sa situation auprès du roi, qu'une place de chanoine au chapitre de Notre-Dame de Senlis, qu'il ne tint pas même de Philippe, mais de l'évêque Guérin, qui la lui conféra en 1219. On n'a aucun autre détail sur sa vie. Ses ouvrages sont au nombre de deux, *la Philippide* et une histoire en prose des *Gestes de Philippe-Auguste*, continuation de l'historien Rigord, qui avait écrit la vie de ce roi jusqu'en 1208. Celle de Guillaume s'arrête en 1219; très-probablement à l'époque où il fit paraître son poème pour la première fois. Elle est imprimée, jusqu'à l'année 1215, à la suite de l'histoire de Rigord, dans toutes les éditions et traductions de cet auteur; elle a paru toute entière, pour la première fois, dans le tome v^e

de la *Collection de Duchesne*, et ensuite, dans le tome xvie du *Recueil des historiens de France*; elle y a même été corrigée et complétée d'après un manuscrit trouvé dans la bibliothèque Cottonienne. Ces corrections et additions, renvoyées à la fin de ce volume du *Recueil des historiens de France*, déjà imprimé, lorsqu'on eut pour la première fois connaissance du manuscrit, seront rétablies dans le texte de l'histoire en prose de Guillaume le Breton, qui doit faire partie de l'une des prochaines livraisons de notre collection. Un long fragment de *la Philippide* parut pour la première fois à Anvers, en 1534, publié par Jacques Meyer, sous le titre de *Bellum quod Philippus, Francorum rex, cum Othone Anglis Flandrisque gessit*, et le poème entier a été depuis imprimé plusieurs fois, entre autres en 1697, avec un savant commentaire de Gaspard Barth. On vient enfin d'en donner, dans le tome xviie du *Recueil des historiens français*, l'édition la plus correcte qui ait encore paru.

On a désigné, sous le nom de Guillaume le Breton, plusieurs autres individus, qu'il ne faut pas confondre avec l'auteur de *la Philippide*.

F. G.

DÉDICACE.

A Louis, premier né de Philippe-Auguste Dieudonné, fils du roi des Français, Guillaume Breton de l'Armorique, salut!

La muse me présente sa coupe remplie de l'eau de Castalie, afin que je chante tes louanges, ô Louis, et les louanges du héros que la France se réjouit de t'avoir donné pour père, et de posséder elle-même pour prince; elle remplit mon cœur de l'enthousiasme poétique, afin que j'entreprenne de nouveau de traiter plus longuement le même sujet; et quoique mon esprit se reconnaisse insuffisant pour une telle tâche, je ne chercherai point cependant à l'éviter, et voici sur quel fondement je prétends excuser mon audace.

S'il t'a été permis, ô Gautier[1], de rapporter en tes vers fameux les actions du prince des Macédoniens, actions dont tu n'as été instruit que par les clameurs très-diverses de la renommée; s'il a été permis à tout poète païen d'entonner ses mensonges dans un langage sonore et retentissant; si l'on ne t'impute point à crime, ô Pierre de Riga, d'extraire même du sein de la loi, les sens qui y sont cachés[2], et de faire passer ceux que tu y découvres dans tes légères élégies, réduisant en un mètre plus raccourci les grandes actions des hommes, bien plus dignes d'être racontées en un langage homérique, pourquoi n'oserais-je pas aussi écrire ce que j'ai appris, ce que

[1] Gautier de Châtillon, auteur d'un poème sur Alexandre.
[2] Pierre de Riga mit en vers un commentaire sur l'ancien et le nouveau Testament, et l'intitula *Aurora*, l'Orient.

j'ai vu de mes propres yeux, les grandes actions d'un grand roi, qui n'est inférieur en valeur ni à Alexandre ni à Jules César, qui soumit le monde entier à la domination de la ville de Romulus, assertion bien démontrée et par l'éclat de l'Église et par la faveur du clergé, qui, vivant sous ce prince, jouissant d'une liberté prospère à la paix, soumet tous ses ennemis, quels qu'ils soient? A peine le Macédonien fut-il jugé digne de prolonger ses éclatans triomphes pendant deux fois six années, et Jules pendant seize années : durant trente-deux années consécutives l'active valeur du descendant de Charles [1] a eu sans cesse des ennemis à vaincre, jusqu'à ce qu'enfin il ait vaincu les Teutons, Othon et les Anglais, et détruit les enfans de la Flandre, en un seul combat, à Bovines. Toi donc qui t'attends à succéder à un si grand roi, comme son premier né, comme héritier du sang royal, afin que tu te montres digne d'être dignement décoré de ces dignes honneurs, veuille te prêter aux louanges de ton père et à tes propres louanges; daigne te rendre protecteur et seigneur de cet écrit, qui célébrera les actions admirables de ton père ainsi que les tiennes, afin que sous cette protection un plus grand respect s'attache à ce livre qui emprunte le titre et le nom de Philippe, et qu'à l'abri d'un si grand nom il ose se présenter avec plus d'assurance et redoute moins les offenses de la pâle envie.

A Pierre Charlot, fils de Philippe, roi des Français, salut [2]!

Et toi aussi sois mon protecteur, ô Charlot, rejeton

---

[1] Philippe-Auguste.

[2] Pierre Charlot, bâtard de Philippe-Auguste, était âgé de quinze

parfaitement ressemblant du roi très-auguste, à qui la nature créatrice t'a donné d'être exactement semblable par la vigueur du corps et celle de l'esprit, afin de montrer ta royale origine par des signes irrécusables, et de qui déjà tu suis les traces, de qui aussi, quoique dans un âge bien tendre, tu reproduis déjà et les vertus et les actions. Si j'ai réussi à célébrer naguère, autant qu'il était en moi, en des chants dignes de vous, toi, tes frères et ton illustre père; si je t'ai consacré de toutes les forces de mon ame un petit ouvrage puisé sans doute à une trop faible source, et si en l'honneur de ton nom je l'ai appelé la Carlotide, afin que tes louanges soient à jamais dans la bouche des lecteurs, que ta vaillance, même après ta mort, ne connaisse point la mort, et que la renommée des Charles survive même à ceux qui en ont porté le nom (car cette renommée, les poètes seuls lui donnent d'échapper à l'urne des tombeaux, en excitant par leurs écrits les modernes à se souvenir des anciens, dont la réputation périt alors que périssent aussi les chants des poètes); à ton tour aussi veuille une fois du moins honorer ce poète d'un regard favorable de ton céleste visage; accorde-lui ta gracieuse faveur, afin qu'il reçoive de toi une nouvelle force, et que, sous ta protection, il puisse affronter en face les maîtres cyniques qui professent l'erreur.

ans lorsque Guillaume le Breton, son précepteur, publia sa *Philippide*, comme le prouve un épilogue adressé à Philippe, et qu'on trouvera à la fin du poème. Charlot était alors trésorier de l'église de Tours. Il fut fait évêque de Noyon en 1240, et mourut en 1249, en se rendant à Jérusalem.

LA PHILIPPIDE.

CHANT PREMIER.

ARGUMENT.

Dans ce premier chant Philippe est revêtu des insignes honneurs de la royauté. — Une loi nouvelle expulse les Juifs et institue des peines contre les blasphémateurs. — Un feu de courte durée fait passer les hérétiques dans les feux éternels. — Philippe fait purifier Champeaux et le décore de murailles élevées. — Les ennemis de l'Église sont réprimés, et dès le premier assaut les deux villes de Châtillon[1] cèdent au roi vainqueur. — Sept mille Cotereaux sont mis à mort. — Une fournaise ardente consume tous les Juifs de Bray. — Le roi répondant d'une bouche éloquente au clergé de Rheims, lui rend actions pour actions, et paroles pour paroles.

Je tâcherai de raconter sommairement en mes chants véridiques les batailles et les glorieuses actions par lesquelles le magnanime Philippe a signalé, dès ses plus jeunes ans, son bras puissant dans le maniement des armes; car je ne veux rapporter qu'un petit nombre de faits au milieu d'un plus grand nombre. Et qui pourrait en effet écrire ces actions dans tous leurs détails, ou les renfermer dans ses vers, ou les confier au papier, ou même en garder le souvenir fidèle? De tels exploits seraient dignes de la muse de

---

[1] Châtillon-sur-Seine et Châtillon-sur-Cher.

Maron, le poëte des dieux, qui éleva jusques aux cieux les cendres de la ville de Troie, ou de celui qui fit succomber les remparts de Troie devant les Grecs vainqueurs, et qui chanta si dignement les voyages d'Ulysse, errant de lieux en lieux. Lucain, amant passionné de la gloire, non plus que celui qui raconta la Thébaïde en un poëme plein de charmes, ne suffiraient point pour rapporter complétement, d'une façon digne du sujet, tant d'ennemis vaincus, tant de guerres, tant de siéges, tant de bonnes actions dans le palais, tant d'actes de valeur dans les exercices de la chevalerie. Il n'est personne qui soit en état d'épuiser un puits si large et si profond; personne même qui ait pour y puiser des cordes ou des seaux propres à supporter un tel poids. Je prendrai donc dans cet ensemble une part quelconque, qui sera pour moi comme la totalité. Je renonce à saisir le tout; à peine osé-je en aborder une partie.

Courage donc, ô muse, couvre-toi de sueur avec empressement, pour honorer un homme si éminent en toutes choses, et commence ton récit dès l'année où le roi nouveau vit briller en ses mains son sceptre d'ivoire. Que ce soit là le point de départ de tes nouveaux chants; poursuis ensuite, et dis par quels triomphes la France a mérité sous son règne d'être élevée en puissance; dis par quel chevalier elle a courbé devant ses enfans les têtes des Neustriens, après avoir mis en fuite le roi des Anglais; et continuant ton récit, marche en avant d'un pas régulier, ayant soin de choisir un terrain solide sur les rivages de cette mer, afin de ne pas t'engloutir dans ses profondeurs. Toutefois veuille, dans le principe, rapporter quelle fut l'origine de la race des Français; quel fut celui qui donna aux Français un si grand nom; quelle région les envoya dans le pays qu'ils occupent maintenant; car tu sais qu'il est toujours nécessaire, quel que soit celui dont on parle, que l'on sache quel il est, avant que l'on apprenne ce qu'il a fait lui-même. Aide-moi à montrer que je connais la mer sur laquelle je déploie mes voiles, afin que je parcoure d'une marche plus légère le chemin qui s'ouvre devant moi, car il est bon d'observer en toutes choses une méthode régulière.

Et toi, Christ, qui es la splendeur de Dieu, la puissance, la sagesse, le Verbe, qui procèdes de toute éternité du Père éternel, qui es véritablement le Verbe, la lumière issue de la vraie lumière, le vrai Dieu procédant du vrai Dieu, unique et identique, co-éternel au Père et à l'Esprit-Saint, je t'invoque en commençant; que ta grâce soit présente et vienne à mon secours; qu'elle me conduise à travers les aspérités de la forêt sans que rien heurte mon pied, sans que mon esprit, qui sans toi ne saurait comment se diriger, soit enveloppé de ténèbres. Sans toi rien n'est brillant, sans toi aucun chemin ne peut être ouvert: ô toi, qui es la lumière de l'astre de l'orient, dissipe les brouillards de mon esprit de ton céleste rayon; donne à mon entendement de briller de la lumière d'en-haut; enseigne à ma main ce qu'elle doit écrire, à ma langue ce qu'elle doit dire; conduis-moi par le droit sentier; prête-moi des forces nouvelles pour mes chants; sois mon chemin et mon guide, mon navire et mon Palinure; rends ma marche assurée à travers ces mers semées d'écueils.

Lorsque, par l'effet d'un jugement secret, le royaume de Priam eut été livré aux feux des Grecs par la colère du Dieu vengeur, qui double le châtiment des pécheurs en les frappant par le bras même des pécheurs (faisant ainsi tourner en moyens de salut les crimes des hommes qu'il voit pour long-temps encore plongés dans les souillures du péché), Francion, fils d'Hector, fils de Priam, ayant donné la sépulture à son père, et redoutant les terribles vengeances des Grecs, voyant toute l'Asie et la Troade réduites en cendres, se prépara à chercher au loin une meilleure patrie, selon que le sort ou la force des armes lui donneraient de l'obtenir. Une troupe choisie de jeunes gens se réunit à lui pour s'associer à son exil ainsi qu'à ses travaux ; et comme par son extrême valeur et par ses exploits il leur fit acquérir beaucoup d'honneur et de nombreuses victoires, ces jeunes gens le reconnurent pour leur roi, en posant le diadème sur sa tête, et s'appelèrent d'un commun accord du nom de Francs, afin qu'appelés Francs, ceux qui avaient adopté Francion pour chef pussent lui ressembler par leurs actions, aussi bien que par leur nom. Marchant alors avec leur roi, ils passèrent sur des bateaux le fleuve du Danube, que l'on peut à peine traverser à la nage, et non loin de ses bords ils fondèrent la ville qu'ils nommèrent *Sicambrie*, et dans laquelle Francion régna le premier avec eux, après avoir soumis à son empire la totalité de ce royaume, qui a été appelé Austrie dans la langue teutonique. La nation des Francs posséda ce royaume durant un très-long temps, savoir onze cent vingt-deux ans avant que la bienheureuse Vierge eût mis au monde le Christ, et trois cent soixante-seize ans depuis la naissance de Dieu.

Après que Francion eut perdu le souffle de la vie, cette noble race s'accrut à l'infini, et ses brillantes forces se multiplièrent à tel point qu'une seule contrée ne fut plus en état de contenir sa nombreuse population. Ibor donc se sépara d'elle[1], suivi d'une troupe considérable d'hommes francs, au nombre de vingt-trois mille, sans compter le sexe féminin et tous ceux encore qui ne pouvaient porter les armes. Étant sortis du pays de leurs pères, ils allèrent à travers les campagnes de la Gaule, cherchant un emplacement convenable pour élever des murailles, et s'appelèrent *Parisiens*, d'un mot grec qui, traduit en notre langue, veut dire courage, prenant ce nom uniquement pour éviter toute erreur, et ne voulant d'ailleurs se distinguer, que par le nom, des Francs dont ils s'étaient séparés.

Mais déjà s'élevait sur les rives de la Seine cette ville plus belle que toutes les autres villes, dont la faiblesse de mon esprit ne me permet pas de célébrer tous les avantages, qui est la capitale du royaume, qui nourrit les illustres rejetons des rois, et qui est l'institutrice de l'univers entier. Et quoiqu'à vrai dire, aucun lieu dans le monde ne brille au-dessus de celui-là, comme à cette époque ses marais et son territoire humide la rendaient toute fangeuse, les Parisiens l'appelèrent *Lutèce*, d'un nom qui convenait à cette circonstance[2]. Ils y habitèrent pendant un très-long temps, menant une vie simple, se gouvernant eux et leurs peuples

---

[1] On lit en marge du manuscrit : Ibor était un noble Franc, qui fut prince de vingt-trois mille Francs.

[2] *Lutum*, fange, bourbier.

selon les usages des Gentils, payant annuellement aux Romains le tribut qu'ils leur devaient, et vivant suivant les lois de leurs pères.

Quant aux Francs, Valentinien ne put réussir à les dompter, malgré les plus grands efforts, et quoiqu'il eût tenté à plusieurs reprises de les soumettre à l'Empire romain : voyant qu'ils étaient toujours invincibles, et ne pouvaient être subjugués dans aucun combat : « Ceux-là, s'écria-t-il, je les appellerai véritablement « *Francs,* que leur valeur rend toujours farouches « et indomptables [1]. »

Le roi Priam régnait alors en Austrie sur tous ces Francs. Lorsqu'il eut acquitté sa dette envers la nature, son fils Marcomir lui succéda dans son royaume, et par sa valeur, s'éleva au-dessus de tous ses ancêtres. Valentinien lui écrivit enfin en ces termes : « Franc, « je te remets pour deux fois cinq ans le tribut que « tu me sers, et je me fais ton ami, sous la garantie de « la paix, si tu me prêtes ta milice jusqu'à ce que j'aie « triomphé du peuple alain, qui se déclare l'ennemi « des Romains et ose vouloir soustraire sa tête à no- « tre joug, tant il puise de courage dans les fureurs « d'une populace armée et accoutumée au pillage, « dans la multitude de sa race et dans l'aspect horri- « ble des lieux qu'il occupe, couverts de montagnes « et de rochers escarpés, et impénétrables à tout en- « nemi. »

Tout joyeux de cet écrit, Marcomir et les soldats francs acceptent ces propositions, vont combattre les Alains, et, dans l'emportement de leur fureur, font

---

[1] Il y a ici sur les mots *francus*, *ferancus* et *ferus* un jeu de mots, qu'il est impossible de reproduire.

de ceux-ci un si cruel massacre, que de cette immense multitude il n'en demeura pas un qui ne fût ou décapité par un chevalier franc, ou frappé de mort après avoir subi des tourmens de toute espèce, et qu'il n'échappa à ce carnage que ceux à qui la nature avait refusé la force de combattre. Cet exploit excita l'admiration de tout le monde, et la gloire des Francs se répandit dans le monde entier. Après l'expiration des dix années, Rome redemanda aux Francs son ancien tribut. Ayant racheté leur liberté au prix de leur sang, les Francs au cœur farouche dirent alors qu'ils aimeraient mieux souffrir l'exil et renoncer entièrement à leur patrie que de demeurer soumis à Rome sous la dure loi d'un tribut. Et comme après la mort de Valentinien, la république romaine se trouvait fort affaiblie, les Francs, sortant de leur pays, allèrent de leurs bras vigoureux subjuguer les Germains et les Teutons, même les Allemands, les Tongres et les Belges, les Saxons et les Lorrains, et tous les peuples en outre qui sont répandus dans les champs des Gaules jusqu'à ce que l'on arrive sur les bords du fleuve de la Seine; et aucun duc, ou comte, ou roi, ne put demeurer vivant, s'il ne se soumit volontairement à la valeur de ces Francs.

Lorsqu'ils apprirent que les Parisiens étaient issus de la race dont eux-mêmes descendaient, les chevaliers francs s'en firent des amis au moyen d'une solide paix, les appelant frères des Francs, et concluant avec eux un traité durable, en sorte que les Francs et les Parisiens ne formèrent plus qu'un seul peuple. Leur ville alors fut pour la première fois appelée Paris, cette ville à qui d'abord le site même où elle se trouvait avait fait donner le nom de Lutèce. Partant ensuite de ce lieu avec Pharamond, fils de Marcomir, que son père leur avait donné pour roi, les enfans des Francs allèrent soumettre à leurs puissantes armes tout ce qu'il y a de pays entre la mer qui nous sépare maintenant des Anglais, et les confins et les ports éloignés de l'Espagne, que l'on a coutume d'appeler vulgairement les barrières de Charles [1]. C'est ainsi que l'on nomma France, du nom des Francs, la terre qui avait eu plus anciennement le nom de Gaule, et dans laquelle Pharamond fut le premier revêtu des honneurs de la royauté, après avoir entièrement expulsé les Romains. Son propre fils, Clodius, lui succéda. Celui-ci, en mourant, laissa son sceptre à Mérovée, et le fils hérita de nouveau des droits de son père. Mérovée eut pour fils Childéric ; et en mourant, il l'institua roi et son successeur, en vertu de ses droits paternels. Ce dernier fut père du roi Clovis, le premier entre les rois des Francs qui fut jugé digne de croire en Christ et de trouver une nouvelle vie dans les eaux du saint baptême. Lorsqu'il se fut converti aux dogmes de l'Évangile, et comme saint Remi se disposait à l'oindre de l'huile sacrée, voilà que l'ennemi de l'homme, tout affligé et toujours envieux de l'honneur de l'Église, brisa le vase, et répandit la liqueur sainte, cherchant par là, lui qui trouve toujours dans sa propre nature mille moyens de faire le mal, cherchant à provoquer le roi à renoncer à son vœu, ou du moins à différer son baptême de quelques heures, tout joyeux de pouvoir nuire, sinon tout-à-fait, du moins autant qu'il était en son

---

[1] Les Pyrénées, appelées par Matthieu Paris *la Croix de Charles.*

pouvoir, et tâchant d'affaiblir d'une manière quelconque la vertu du roi, car il aime toujours à perdre les ames bien plus que les corps. A cette vue, la troupe païenne fut ébranlée; tous s'écrièrent que ce fait était arrivé par la puissance de leurs dieux, que le roi ne devait point se détourner des voies antiques que toute sa race avait jusques alors suivies, et que cet événement démontrait avec évidence que le Dieu même qui avait permis que l'huile sainte fût répandue et le vase brisé ne voulait pas que le roi, tout couvert de cette huile, se liât à la loi du Christ. Mais le saint archevêque, levant alors vers le ciel les yeux et les mains, obtint par ses ardentes supplications qu'une liqueur sacrée fût envoyée du ciel même avec un vase sacré. Publiquement, et à la vue du roi lui-même et de tous ses Francs, un ange, envoyé du ciel, apporta à l'archevêque cette huile, dont ce même roi fut sacré le premier; et depuis lui, tous les rois des Francs, lorsqu'ils sont appelés à porter le sceptre, et au moment de leur couronnement, sont sacrés de cette même huile. Ainsi, tandis que redoutant de perdre un seul roi, l'ennemi de l'Église inventait une fraude perfide, il arriva qu'il mérita de perdre en même temps tous les Francs, car les païens, ayant vu un si grand miracle, se firent tous rajeunir dans les eaux de la vie éternelle.

Quel roi a succédé à un autre roi depuis cette époque jusqu'à nos jours, c'est ce que tu pourras apprendre, ô lecteur, par cet arbre généalogique que je place ici sous tes yeux, et dans lequel Pharamond se présente le premier, parce que le premier il régna sur cette terre des Francs : et cependant l'opinion la plus commune affirme que Clovis est le premier de ces rois, parce que le premier il mérita de croire en Christ et d'abandonner les erreurs des Gentils. Partant de Pharamond comme de celui qui fut le tronc, la ligne se développe et montre quelle fut la descendance directe et ensuite la descendance collatérale. . . . .[1].

C'était l'an 1179 après le temps sacré de l'enfantement de la Vierge, que le père très-pieux de Philippe résolut de mettre dans les mains de son fils le sceptre royal, au jour vénérable sanctifié par la sainte Assomption de la bienheureuse Marie. Comme les grands du royaume et ceux que décorent les honneurs de l'épiscopat avaient été appelés pour prendre part à de si grandes joies, comme on était près du jour où le nouveau roi devait recevoir l'onction, celui-ci, accompagné de ses serviteurs et de jeunes gens de son âge, s'était rendu dans la forêt de Cuise[2] pour y chasser. Le hasard lui ayant fait rencontrer à lui seul un sanglier, le prince, encore enfant, entraîné par l'amour de la gloire et du butin, se lança à sa poursuite dans la profondeur des bois, sans être accompagné de personne. Comme il se trouvait déjà bien loin des chasseurs et ne pouvait entendre ni leurs cris, ni les cors, ni les aboiemens des chiens, tout-à-coup, tel qu'une ombre et une fumée, s'évanouit à ses yeux ce sanglier trompeur, si toutefois il est permis de nommer un sanglier celui qui voulut nous frapper d'une si grande plaie et enlever si brusquement aux Fran-

---

[1] Il y a ici une lacune dans laquelle se trouvait cet arbre généalogique rapportant la série des rois de France.

[2] De Cuise ou de Compiègne.

çais leur Philippe, qui était seul et unique héritier de son père et du royaume. L'enfant donc, ayant voulu retourner auprès de ses compagnons, ne put plus retrouver son chemin, ne sut même plus de quel côté il devait se diriger; et, n'ayant personne avec lui, il erra sans relâche deux jours et une nuit de suite. N'ayant pour toute consolation que la compagnie de son cheval, portant de tous côtés ses pas inquiets, ô terreur! il allait se précipitant à travers tous les mauvais pas, en tous sens, dans les lieux où ne se trouvait point de sentier, partout enfin où le conduisait sa marche incertaine et vagabonde. Pendant ce temps, ses amis affligés le cherchaient de tous côtés, et enfin ils le trouvèrent le soir du second jour, après de longs ennuis. Il se mit au lit pour quelque temps, et tomba malade, non sans y être poussé par de nombreux motifs, par la frayeur et la faim qui l'avaient tourmenté durant deux jours, et par la fatigue qu'il avait endurée en errant ainsi, au grand chagrin de tout le peuple. Le jour que l'on avait fixé pour son sacre se trouva ainsi dépassé.

Il n'est pas douteux cependant que cette épreuve ne tomba sur lui qu'afin que Dieu le rendît meilleur par cet accident et plus attentif à prendre soin des affaires du royaume. Une chose en effet qui se distingue par de si grands honneurs, que sa propre excellence fait vivement desirer, plus elle est différée, plus il faut de grands efforts pour y atteindre, et plus aussi elle est agréable, plus elle devient chère, plus elle mérite de fixer les plus vives affections, car ce qui s'obtient sans effort devient méprisable, et l'on aime bien mieux ce que l'on n'acquiert qu'à force de travail. Par là en outre notre ennemi tombe dans la confusion, lui qui se plaît toujours à corrompre les bonnes semences, qui, lorsqu'il ne peut les faire disparaître, travaille du moins à différer ce qui nous est avantageux, cherchant toujours à s'opposer aux bonnes actions. Et lui-même ne nous est nuisible qu'autant que cela lui est permis par le Seigneur, qui nous éprouve et nous exerce par lui, afin de nous couronner après la victoire remportée sur le tentateur, et afin que notre vertu, sans cesse éprouvée, aille aussi s'augmentant sans cesse.

Il fut donc nécessaire de déterminer à l'avance une autre époque pour que le roi reçût le diadème, après qu'il serait guéri.

Quatre années avant cette époque, le père de ce prince, partant ainsi qu'un pèlerin, s'était rendu dévotement, pour y faire ses prières, à l'église dans laquelle reposent les ossemens de Thomas le martyr, dont les vertus ont embaumé le monde entier, par la puissance de celui pour le nom duquel Thomas souffrit et mourut. Le roi très-pieux, se tenant debout devant le sépulcre du saint martyr, et répandant des larmes, fit entendre entre autres paroles les paroles suivantes : « Hôte saint, notre dévotion t'a con-
« solé dans ton exil par des honneurs bien inférieurs
« à ceux qu'elle eût voulu te rendre. Toi cepen-
« dant, obligé de prendre la fuite pour la cause de
« la liberté de l'Église, daignant sanctifier mon
« royaume durant ton exil, y vivant saintement et en
« toute piété pendant sept années, tu as reçu d'un
« cœur satisfait ce que nos ressources nous permet-
« taient de t'accorder, ainsi qu'aux saints pères que

« l'ennemi de la foi avait condamnés comme toi à
« l'exil. Après cela, rappelé dans ton pays sous les
« fausses apparences de la paix, lorsque j'étais tout
« attristé d'avoir à renoncer à ta présence, tu me dis
« (et sans doute l'esprit qui sanctifiait mon hôte ne
« souffrira pas que ses paroles demeurent sans effet),
« tu me dis donc : « Roi très-pieux, la compassion que
« tu as toujours montrée pour moi, en me traitant
« en citoyen, et non en exilé, cette compassion avec
« laquelle tu m'entretenais, pour me consoler, de
« présens continuels, et m'offrais mille soulagemens
« dans mon exil, cette compassion est et demeurera
« à jamais gravée dans mon cœur, et je garderai à ja-
« mais un profond souvenir de ta bonté. Je m'engage
« donc par un vœu, et dans toute la sincérité de ma
« foi, à ce que, dans toutes les choses que tu voudras,
« et que tu m'auras demandées pour toi ou pour les
« tiens, tu n'essuies jamais aucun refus, autant que
« le Seigneur m'aura donné la puissance de les ac-
« complir. » Telles furent tes promesses, ainsi tu te
« lias spontanément envers moi. Maintenant sou-
« viens-toi de ta parole; maintenant le lieu et l'occa-
« sion t'imposent le devoir de faire ce que vient te
« demander ton ami, ou plutôt ton serviteur très-sou-
« mis. Voilà, tu es puissant; voilà, Dieu t'accorde,
« dans sa générosité, tout ce que tu lui demandes
« toi-même; voilà, par l'effet de tes mérites, tous les
« infirmes qui viennent implorer ton assistance re-
« tournent chez eux parfaitement sains. Puissant pro-
« tecteur, je place Philippe sous ta tutelle : conserve-
« le, seconde-le dans ses entreprises, veuille être en
« toute chose son premier protecteur, je ne te recom-

« mande que lui. Père très-bon, prends pour lui un
« amour de père, aie pour lui la tendre sollicitude
« d'un tuteur, pour lui que la divine clémence, par
« l'effet des mérites des saints, des prières des hom-
« mes et des tiennes, m'a donné pour unique héritier
« lorsque j'étais déjà décrépit et affaissé sous le poids
« des ans. »

Que les prières sacrées d'un père ont été exaucées par le saint martyr, c'est ce qu'ont bien prouvé le fait suivant et les événemens postérieurs. En effet, la piété de son père et les mérites du bienheureux martyr l'ont assisté, et il s'est montré tel en toutes choses qu'il est devenu digne de recevoir les dons célestes. Bien plus, le saint le choisit spécialement pour vengeur de son propre sang, et résolut de se servir de lui et de ses enfans pour extirper jusque dans ses plus profondes racines la race ensanglantée des parricides. Le même martyr l'annonça dans une inspiration divine à un saint homme, et lui ordonna de dire ces choses au roi, afin qu'il fût mieux assuré que de tels combats seraient agréables au Seigneur. Et quoique cet homme ait différé de rapporter la vision qu'il avait eue, lorsque tous ces parricides eurent été presque entièrement détruits par les armes de Philippe, l'événement se justifia lui-même, et le résultat prouva bien que la vengeance du martyr avait été confiée au roi.

Enfin arriva le jour vivement desiré de tous, qui est le premier de novembre, jour depuis long-temps sanctifié par tous les saints, et maintenant devenu bien plus saint encore, jour où le roi très-auguste brilla décoré de tous les honneurs de la royauté et fut oint de l'huile sainte, dont Dieu a donné à nos rois de se servir en cette circonstance; huile préparée des mains des anges par un effet de la puissance divine, afin que ceux qui portent successivement le sceptre des Français soient seuls et spécialement consacrés par elle; par où l'excellence particulière de notre royaume est mise en évidence, en sorte que notre roi devient bien véritablement plus grand que tout autre roi, lui que le métropolitain de Rheims, assisté des autres prélats, ses collègues, a seul le droit de consacrer de ce saint chrême, que l'huile céleste n'a destiné qu'à cet unique usage. Ce fut donc cette huile, et non aucune autre, que Guillaume, archevêque dans la ville de Rheims, répandit sur les membres de notre roi, descendant de Charles, en se conformant aux usages suivis par ses devanciers. Pénétré de respect, il posa sur sa tête le diadême sacré, au milieu des applaudissemens du clergé et du peuple. Ainsi les bontés du Christ nous accordent une gloire toute particulière, à nous qui jouissons en commun des honneurs des Français. Ainsi le roi des cieux se fait l'ami de notre roi, ainsi il exalte au dessus de tous les rois de la terre celui qu'il fait seul consacrer de la sainte onction du ciel, tandis que les autres ne sont consacrés que d'une essence toute matérielle.

A cette époque, le père de Philippe était âgé de soixante et dix ans, et dans le cours de cette même année, il passa dans le sein du Seigneur [1]. Philippe lui-même n'avait pas encore atteint la moitié de sa quinzième année; ses joues se couvraient à peine d'un léger duvet; il avait vu deux fois sept années et deux

[1] En 1180.

mois de plus. Aussitôt qu'il se trouva seul chargé de l'administration du royaume, devenu libre, et gouvernant par sa propre volonté, il se livra tout d'abord, de toute la puissance de son corps et de son ame, au bon plaisir du Seigneur, de celui qui l'avait choisi lui-même pour être la gloire spéciale du monde. Desirant donc consacrer ses premiers actes à son bienfaiteur, il retira son amour aux Juifs, qui ont en haine et Dieu et la loi de l'Eglise et ses sacremens. Ensuite il remit leurs dettes à tous ceux qui devaient aux Juifs une chose quelconque, en retenant la cinquième partie pour lui, afin de protéger les droits de son royaume. Car son père avait eu de faibles revenus et ne lui avait rien laissé absolument, si ce n'est sa puissance, afin qu'il lui succédât comme son légitime héritier; tant les mains généreuses de ce père trèspieux avaient d'ailleurs dépouillé le domaine royal, pour l'usage de ceux qui sont les membres du Christ. Le roi même eût pu, s'il l'eût voulu, prendre tout cela pour lui, et sans faire aucun dommage à ceux à qui il l'eût pris, puisque c'était la propriété et le mobilier de ses esclaves. Bientôt après [1], il chassa ces mêmes Juifs de tout le territoire de son royaume, qu'il délivra ainsi d'une peste dangereuse, accordant toutefois à ces malheureux le temps nécessaire pour qu'ils pussent préparer leurs effets mobiliers, leur personne et celle des leurs, pour ce départ, selon que le prescrit l'usage.

Les superstitions de la synagogue ainsi rejetées, le roi fit consacrer les synagogues en églises, et en tous lieux où il y avait eu une école ou une syna-

[1] En 1181.

gogue, il augmenta le service divin et en institua dans tous les quartiers. Et afin que le culte de Dieu ne pérît point, si par hasard ses ministres venaient à se trouver dans le besoin, il donna à tous les établissemens de grandes dotations. Ensuite il sanctionna et fit publier dans tout le royaume une nouvelle loi, afin que nul ne fût assez téméraire pour blasphémer par le cœur, ou la tête, ou tout autre membre, de Dieu, de telle sorte que celui qui aurait transgressé cette même loi serait tenu de payer quatre fois cinq sous aux pauvres du Christ, ou serait jeté dans les eaux du fleuve, voulant par là détourner les hommes de ce péché et réformer peu à peu cette détestable habitude, dont la France n'est que trop souillée, de déchirer en quelque sorte les membres bienheureux de Jésus, pour rien du tout, pour les choses les plus futiles, ou de lui imputer criminellement les péchés dont il s'est chargé lui-même pour notre propre salut.

Les Juifs ayant été expulsés et mis en fuite avec une sainte rigueur, le roi ordonna ensuite de rechercher au plus tôt les hérésiarques, qui séduisent les cœurs des simples par leurs dogmes remplis de faussetés, tuant ainsi par leurs fraudes secrètes les âmes qui ne se tiennent pas sur leurs gardes, et ceux encore qui nient les avantages du mariage, qui disent que c'est un crime de manger des viandes, ou qui cherchent à introduire d'autres superstitions, sur lesquelles Paul s'est expliqué en peu de mots dans une de ses épîtres. Tous ceux qui prenaient goût à des doctrines contraires à notre foi, et que l'on appelle du nom vulgaire de Poplicains, contraints à sortir de leurs ténèbres et de leurs asiles cachés, étaient traduits au grand jour, et, selon l'ordre des juridictions, convaincus et envoyés au feu, allaient souffrir temporellement d'une flamme matérielle, pour souffrir ensuite à jamais dans les flammes de la géhenne. Toutefois à l'heure même de leur mort, et s'ils se sont repentis en toute pureté de cœur, ils ont pu éprouver l'indulgence de ce Dieu qui, suspendu sur la croix, selon ce que nous lisons, dit au larron attaché aussi sur une croix : « Tu seras doté de la vie « éternelle, et tu seras aujourd'hui avec moi dans le « paradis [1]. » Voilà ce que valut à ce larron le mérite de la foi, la contrition du cœur et cette grâce qui devance les mouvemens spontanés, au moment où il suppliait le Seigneur, se trouvant placé sur le seuil de la tombe.

Ainsi le roi purgea le territoire de son royaume de tous les hérétiques et de la criminelle perfidie des Juifs, qui souillent le monde de leurs usures : et dès lors nul ne put plus vivre dans toute l'étendue du royaume, s'il s'opposait aux lois de l'Eglise, s'il ne consentait fermement et en tout point à toute la foi catholique, ou s'il reniait les sacremens.

Il est à Paris un lieu que l'on appelle Champeaux, et dans lequel sont ensevelis, de droit commun, les corps de tous ceux, quelque nombreux qu'ils soient, qui sortent du monde dans cette ville. Ce lieu était d'ordinaire ouvert à tout venant, et même aux cochons, rempli d'immondices, de pierres et de beaucoup de fumier, et ce qui était encore pire que tout le reste, les courtisanes s'y livraient à leurs prostitutions. Ainsi

[1] Évang. selon saint Luc, ch. 23, v. 43.

l'on faisait la plus grande insulte aux morts et à un lieu consacré, pour lesquels on doit toujours, d'après les ordres de Dieu, avoir la plus grande crainte et le plus grand respect. Le roi donc, brûlé du zèle de l'amour divin, et indigné que l'on se permît de telles abominations en un cimetière consacré, où reposent ensevelis les corps d'un grand nombre de saints, le fit entourer de pierres carrées, et fit construire des murailles bien unies, suffisamment élevées et sur une circonférence assez vaste, telles qu'on les fait dans les châteaux ou dans les villes. Par là ce lieu sacré fut purgé de toute souillure, et dès ce moment on lui rendit l'honneur qui lui était dû.

Tandis que cet auguste roi extirpait avec puissance et à toute heure les crimes des Français et ceux qui sont les amis des crimes, tandis que, tout nouvellement parvenu au trône, il se réjouissait d'affermir la foi catholique, dès le commencement de son règne, par l'expulsion des hérétiques, Hébon du Berry [1], Gui, comte de Châlons, et le farouche Imbert, qui tenait sous sa domination le château de Beaujeu et plusieurs autres châteaux, entreprirent de porter préjudice, de toutes sortes de manières, à l'Eglise du Christ et aux ministres de l'Eglise, et l'entreprirent dans leur pays, où chacun d'eux croyait pouvoir prendre plus de licence. Le roi, enfant par son âge, mais homme mûr par son courage et la force de ses armes, les détruisit par la guerre plus promptement qu'on n'aurait pu l'espérer, et les contraignit tous à courber la tête sous les pieds de l'Eglise. Le roi accabla ces brigands d'un bras si vigoureux que tout ce qu'ils avaient enlevé

---

[1] Hébon ou Ebbon de Carentan, en Berry.

au clergé ou aux colons du clergé, ils le leur restituèrent, après avoir préalablement payé une amende. Ainsi ce roi, encore tout nouveau, dès son début consacra très-dévotement au Christ et à l'Eglise les prémices de ses œuvres et ses premières armes. Ainsi, tout récemment revêtu des insignes de la chevalerie, il sut d'abord les employer pour Dieu ; ainsi jeune chevalier il aima mieux défendre par ses armes le patrimoine du Crucifié, que s'en aller de lieu en lieu cherchant de vains exercices, ou poursuivant les frivoles honneurs d'une renommée trompeuse ; et par là il mérita que le Seigneur l'élevât, dans les années suivantes, par de brillans succès, et dirigeât toujours heureusement les entreprises de son jeune champion. En outre, le Seigneur daigna le visiter par une apparition que je vais raconter, et se montrer à lui face à face.

Dans le château qu'entoure de toutes parts la forêt d'Iveline, et auquel saint Léger a donné son nom, le roi étant un jour à entendre célébrer les mystères de la messe, vit entre les mains du prêtre, au moment même de l'élévation, un enfant d'une admirable beauté, et les anges, citoyens des cieux, entourant de très-près cet enfant, et lui témoignant un extrême empressement. A cette vue le roi s'humilia la face contre terre et tout inondé de larmes, et se dévoua tout entier devant l'autel au Seigneur des cœurs, qui dévoile ses secrets quand il veut et à ceux qu'il veut choisir. Mais dans tout le peuple qui l'entourait, nul, pas même le prêtre, ne fut appelé à voir la même chose ; la puissance mystérieuse se découvrit au roi seul, seul jugé digne qu'un si grand spectacle lui fût offert ; afin que celui qui était déjà si empressé à protéger le clergé et l'Eglise, devenu plus empressé encore et plus dévoué par cette apparition, se disposât pour le reste de sa vie à des œuvres de vertu. Ainsi il est hors de doute que les secrets de la foi lui furent alors révélés, afin qu'il apprît avec quelle puissance le Christ pourvoit au salut des hommes, par les mystères, lui qui tous les jours, pour l'amour des pécheurs, s'offre véritablement lui-même en sacrifice à son Père sous l'apparence du pain, lorsque le ministre catholique célèbre les saints mystères, ayant soin d'observer les formes adoptées dans l'Eglise, et que le Christ lui-même a enseignées.

Le roi n'avait pas encore accompli sa seizième année, et déjà il protégeait l'Eglise de Dieu, de telle sorte que tous le reconnaissaient hautement pour l'athlète du Christ, et le défenseur de la foi et du clergé. Mais voilà que plusieurs des grands du royaume, comtes et ducs, appréciant la circonstance de ses jeunes années et non les forces de son ame, oubliant l'amour dont le vassal est tenu envers son seigneur, le chevalier envers son roi, et conspirant dans le même but, se disposent en commun à l'attaquer et à faire la guerre à leur roi; entre autres le comte Etienne, qui possédait les remparts de Sancerre et occupait en grande partie les campagnes du riche Berry, qui produisent un vin renommé, quoiqu'il fût vassal et oncle du roi (car sa sœur était la reine Adèle, mère du roi), déclara la guerre à son seigneur et neveu [1]. Mais celui qui passait dans leur esprit pour délicat, frêle encore et dénué de sagesse, et dont ils croyaient qu'il ne pourrait se défendre, leur fit voir tout aussitôt et

---

[1] Rigord rapporte ce fait à l'année 1180.

très-clairement combien il était différent de l'opinion qu'ils en avaient, et se montra roi dans la guerre, vieillard par la tête, jeune homme dans l'action, homme mûr par la force de son esprit; frustrés dans leurs espérances, ils trouvèrent justement armé de sévérité celui qu'ils avaient dédaigné comme trop doux; celui qu'ils avaient espéré pouvoir vaincre, ils le reconnurent pour invincible; celui qu'ils avaient cru encore assujéti à la condition de son jeune âge, ils apprirent qu'il n'avait rien à attendre des années ni du temps.

Non loin du fleuve de la Loire, le château de Châtillon[1] brille au milieu de champs fertiles, orné d'un côté par les eaux de ce fleuve agréable, sur les autres côtés entouré de vignobles, fier de ses tours élevées, de ses murailles et de ses fossés, comme s'il eût voulu publier qu'il ne redoutait aucune force humaine. A cette époque, le comte Etienne remplit en outre ce château d'armes, de grains, d'hommes vaillans et de nombreux chevaliers. Mais le roi précipita sa marche rapide, assiégea vigoureusement le château, le prit d'un bras puissant, plus promptement qu'il n'avait espéré, et l'ayant pris il le détruisit complétement; se livrant aux transports de sa colère, il le brûla jusque dans ses fondemens; et envoyant des coureurs dans les environs, il ravagea le territoire voisin, enleva du butin et ceux qui cultivaient la terre et leurs riches dépouilles. Alors cependant Etienne, voyant que ses pertes étaient irréparables (car le malheur avait ouvert son entendement), vint en suppliant s'humilier aux pieds du roi, et déposant les armes,

[1] Châtillon-sur-Cher.

remit à sa disposition et sa personne et tous ses biens.
Alors le roi, oubliant ses ressentimens, l'accueillit
gracieusement, et lui rendit sa première affection. A
l'exemple d'Etienne, les autres, quels qu'ils fussent,
qui avaient refusé hommage au roi, lui firent demander la paix et obtinrent bientôt d'être accueillis
par lui dans toute la bonté de son cœur. Car telle fut
toujours sa disposition envers ceux qui venaient à
composition, disposition toute naturelle, par laquelle
il faisait le bonheur des autres dans la prospérité, qualité plus précieuse que toute autre qualité, et qui faisait qu'autant il s'élançait irrémissiblement contre
l'ennemi qui résistait, autant il se rapprochait dans la
bonté de son cœur de son ennemi abattu, en sorte
que jamais il ne refusait grâce à l'ennemi suppliant ;
semblable au lion, à qui il suffit dans sa fureur d'avoir renversé un corps, et pour qui le combat est
fini aussitôt que son ennemi tombe par terre. Les
choses ainsi réglées et confirmées par une paix solide, le roi ayant heureusement terminé son expédition, repassa la Loire et revint dans son pays : la
terre alors demeura en silence pendant une année, et
n'eut à souffrir d'aucun des désordres de la guerre.

A peine cependant cette année était-elle heureusement révolue, que le duc Eudes de Bourgogne[1] se
mit à opprimer les églises, et dans l'irritation de son
ame troubla la paix des monastères et le repos du
clergé. Il était puissant par son peuple, riche en trésors, et plus riche encore en armes et en hommes
vaillans que lui fournissaient le noble château de

[1] A cette époque c'était Hugues III qui gouvernait en Bourgogne, et non Eudes, son fils.

Dijon et la ville très-antique d'Autun, ville remplie de richesses, jadis regorgeant de nombreuses légions et d'une population superbe, très-fidèlement unie aux enfans de Rome, fatiguant plus que de raison ses voisins par des guerres continuelles, mais plus récemment presque déserte, et n'étant plus habitée que par un petit nombre de colons, ayant alors de nobles rues où avaient été des trésors et des maisons, et montrant au lieu de trésors des bois, au lieu d'habitans des bruyères. Le roi Arthur l'avait enlevée aux Romains, et dans la suite Rollon le Norwégien la renversa et la détruisit si complétement qu'on pouvait à peine en retrouver les traces.

En outre de beaucoup d'autres villes, et non moins joyeuse de son sol fertile, Beaune-la-Vineuse était soumise aux lois du duc, Beaune dont les vins rouges disposent les têtes à toutes les fureurs de la guerre, Chors, Semur, Flavigny, Mulseau, Avallon, pays très-fertile, et presque toute la riche Bourgogne, terre heureuse si ses enfans y pouvaient jouir de la paix, obéissaient au duc, en vertu des droits de ses pères, de telle sorte cependant que le duc était vassal du roi pour ses propriétés. Il possédait en outre le château nommé Châtillon [1], bourg noble, l'honneur des Allobroges, le boulevard du royaume, que le fleuve de la Seine traverse et arrose de ses ondes limpides, père et instituteur des nobles hommes, et qui contient une population qui n'est inférieure à aucune autre population du monde pour la chevalerie, l'esprit, le savoir, la philosophie, les arts libéraux, l'élégance, les vêtemens et la beauté. Le duc donc, redoutant le

---

[1] Châtillon-sur-Seine.

roi, avait approvisionné ce lieu de toutes les choses nécessaires à la guerre, y faisant entrer des armes, de vigoureux satellites et de nombreux chevaliers. Dans sa prévoyance, le héros de la Bourgogne y avait en outre entassé des quantités suffisantes de grains, et avait rempli le château de toutes choses et en abondance, afin que ses défenseurs ne fussent privés de rien tant que la guerre durerait. Il fit aussi garnir les tours et les remparts de claies en bois, étançonner les murailles et pratiquer des fenêtres longues et étroites, de telle sorte que les braves servans d'armes, cachés par derrière, pussent lancer de loin les traits messagers de mort. En outre, il pressa vivement pour faire élargir et creuser plus profondément les fossés qui enveloppaient les remparts, afin que les combattans du dehors n'eussent aucun moyen de s'approcher, et que le château devînt ainsi inexpugnable sur tous les points.

Le roi dans sa bonté envoya d'abord au duc des lettres pour l'inviter à la paix et l'engager à se désister de ses mauvais desseins. Mais le duc, plus pervers encore à la suite de ces avertissemens, s'appliqua plus rudement à accroître les maux de l'Eglise, et loin de renoncer à sa colère, opprima encore plus et le clergé et le patrimoine du Christ. Le roi, renouvelant ses saintes remontrances, ne réussit pas mieux, et même excita plus vivement les transports de fureur qu'il voulait réprimer, par où cette fureur se prépara à elle-même de plus grands maux, pour le moment où le roi arrêta enfin le mal. Ainsi Ovide rapporte dans ses fables que jadis les représentations des grands redoublèrent les fureurs de Penthée lorsqu'il voulait supprimer les fêtes de Bacchus.

Cependant le roi enfant, indigné de se voir méprisé comme un enfant, et de n'être point respecté comme roi, vole au plus tôt suivi de sa troupe, et entre en toute hâte sur le territoire de la Bourgogne, accompagné seulement d'un petit nombre de chevaliers, car l'excès de sa colère ne lui permit pas d'attendre tous ceux qu'il avait convoqués. Déjà il avait laissé derrière lui les plaines de la Champagne et les champs de Brienne et la ville de Troye, et dépassant rapidement les remparts de Bar[1], il entre, hôte illustre, dans les murs de Mulseau, et y attend ses troupes durant trois nuits, car ses soldats marchaient sur ses traces en toute hâte. Tandis donc qu'il passa ces trois jours dans la vallée de Mulseau, il apprit d'une manière certaine, par ses éclaireurs, combien le château de Châtillon était fortifié et comment le duc Eudes l'avait rempli d'armes et de combattans, dont on lui dit aussi le nombre et la valeur. Mais ni la position de ce lieu, fortifié par de tels moyens de défense, ni l'illustre réunion d'une si belle troupe, qui veillait dans l'intérieur à la garde du château, ne purent effrayer le cœur du roi et l'empêcher d'aller tout aussitôt l'assiéger en personne et l'investir avec les siens. A ce moment où l'on ne voit encore ni la nuit ni le jour, mais où l'on voit l'un et l'autre, où le sommeil paresseux permet à peine aux yeux qu'il accable de l'entrevoir, et amoureux du repos inonde les veines des hommes de sa rosée de pavots, l'enfant intrépide choisit cette heure pour envelopper de ses bannières et de ses armes l'enceinte du château

---

[1] Bar-sur-Seine.

qui contient dans son circuit plusieurs arpens de terre ; et dès lors ceux qui voudraient en sortir ne trouvent plus aucune issue qui ne soit fermée par des chevaliers et de simples soldats.

Pendant ce temps, l'aurore, avant-courrière du soleil, avait dissipé les ténèbres de la terre et rendu la lumière au monde. Les assiégés, sortant enfin de leur lit, se voient enveloppés de tous côtés; ils montent sur les remparts, ils se précipitent en groupes confus pour barricader les portes ; ils transportent sur leurs épaules des claies et des madriers; partout où, sur leurs murailles élevées, ils peuvent découvrir quelque crevasse, ils s'empressent à l'envi de boucher toutes les fentes. Ainsi les fourmis se livrent à un travail du même genre lorsque le voyageur ou le berger a frappé de son bâton sur leur demeure : elles courent en tous sens et dans le plus grand désordre; elles s'empressent avec une ardeur extrême à réparer leurs cellules toutes renversées, et on les voit en même temps comme sourdir de terre par tous les passages. De même les assiégés se répandent pêle-mêle sur les remparts, dans les rues et sur les places ; ils s'étonnent que le roi ait pu si subitement investir leurs murailles et couvrir les champs de ces innombrables milliers de combattans; qu'un homme, quel qu'il soit, ait pu en aussi peu de temps convoquer tant d'hommes armés et les rassembler en un seul corps.

Mais le roi, afin de ne perdre aucun temps à ce siége, presse sans relâche et le jour et la nuit, et s'applique lui-même à échauffer le courage des combattans. Les mangonneaux lancent dans les airs de grosses pierres ; les claies en bois, dont les murailles sont recouvertes, frappées à coups redoublés, se brisent et tombent en pièces; les créneaux se fendent et s'entr'ouvrent de toutes parts. S'avançant, à l'abri de leurs claies entrelacées et de leurs boucliers rassemblés sur leurs têtes, et s'élançant d'un pied léger vers le haut des fossés, les soldats assiégeans, réunis par bandes, lancent incessamment une grêle de traits, afin que nul des assiégés n'ose monter sur les murailles, ou, selon leur usage, courir derrière les créneaux, soit pour porter des traits, soit pour charrier des pierres, dont les défenseurs des remparts se puissent servir ensuite pour accabler leurs adversaires. Bientôt les fossés sont comblés de terres relevées sur leurs bords; dressant leurs échelles au pied des murailles, les satellites agiles et légers, tandis que le roi se montre lui-même à tout moment et sur tous les points, glissent le long des murs, semblables aux écureuils, et s'élancent sur les remparts. Déjà Manassé de Mauvoisin, merveilleusement agile, déjà le chevalier des Barres [1], se jetant au premier rang, sont montés sur les échelles, déploient toute leur valeur, et parviennent au sommet de la muraille. Les vaincus prennent la fuite alors et vont en bataillon serré s'enfermer dans la tour la plus élevée, afin de pouvoir sauver leur vie encore quelques momens, abandonnant toutes les richesses qu'enferme la très-riche enceinte, et que le roi livre aussitôt à ses chevaliers et à ses satellites, digne récompense de leur valeur, ne se réservant pour les droits de son fisc que les corps mêmes de tous les prisonniers. Bientôt, et plus promptement qu'on ne l'aurait espéré, la citadelle elle-même fut renversée; et

---

[1] Guillaume des Barres.

tombant par terre, elle ouvrit un passage au vainqueur, qui y entra aussitôt. On prit dans ce fort un nombre infini de citoyens et beaucoup de chevaliers; et l'héritier très-légitime du duc, qui dans la suite devint le duc Eudes, fut lui-même fait prisonnier aussi bien que tous les autres.

Le duc se voyant donc dans l'impossibilité de résister à tant de forces, et craignant pour son fils retenu dans les fers, renonça à toutes ses grandes paroles; et abandonnant les desseins qu'il avait formés dans l'amertume de son cœur rempli d'orgueil, s'humiliant enfin, reconnaissant de son propre aveu qu'il soutenait une cause injuste, il confessa, quoique bien tard, combien il était coupable envers la justice et envers son seigneur, et déclara devant lui qu'il avait péché. Puis, fléchissant le genou, et se jetant spontanément aux pieds du roi, il le supplia de lui infliger le châtiment qu'il voudrait déterminer, de décider sur lui et sur les siens tout ce qu'il lui plairait, et de lui faire subir, pour se venger d'un coupable, la peine dont il jugerait devoir le frapper.

Le roi, dont la bonté sait dépasser les espérances et les mérites des supplians, dont le cœur plein de douceur possède la vertu particulière d'avoir compassion et d'épargner toujours, presse joyeusement dans ses bras son ennemi repentant, l'admet à son amitié et lui rend sa bienveillance accoutumée. Il lui rend aussi ses terres, ses villages et son noble château, quoiqu'il lui eût été bien permis en toute justice de garder pour lui tout ce qui, ayant appartenu au duc, avait passé maintenant en son pouvoir par la justice des armes. Mais le clément roi préféra l'équité à la justice, et en outre il rendit au duc son fils sans rançon, ce que le duc avait à peine osé espérer. Toutefois, avant de lui rien rendre, il lui fit réparer tous les dommages qu'avaient soufferts les églises; et afin de garantir sa fidélité pour tout le reste de sa vie, le duc donna au roi une suffisante caution, en lui envoyant des otages, des gages, et en lui prêtant serment.

Aussitôt après l'armée du roi se rendit dans le pays de Berry, pour réprimer les violences et les cruautés des Cotereaux[1], qui ne rendaient aucun honneur et ne témoignaient aucun respect aux églises ni aux vases des églises, aux personnes sacrées, non plus qu'aux objets et aux lieux consacrés. La valeur ne défendait point le jeune homme, la faiblesse de l'âge ne servait ni à l'enfant ni au vieillard; la noblesse était inutile à l'homme bien né, la robe à l'habitant des champs, le froc au religieux, la débilité de son sexe à la femme, l'admission dans les ordres sacrés au prêtre; tous étaient mis à mort par ces Cotereaux, en quelque lieu qu'il leur arrivât de les rencontrer et dès qu'ils pouvaient prendre quelque avantage ou par artifice, ou par la force des armes. En outre, et avant de leur donner la mort, ils tourmentaient leurs victimes par toutes sortes de supplices, ou bien ils les faisaient périr d'une mort lente, afin de parvenir d'abord à leur extorquer de l'argent. La troupe royale les ayant rencontrés, les maltraita de telle sorte qu'en un seul jour elle en tua sept mille; tous ceux qui échappèrent à la mort par une prompte fuite se

[1] *Scotelli, Coterelli.* Voyez la note placée dans le tome VIII de cette collection, page 373.

dispersèrent dans la contrée et n'osèrent plus dès ce moment faire aucun mal ni au roi, ni au royaume.

Il y a dans la terre de Brie un château nommé Bray[1]; et sur cette même terre, la comtesse de Brienne possédait beaucoup de Juifs qui, selon leur usage, prêtaient de l'argent à usure. Or il arriva qu'un certain paysan, confesseur de notre foi, devait à ces mêmes Juifs un grand nombre de sous; et comme il ne s'acquittait pas de sa dette, la comtesse leur abandonna ce malheureux pour le punir à leur gré, principalement à raison de ce qu'il avait fait de nombreux affronts à ces Juifs, livrant ainsi dans sa barbarie un membre du Christ à ses ennemis, avec une légèreté de femme et sans conserver aucune crainte de Dieu. Cet homme donc leur ayant été remis, les Juifs le dépouillent à nu, le couronnent d'épines et le conduisent ainsi dans les villages et dans les campagnes, portant sa couronne d'épines; ils l'accablent de soufflets, le frappent de verges; puis, après l'avoir ainsi maltraité, ils l'élèvent sur une croix, lui percent le flanc d'une lance, et ensanglantent avec des clous ses pieds et ses mains, afin de figurer complétement sur l'esclave la passion du Seigneur. Ayant appris cela, le roi, rempli d'une grande colère et dévoré, dans son cœur plein de piété, d'un saint zèle pour le Christ, se rendit sur les lieux en personne; et d'une course rapide, autant de Juifs qu'il trouva à Bray, autant ce champion du Seigneur, ayant fait allumer un grand feu, en fit jeter dans les flammes. On en brûla quatre-vingt-dix-neuf, et ainsi le roi vengea par le feu l'insulte faite au Christ et la honte de ses serviteurs.

[1] Bray-sur-Seine.

A l'époque d'une certaine guerre, le roi, n'ayant pas d'argent, et se trouvant, dans une circonstance, obligé de payer la solde à beaucoup d'hommes, demanda au clergé de Rheims, et par écrit, de lui prêter secours, afin qu'il fût lui-même mieux disposé à lui prêter aussi des secours gratuits, ainsi qu'il arrive souvent que l'Église assiste ses patrons. Mais ceux de Rheims répondirent qu'ils étaient tenus en droit de donner l'assistance de leurs prières au roi souverain, et non de lui payer aucune solde, ni redevance; car ils craignaient que dans la suite les églises, laissant s'établir une telle coutume, n'en souffrissent quelque dommage. Après cela, et la guerre terminée, comme le roi et les grands jouissaient de la paix, une circonstance difficile survint tout-à-coup et força le clergé de Rheims à intercéder à son tour auprès du roi. Les comtes de Réthel et de Coucy, et le seigneur de Rosay, n'ayant aucune crainte ni de Dieu, ni du roi, pillaient à l'envi le patrimoine de l'Église, et opprimaient par leurs dévastations ruineuses et le peuple et le clergé. Le roi alors se réjouit et fit à ceux-ci cette brève réponse : « Naguère vous « m'avez secouru de vos seules prières; maintenant à « mon tour je vous secourrai dans vos combats selon « la même mesure. »

Il dit, et demande par écrit aux comtes de renoncer à ruiner les églises et à dépouiller le clergé. Mais les comtes les persécutent au contraire plus rudement, et ne cessent de faire les plus grands dommages au clergé et aux lieux sacrés, pensant bien que le roi ne mettait pas beaucoup d'importance à sa demande, lui qui pourrait les réprimer par l'ordre le plus simple.

Enfin le clergé apprit (car le malheur le lui enseigna) avec quel soin et quel empressement l'Église doit chercher à gagner l'affection du roi et s'efforcer par dessus tout de s'assurer la protection de celui sans lequel le patrimoine du Christ ne peut être défendu. Bientôt il supplia le roi, reconnut qu'il avait péché, et lui donna toute satisfaction pour avoir refusé de lui prêter secours dans la guerre, lorsqu'il le lui avait demandé. Le roi, s'armant aussitôt pour le combat, lança ses cohortes sur les terres des comtes, et leur fit souffrir beaucoup de dommages jusqu'à ce que, cédant à la force, ils eussent rendu tout ce qu'ils avaient enlevé à l'Église et au peuple, après avoir d'abord payé une amende.

Dès lors, et pendant une année, la terre demeura en repos et sans guerre; et dans tout le royaume nul n'osait résister au roi, ou faire la guerre à son voisin. Et, comme il arrive, une si douce paix rendait le peuple bien heureux; mais le sort jaloux ne put longtemps supporter les joies d'une paix si constante et si sainte. Bellone nous appelle de nouveau aux armes : pilote, déploie de plus larges voiles, car il faudra sillonner une plus grande mer.

CHANT. SECOND.

ARGUMENT.

Le roi réduit sous le joug le comte d'Arras * et les gens de la Flandre. — Vaincu dans la contestation, le comte prend les armes et se précipite sur le pays, en brûlant tout devant lui; mais le roi vole aussitôt à sa rencontre et le met en fuite. — Le château de Boves ayant été forcé, le comte rend au roi tout ce qu'il avait pris. — Après la mort du duc Geoffroi et du jeune roi **, la discorde commence à éclater entre les deux rois. — Les Français s'emparent d'Issoudun et assiégent Châteauroux; mais au moment où leurs armées se disposent à combattre, les rois font un nouveau traité de paix.

Jusqu'a présent, ô Polymnie, tu n'as chanté sur un luth léger que les actions que fit le roi, lorsqu'il entrait à peine dans l'âge de la puberté. Veuille maintenant rapporter de quels mouvemens de colère la Flandre irrita ce roi parvenu à l'adolescence, et avec quelle force d'ame il lui résista, et fit en même temps rétablir son domaine dans l'intégrité de ses droits. Ne garde point le silence sur les causes pour lesquelles la Flandre d'abord, et ensuite l'Angleterre, encoururent l'inimitié du roi très-auguste, car tu le sais et c'est toi qui préserves de l'oubli.

* Philippe d'Alsace.
** Geoffroi, duc de Bretagne, et Henri le Jeune, tous deux fils de Henri II, roi d'Angleterre.

Le roi, croissant toujours en vertu, parcourait sa dix-huitième année, et se distinguait par son esprit et par ses œuvres. Pendant ce temps le comte de Flandre, homme grand et sage dans le conseil, issu d'une race illustre, et portant un grand nom, qui avait présenté le roi enfant sur les fonts sacrés, et lui avait conséquemment, selon que l'usage l'exige, donné son nom, nom dont la France victorieuse se glorifie maintenant avec transport, le comte de Flandre occupait plusieurs places qui eussent dû appartenir au roi. En effet Montdidier, Roye, Nesle, Péronne, la ville d'Amiens et ses dépendances, étaient au pouvoir du comte, et en outre tout le Vermandois; et cela sans aucun droit, si ce n'est que le vieux roi Louis les lui avait données pour un temps, et que l'enfant devenu roi avait facilement confirmé les actes de son père. Que n'eût-il pas obtenu en effet de celui dont il était le tuteur, le précepteur et le parrain?

Le roi invita le comte une première et une seconde fois à lui restituer ce qui était bien connu pour appartenir en propre à son trésor, et à ne pas diminuer les possessions du royaume, possessions qui devaient bien plutôt, selon la justice, être accrues par les soins de celui qui lui avait été donné pour maître et pour fidèle gardien. Et afin qu'il n'advînt pas de plus grands malheurs à ce sujet, le roi employa les plus fortes raisons pour déterminer le comte à lui restituer sans combat et sans contestation ce qui ne lui appartenait point. Il ajouta aussi les menaces à ses paroles royales et pacifiques, déclarant hautement qu'il ne pourrait être l'ami de celui qu'il verrait dans l'intention d'enlever à son domaine ce qui lui appartenait en propre.

Mais le comte répondit au roi par les allégations suivantes : « Ton père m'a donné ces pays, et tu te
« souviens que toi-même tu as confirmé ces dons de
« ton sceau royal. Tels sont les véritables titres qui
« ont fondé mes droits sur les choses que tu rede-
« mandes : ne cherche point à troubler le repos du
« royaume, afin que ceux qui sont tenus de t'obéir
« ne deviennent pas tes ennemis. Il serait inconve-
« nant que la promesse d'un roi fût si peu solide ; il
« serait inconvenant que sa parole pût être ainsi re-
« prise. Et quand même (ce que je dis sans préjudice
« des raisons que je fais valoir), quand même je
« n'aurais aucun droit sur ces choses, je les possède
« cependant, par ton fait et par celui de ton père,
« et la possession suffirait seule à établir mon droit ;
« car vouloir forcer le possesseur à dire en vertu de
« quel titre il possède, semble aussi par trop incivil.
« Cependant je n'ai pas besoin d'un tel argument,
« puisque ces choses m'ont été légitimement données
« par leurs véritables seigneurs. Ainsi la bonne foi,
« ainsi un titre juste fondent mon droit et me discul-
« pent de tout reproche ; et il ne t'est pas permis
« d'ignorer qu'en justice nul ne doit perdre, s'il n'a
« point commis de faute, la chose qui lui a été juste-
« ment conférée. »

Ainsi disait le comte dans son intérêt ; le roi lui répondit aussitôt : « En peu de mots, de mon côté,
« j'apporterai aussi beaucoup d'argumens en faveur
« de mon droit. Ce que mon père t'a cédé pour
« être occupé pendant un temps, une si courte pres-

« cription ne peut le perpétuer entre tes mains; et
« quant à ce que tu te vantes que j'ai moi-même con-
« firmé ce don, la possession qui est concédée par
« un enfant n'est d'aucune force. Ceci est suffisant
« pour moi; je puis cependant ajouter encore quel-
« ques mots. Il y avait dernièrement quelqu'un qui,
« de ton propre avis, demandait, par la voie de la jus-
« tice, la restitution du bien paternel. L'accusé lui di-
« sait : « Il ne t'appartient pas, au cas dont il s'agit, mon
« frère, d'intenter aucune action, car la chose que tu
« me demandes maintenant m'a été concédée par toi,
« quand tu étais enfant; maintenant que tu as grandi,
« tu redemandes ce que tu as donné volontairement, ce
« que j'ai déjà possédé sous tes yeux depuis plusieurs
« années. Loin de nous que des paroles si légères
« sortent à effet ! » Je ne pense pas, ô comte, que tu
« aies encore oublié ce que tu dis alors, et quelle fut
« ton opinion, lorsque tu dis que la première dona-
« tion n'avait aucune valeur en justice, et lorsque
« tous les autres déclarèrent la même chose, en sorte
« que cet homme s'en alla remis en possession de son
« bien. Voudrais-tu donc déclarer une justice pour
« les autres, et une autre justice pour toi? Non, il faut
« que tu supportes la loi que tu as portée. Cesse donc
« de parler davantage, car si tu diffères encore de
« réintégrer mon domaine dans ses biens, tu verras ce
« que la force unie au bon droit peut donner de supé-
« riorité au seigneur qui demande des choses justes. »

Ayant entendu ces paroles avec chagrin, le comte
retourne alors dans son pays, et convoque aussitôt
ceux qui doivent le secourir. Des troupes choisies de
jeunes gens s'élancent en nombreux bataillons; et il

n'est besoin de contraindre personne, car chacun se porte volontairement à nuire à notre roi. L'amour de la guerre fermente dans tous les cœurs : la commune de Gand, fière de ses maisons ornées de tours, de ses trésors et de sa population, donne au comte, à ses propres frais et comme auxiliaires dans les combats, deux fois dix mille hommes et plus, tous habiles à manier les armes. Après elle vient la commune d'Ypres, non moins renommée, dont le peuple est célèbre pour la teinture des laines, et qui fournit deux légions à cette guerre exécrable. La puissante Arras, ville très-antique, remplie de richesses, avide de gain, et se complaisant dans l'usure, envoie des secours au comte, avec d'autant plus d'ardeur qu'elle est la capitale et la principale ville de Flandre, et l'unique résidence du gouvernement, Arras qui obéissait à un comte particulier à l'époque où Jules César dirigea ses armes contre les peuples des Gaules[1]. Au milieu de tant de fracas, Bruges ne manqua point non plus d'assister le comte de plusieurs milliers d'hommes, envoyant à la guerre les hommes les plus vigoureux ; Bruges qui fournit des bottines pour couvrir les jambes des seigneurs puissans, Bruges, riche de ses grains, de ses prairies et du port qui l'avoisine ; Dam, aussi ville funeste, Dam véritablement et de nom et de fait, Dam qui devait par la suite être fatale à nos vaisseaux, assista aussi nos ennemis selon ses ressources.

Après toutes ces villes, Lille déploie pareillement ses armes ennemies, et ce n'est pas pour envoyer à la guerre un petit nombre de phalanges ; Lille, ville

---

[1] Voyez Jules César, liv. 4, 6 et 8 de la guerre des Gaules.

agréable, dont la population rusée poursuit sans cesse le gain; Lille qui se pare de ses marchands élégans, fait briller dans les royaumes étrangers les draps qu'elle a teints, et en rapporte les richesses dont elle s'enorgueillit; Lille, dont la foi peu solide devait dans la suite tromper le magnanime Philippe. Alors cependant, ses habitans se précipitèrent vers leur ruine, lorsqu'ayant accueilli Ferrand, ils virent leurs murailles renversées, leurs maisons garnies de tours réduites en cendres, lorsqu'ils se virent eux-mêmes faits prisonniers ou massacrés par les chevaliers français[1]. Le peuple qui vénère Saint-Omer, lié aussi par serment au parti du comte, lui envoya également plusieurs milliers d'hommes, jeunes gens brillans de valeur, et de plus Hesdin, Gravelines, Bapaume et Douai, ville riche et puissante par ses armes, remplie d'illustres citoyens, et qui s'indigne d'être ainsi confondue avec tant d'autres, envoyèrent chacune des bataillons de combattans. Leurs antiques querelles ne retiennent ni les Isengrins et les Belges, ni les Blavotins; les fureurs intestines qui les animent les uns contre les autres et les déchirent tour à tour ne les empêchent point d'être fidèles à leurs sermens et de se précipiter vers la guerre; en combattant contre les enfans de la France, ils se réjouissent de suspendre leurs anciennes inimitiés.

Mais pourquoi m'arrêtai-je ainsi à désigner chaque ville par son nom? la Flandre toute entière lança spontanément à la guerre ses belliqueux enfans, car ils détestaient en secret les Français, et la colère récente du comte les avait en outre irrités aussi contre

[1] Voyez le chant neuvième de ce poëme.

le roi. La Flandre abondait en richesses variées et en toutes sortes de biens. La population, fatale à elle-même par ses querelles intestines, est sobre pour la nourriture, facile à la dépense, sobre pour la boisson, brillante par ses vêtemens, d'une taille élevée, d'une grande beauté de forme ; elle porte de beaux cheveux, elle a le teint haut en couleur, et la peau blanche. Le pays est couvert d'un grand nombre de petites rivières guéables et poissonneuses, de beaucoup de fleuves et de fossés qui obstruent tellement les routes que l'accès en est rendu très-difficile aux ennemis qui y veulent entrer, en sorte qu'elle serait suffisamment garantie à l'extérieur, si à l'intérieur elle renonçait à ses guerrres civiles. Ses champs l'enrichissent de grains, ses navires de marchandises, ses troupeaux de lait, son gros bétail de beurre, la mer de poisson ; sa terre la plus aride est réchauffée par le jonc marin dont on la couvre, après l'avoir haché lorsqu'il est sec. Peu de forêts répandent de l'ombre sur les plaines, nulle vigne ne s'y trouve. Les indigènes font une boisson par un mélange d'eau et d'orge, qui leur sert en guise de vin, non sans donner beaucoup de peine pour être ainsi préparée.

Ces bataillons resplendissent, couverts de richesses et d'ornemens de couleurs variées ; leurs bannières flottent au gré des vents, leurs armes, frappées par les rayons du soleil, redoublent l'éclat de sa lumière. Le terrible hennissement des chevaux porte l'effroi dans les oreilles ; sous leurs pieds ils broient la terre poudreuse, et les airs sont obscurcis des flots de poussière qu'ils soulèvent ; à peine les rênes suffisent-elles pour les contenir et les empêcher d'emporter au loin leurs cavaliers d'une course vagabonde. Tandis que les escadrons s'avancent ainsi d'une marche régulière, pouvant à peine enfermer sa joie dans les limites de son cœur, le farouche comte s'anime à la guerre et se croit déjà vainqueur, espérant qu'avec tant de milliers d'hommes réunis par serment sous ses drapeaux, et faisant la guerre volontairement, il lui sera bien facile de vaincre le roi dans une bataille, ou de le lier à son gré par une paix telle que lui-même n'ait rien à perdre des biens en litige. Déjà déchirant son ennemi avec fureur de sa gueule de lion, il brûle de se mesurer avec le roi, encore absent. Bientôt prenant son élan, il dirige ses troupes contre les murs de Corbie ; la fortune favorise sa première attaque, il enlève de vive force le rempart qui formait la première ligne de fortification, et, l'ayant renversé, il y met en outre le feu ; tout est en confusion, et le comte s'abandonne tout entier à sa colère. Les citoyens prennent la fuite et se retirent dans des lieux de sureté, suivant prudemment les conseils de la prudence, car le poète Nason nous enseigne qu'il faut se retirer toujours devant les premiers transports de la fureur. La nature opposa au comte l'obstacle du courant de la Somme, qui sépare la ville de ses fortifications extérieures. Ce fleuve donc l'empêcha de transporter ses forces de l'autre côté, afin qu'une si bonne ville ne succombât point sous un transport furieux, et qu'une si grande victoire n'échût pas subitement à un homme qui en était si indigne.

Ainsi le comte échoua dans ses vœux et vit ses espérances déçues, et sa fortune fit un mouvement rétrograde en présence de cette faible barrière, car les citoyens précautionneux avaient rompu tous les ponts, consentant à de moindres dommages pour en éviter de plus grands : ainsi le castor se châtre de ses propres ongles, aimant mieux perdre une partie que le tout, et instruit par un don de la nature, qui nous demeure inconnu, que ce n'est pas pour lui-même qu'on le poursuit à la châsse, et que les chasseurs ne le recherchent pas pour son corps, mais seulement pour cette portion de son corps dans laquelle il sait que réside une vertu curative.

Vers le soir, les gens de Flandre, accablés de fatigue, dressent leur camp sur les rives du fleuve, au milieu des champs qui s'étendent au loin, et prennent soin de leurs corps en se nourrissant des mets qui leur sont présentés et en se livrant au sommeil. La ville de Corbie fut ainsi investie pendant plusieurs jours, et cette nouvelle parvint enfin à Philippe-Auguste. Tandis que le comte faisait ses préparatifs pour transporter son armée à travers le fleuve, afin d'investir de toutes parts cette grande place avec ses bataillons, et de l'assiéger vivement, des soldats et des escadrons de chevaliers envoyés par le roi viennent fortifier le château et le remplir d'armes et de provisions, par où le courage des assiégés se trouve redoublé. Les citoyens se livrent aux transports de leur joie, et tandis que les troupes du comte s'abandonnent au dehors à leur fureur, ils vont souvent mesurer leurs forces avec elles et engager de fréquens combats.

Ne pouvant rien obtenir, et sur le point de se retirer de Corbie, non sans honte, le comte laisse pru-

demment en arrière des cavaliers chargés de protéger les derniers bataillons, afin que l'ennemi ne puisse faire de sortie et leur porter de fâcheuses blessures, en les poursuivant comme des fuyards. Lui-même s'associe avec un grand nombre de chevaliers aux escadrons qui se portent en avant, et place au milieu les hommes doués de moins de courage, les chariots et les chevaux qui sont chargés des bagages et des provisions de bouche, car tel est l'ordre qu'on doit toujours observer dans la disposition d'une armée. Dévastant à droite et à gauche tout ce qui se présente, il vole de ses ailes légères au-delà de la rivière d'Oise, ne cessant de piller les peuples, d'enlever du butin, de réduire les maisons en cendre, de charger de chaînes les captifs, et arrive enfin devant la ville de Senlis. Mais celle-ci était défendue par ses murailles et par ses habitans; et comme le comte ne put y pénétrer du premier élan, tout ce qu'il trouve en dehors des remparts, il le frappe de mort, ou s'en empare, ou l'enlève, ou le brûle, en sorte que rien dans l'étendue de ce diocèse ne demeure à l'abri de ses coups. Le seigneur de Dammartin qui ne redoutait rien de semblable, et se nommait le comte Albéric, étant à table à dîner, fut surpris, et se sauvant par une petite porte, eut à peine le temps de s'échapper. Le noble château de Dammartin fut dépouillé de tout ce qu'il enfermait, et toute la plaine qui s'étend en dessous de ce château, plaine si belle, si riche en productions et si peuplée, fut livrée au fer et au feu par les gens de Flandre, qui s'y répandirent à leur gré. « Il n'y a encore rien de
« fait, disait le comte, si je ne brise les portes de

« Paris avec les chevaliers de Flandre, si je n'établis
« mes dragons sur le Petit-Pont, et si je ne plante
« ma bannière au milieu de la rue de la Calandre. »
Les grands cependant le dissuadent de ce projet
conçu dans la malice de son esprit, car ils redoutaient le roi, qui déjà se hâtait et desirait vivement
leur opposer ses forces au milieu même de ces plaines. Afin donc que tant d'arrogance ne pût enfin
devenir fatale au comte, les clairons retentissent de
tous côtés et rassemblent les bataillons répandus çà et
là et qui parcourent tout le pays; ils se rendent de là
à Béthisy, et, sur leur chemin, ils n'en continuent
pas moins à piller les campagnes et à les brûler avec
leur violence accoutumée.

Tandis qu'un nouveau siége porte de tous côtés
l'épouvante dans les murs de Béthisy, et que le comte
forme des vœux superflus pour réussir à s'emparer
en peu de temps d'un château si fort, le roi sort avec
ses bataillons de la ville de Senlis. Pendant que les
chevaliers se dirigeaient vers ce lieu, d'une course
rapide, desirant sur toutes choses que le comte voulût les attendre et s'en remettre, dans une bataille, à
la décision de la fortune, le comte, s'étant assuré de
l'approche du roi par les nuages de poussière qu'il
voyait dans les airs, abandonna en toute hâte et
sans résultat le siége qu'il avait entrepris, prit la fuite
par la forêt de Cuise, et se retira suivi par la honte.
Déjà ses escadrons étaient harassés de fuir à travers
champs, et il lui eût beaucoup mieux valu s'arrêter et prendre du moins quelques instants de repos, et réparer par quelques alimens les forces
épuisées de ses guerriers, lorsque le comte, animé

d'un desir de vengeance, alla, par une nouvelle témérité, assiéger la citadelle de Choisy-au-Bac. Mais bientôt il s'enfuit aussi de ce lieu, redoutant l'arrivée du roi; et, déçu dans ses espérances, il se retira sur les frontières de la Flandre.

Le roi cependant s'afflige que le comte lui ait ainsi échappé; il frémit et ne peut contenir dans le fond de son cœur les mouvemens de sa colère; la rougeur lui monte au visage et trahit ouvertement la vive indignation qui remplit sa grande ame. Telle, dans les forêts de la Libye, une jeune lionne, à la gueule écumante, aux griffes redoutables et aux dents crochues, remplie de force et hurlant horriblement, à peine âgée de deux ans, que l'épine du chasseur a frappée par hasard à l'épaule et légèrement blessée, roidit et hérisse sa crinière; elle s'élance dans sa fureur sur son ennemi qui déjà se retire et voudrait bien maintenant ne pas l'avoir atteinte, car il ne retirera d'une telle action que la honte de fuir : elle ne prend plus ni délai ni repos, jusqu'à ce qu'elle ait dévoré son ennemi, à moins que celui-ci, dans sa sagesse, lui présentant toujours la pointe de son arme, opposant un bouclier à ses griffes, ne poursuive ainsi sa marche rétrograde, et ne parvienne enfin à se retirer dans un lieu où l'animal ne puisse l'attaquer. Tel le roi enfant se passionne de fureur contre le comte et le poursuit d'une marche rapide, en suivant la trace de ses pas. Mais voyant que le sort lui a enfin soustrait celui que la fuite protége bien plus sûrement que les armes, le roi, changeant de dessein, entre sur le territoire d'Amiens, voulant délivrer des mains du comte cette ville illustre que le comte avait

« Paris avec les chevaliers de Flandre, si je n'établis
« mes dragons sur le Petit-Pont, et si je ne plante
« ma bannière au milieu de la rue de la Calandre. »
Les grands cependant le dissuadent de ce projet
conçu dans la malice de son esprit, car ils redoutaient le roi, qui déjà se hâtait et desirait vivement
leur opposer ses forces au milieu même de ces plaines. Afin donc que tant d'arrogance ne pût enfin
devenir fatale au comte, les clairons retentissent de
tous côtés et rassemblent les bataillons répandus çà et
là et qui parcourent tout le pays; ils se rendent de là
à Béthisy, et, sur leur chemin, ils n'en continuent
pas moins à piller les campagnes et à les brûler avec
leur violence accoutumée.

Tandis qu'un nouveau siége porte de tous côtés
l'épouvante dans les murs de Béthisy, et que le comte
forme des vœux superflus pour réussir à s'emparer
en peu de temps d'un château si fort, le roi sort avec
ses bataillons de la ville de Senlis. Pendant que les
chevaliers se dirigeaient vers ce lieu, d'une course
rapide, desirant sur toutes choses que le comte voulût les attendre et s'en remettre, dans une bataille, à
la décision de la fortune, le comte, s'étant assuré de
l'approche du roi par les nuages de poussière qu'il
voyait dans les airs, abandonna en toute hâte et
sans résultat le siége qu'il avait entrepris, prit la fuite
par la forêt de Cuise, et se retira suivi par la honte.
Déjà ses escadrons étaient harassés de fuir à travers
champs, et il lui eût beaucoup mieux valu s'arrêter et prendre du moins quelques instans de repos, et réparer par quelques alimens les forces
épuisées de ses guerriers, lorsque le comte, animé

d'un desir de vengeance, alla, par une nouvelle témérité, assiéger la citadelle de Choisy-au-Bac. Mais bientôt il s'enfuit aussi de ce lieu, redoutant l'arrivée du roi; et, déçu dans ses espérances, il se retira sur les frontières de la Flandre.

Le roi cependant s'afflige que le comte lui ait ainsi échappé; il frémit et ne peut contenir dans le fond de son cœur les mouvemens de sa colère; la rougeur lui monte au visage et trahit ouvertement la vive indignation qui remplit sa grande ame. Telle, dans les forêts de la Libye, une jeune lionne, à la gueule écumante, aux griffes redoutables et aux dents crochues, remplie de force et hurlant horriblement, à peine âgée de deux ans, que l'épine du chasseur a frappée par hasard à l'épaule et légèrement blessée, roidit et hérisse sa crinière; elle s'élance dans sa fureur sur son ennemi qui déjà se retire et voudrait bien maintenant ne pas l'avoir atteinte, car il ne retirera d'une telle action que la honte de fuir : elle ne prend plus ni délai ni repos, jusqu'à ce qu'elle ait dévoré son ennemi, à moins que celui-ci, dans sa sagesse, lui présentant toujours la pointe de son arme, opposant un bouclier à ses griffes, ne poursuive ainsi sa marche rétrograde, et ne parvienne enfin à se retirer dans un lieu où l'animal ne puisse l'attaquer. Tel le roi enfant se passionne de fureur contre le comte et le poursuit d'une marche rapide, en suivant la trace de ses pas. Mais voyant que le sort lui a enfin soustrait celui que la fuite protége bien plus sûrement que les armes, le roi, changeant de dessein, entre sur le territoire d'Amiens, voulant délivrer des mains du comte cette ville illustre que le comte avait osé fortifier contre lui-même, aussi bien que plusieurs châteaux qui l'enveloppent de toutes parts, afin que nul ne pût facilement conduire ses forces contre cette ville, et sans s'être auparavant appliqué à renverser toutes ces forteresses. Parmi ces châteaux, celui qui se nommait Boves était le plus illustre et par ses titres de noblesse et par ceux qui l'habitaient ; il était placé dans un beau site, et fier de ses tours et de ses murailles, de ses fossés et de ses retranchemens. Il avait pour possesseur le comte Raoul, uni par serment aux armes du comté, et père de cet Hugues qui dans la suite, allié avec d'autres, fit la guerre au roi, traître abominable envers son royaume et son pays, qui devait enfin être frappé d'une mort bien méritée, après avoir été vaincu et en fuyant loin des combats, et qu'en effet un vaisseau ballotté par la fureur des vents et naufragé envoya à Neptune pour qu'il reçût de lui la sépulture.

Ayant acquis la certitude que le roi passerait devant le château de Boves, Raoul, enflé d'orgueil et séduit par de vaines espérances, pourvut à la sûreté de son château en le remplissant de chevaliers et de nombreux satellites, et en y entassant des armes et des provisions de bouche ; puis il osa repousser les premiers soldats qui se présentèrent à l'entrée, et fit fermer ses portes devant le roi, lorsqu'il parut lui-même. Le roi ayant appris que les remparts de Boves refusaient de lui obéir, tressaille de joie, déclarant combien il s'estime heureux de trouver enfin une occasion de déployer ses forces, et de produire dans l'action une valeur depuis long-temps enfermée dans son cœur ; car le courage, s'il ne s'exerce par des actes, languit et se dessèche, et il ne peut se montrer s'il n'a un ennemi en présence; si au contraire il trouve de quoi s'exercer, il va croissant et redouble la puissance de ses heureux efforts, succès qu'il n'accorde qu'à ceux qui s'y livrent avec passion.

Alors tous s'élancent vers les retranchemens, les hommes de pied aussi bien que les chevaliers, dont les corps, protégés du côté gauche par les boucliers, sont mis ainsi à l'abri des pierres qu'on leur lance et des flèches messagères de la mort, tandis que dans leur droite brillent étincelantes la hache simple ou la hache à deux tranchans, ou l'épée, et que leur cuirasse les enveloppe et protége l'un et l'autre côté de leur corps. Mais de même que dans une forêt tombent les bois abattus, de même tombent ici les portes; bientôt les premiers retranchemens s'écroulent, et nos guerriers arrivent au sommet des fossés, qui seuls maintenant les empêchent d'ébranler les murailles dans leurs fondemens. Pendant ce temps, tombant comme la pluie ou comme la grêle, les pierres et les projectiles de tous genres, que les ennemis ne cessent de lancer du haut de leurs murailles, accablent et écrasent les nôtres.

En ce temps nos enfans de la France ignoraient entièrement ce que c'était qu'une arbalète et une machine à lancer des pierres; dans toute son armée, le roi n'avait pas un seul homme qui sût manier de telles armes, et l'on pensait que tout chevalier n'en était que plus léger et mieux disposé pour combattre. Ainsi donc, tandis que l'on combat des deux côtés, du dedans aussi bien que du dehors, les uns pour résister, les autres pour attaquer avec vigueur, ceux-

4.

ci pour venger l'insulte faite à leur roi, ceux-là pour défendre la renommée de leur pays, de leur seigneur et de leur propre réputation, aucun d'eux n'hésite à déployer toutes ses forces dans cette lutte, les uns pour n'être pas vaincus, les autres pour remporter la victoire.

Pendant ce temps, les assiégeans construisent avec des claies, des cuirs et de forts madriers, un *chat*[1] sous laquelle une jeunesse d'élite puisse se cacher en toute sûreté, tandis qu'elle travaillera sans relâche à combler les fossés; puis, lorsque ceux-ci sont comblés, les chevaliers appliquent leurs petits boucliers contre les murailles, et sous l'abri de ces boucliers les mineurs travaillent avec des poinçons et des piques à entailler les murailles dans leurs fondations; et de peur que le mur, venant à tomber fortuitement, n'écrase de son poids et ne frappe les travailleurs d'une mort indigne d'eux, on étançonne avec de petits troncs d'arbres et des pièces de bois rondes la portion de la muraille qui demeure comme suspendue et menace incessamment les ouvriers. Ainsi les fossoyeurs déchaussent sur tous les points le pied de la muraille, à plus de moitié de la profondeur des fondations, et lorsqu'ils jugent que c'est assez creusé, ils y mettent le feu et se retirent prudemment dans leur camp. La flamme cependant fait fureur, et lorsqu'elle a complétement consumé tous les supports, la muraille s'écroule par terre, les flots de poussière et de fumée cachent le soleil à tous les yeux. A cette vue les assiégés prennent la fuite, mais non pas tous sans

---

[1] Sorte de machine de guerre dite *cattus* ou *catus*, parce qu'on se croyait en sûreté, *cautus*, sous son abri.

éprouver quelque mal. Une troupe de jeunes gens armés de fer s'élance à travers les débris des murailles, au milieu des flammes et des torrens de fumée, massacre beaucoup d'ennemis, et fait beaucoup de prisonniers; beaucoup d'autres enfin s'échappent par la fuite et se retirent dans la citadelle, dont un rocher escarpé, flanqué d'une double muraille, fait un asile sûr.

Aussitôt la machine, construite pour plusieurs fins, se dresse et attaque la citadelle à coups redoublés; tantôt c'est un mangonneau qui, à la manière de ceux que les Turcs emploient, fait voler dans les airs de petites pierres; tantôt c'est une pierrière terrible qui, mise en mouvement par des cordes que l'on tire du côté de la plaine, à force de bras, et roulant ainsi en sens inverse sur un axe incliné, plus rapide que les plus grandes frondes, lance des blocs de pierres énormes, tout bruts et d'un tel poids que deux fois quatre bras suffiraient à peine pour en soulever un seul. Ainsi Jupiter dans sa colère lançait la foudre, de sa droite, sur ses ennemis les enfans de la terre, lorsque ceux-ci voulurent tenter de faire la guerre aux dieux. Déjà l'on voit paraître sur les murailles de nombreuses fentes; déjà la citadelle, fatiguée de tant de coups, s'entr'ouvre sur un grand nombre de points.

Tandis que l'ennemi fatigué se défendait encore un peu, qu'on ne voyait plus que quelques hommes encore debout sur le haut des remparts, que tous les autres se sauvaient avec empressement pour chercher des abris dans les guérites; tandis que le roi magnanime faisait de tels efforts pour renverser la citadelle élevée, ajoutant sans cesse à ses forces de nouvelles forces, voilà que le comte, rassemblant aussi et de

tous côtés toutes celles qui lui appartiennent, s'écrie : « Me voici, je viens m'opposer à toi pour pro-
« téger les citoyens. Permets aux assiégés de vivre ;
« ose mesurer tes forces avec les miennes; quelle
« gloire y a-t-il de triompher de quelques hom-
« mes? ton triomphe sera bien plus grand et plus
« beau si tu réussis à battre tant d'hommes tous en-
« semble dans la plaine et en une épaisse mêlée.
« Que le glaive donc termine notre querelle en un
« seul coup de la fortune, et que celui à qui le sort
« et sa valeur donneront de remporter la victoire,
« s'en retourne vainqueur. » Ayant ainsi crié à haute
voix, et espérant, à l'aide de l'artifice caché sous
ces frivoles paroles, pouvoir éloigner le roi du château de Boves, le comte ose de plus aller établir son
camp non loin du camp du roi; mais le roi s'indignant et saisissant ses armes avec ardeur, paraît dans
tout son éclat hors de son camp, impatient d'engager
la bataille que le comte vient de lui proposer.

Déjà la soirée était avancée et le soleil avait disparu sous les flots de la mer, lorsque tout-à-coup
Guillaume, noble archevêque, illustre par sa naissance, et en qui l'éclat de sa race était redoublé par
celui de son courage, Guillaume, l'un de ceux qui
sont revêtus du nom de cardinaux apostoliques, frère
de la reine et oncle du roi, accourt et se présente
devant le roi au moment où il est rempli d'une nouvelle ardeur et transporté des fureurs de la guerre.
Avec lui sont d'autres grands, et parmi ceux-ci est
Thibaut, frère de ce même archevêque, à qui
obéissent toute la Beauce, et le pays Blaisois et Châteaudun et ses vastes campagnes, et un grand nom-

bre de châteaux, et de plus la ville de Chartres, ville qu'enrichissent ses nombreux habitans et un clergé très-puissant et surtout extrêmement riche, ville qui est l'honneur de l'Eglise, tellement qu'on n'en trouverait aucune autre dans le monde qui puisse, à mon avis, lui être comparée pour la régularité, la grandeur et la beauté, ville pour laquelle la bienheureuse Vierge, mère du Christ, mettrait de côté toutes les autres villes, portant à celle-là une affection toute particulière, ainsi qu'elle le montre par d'innombrables miracles et par de précieuses faveurs, daignant souvent s'appeler elle-même Notre-Dame de Chartres; dans laquelle tous les habitans ont en vénération la chemise dont la Vierge était vêtue alors qu'elle mit au monde l'Agneau qui ôta les péchés du monde, et qui de son sang très-pur releva le monde de la chute de nos premiers parens, qui sanctifia en elle un trône de pureté, afin que, demeurant vierge, elle jouît des honneurs de la maternité. Ces deux hommes donc, se distinguant entre tous les autres par un zèle plus grand, présentent au roi leurs sages avis, et lui adressent ces paroles amicales :

« Illustre roi, un tel moment n'est point propre à
« un tel combat. Un roi si vaillant ne doit se battre
« contre personne au moment de la nuit : il doit d'a-
« bord disposer ses escadrons, donner des chefs aux
« chevaliers et aux autres combattans, afin que cha-
« cun sache, à ne pouvoir s'y méprendre, quelle place
« il doit occuper et quel homme il doit suivre : ainsi
« que le veut tout bon ordre de bataille. O roi très-
« bon, ne te conduis point de telle sorte; ne t'oublie
« pas toi-même à ce point, que toi, qui seul es pré-

« férable à d'innombrables milliers d'hommes, tu
« ailles exposer ta tête à de si grands périls, au mi-
« lieu d'un tel désordre. Il te convient beaucoup
« mieux de combattre demain, en plein jour, alors
« que chacun pourra distinguer son ami et son en-
« nemi; de ne point te confier témérairement à la
« fortune, mais plutôt d'entreprendre l'œuvre de la
« valeur avec des chances assurées. Gardons-nous que
« la France commence à donner à son ennemi quel-
« que sujet de joie, ou se livre à une destinée incer-
« taine, elle qui a toujours été victorieuse dans ses
« exploits guerriers, déployant sa puissante valeur
« contre les superbes, et les foulant à ses pieds. »

A peine ont-ils pu réussir par de telles paroles à fléchir la colère du roi; à peine peuvent-ils le contenir et le ramener dans le camp. Tel Alexandre était blâmé par tous ses chevaliers lorsque, s'élançant du haut d'une muraille au milieu des ennemis, et à peine soutenu par un petit nombre d'hommes, il fut, non sans danger, arraché à leurs coups, déjà tout couvert de sang.

Cependant le comte d'Arras, informé de la violente colère du roi, craignit pour lui-même, et donna ordre de lever le camp, afin que son armée passât de l'autre côté du fleuve. Les gens de Flandre obéissent, enlèvent leurs tentes, traversent le fleuve, et, dressant leur camp sur l'autre rive, s'établissent en face, mais loin du camp du roi. Aussitôt après, et dans le courant de la même nuit, le comte adresse un écrit à Guillaume et à Thibaut pour les supplier instamment d'employer leur adresse à déterminer le roi, dont ils étaient l'un et l'autre précepteurs et oncles, à lui accorder du moins une trêve de huit jours.

Il obtint en effet cette trêve par leur médiation, et enfin renonçant à son orgueil, le comte, rentrant en lui-même, déposant les armes et se soumettant, vint se prosterner aux pieds du roi, lui restitua tout ce que le roi lui redemandait, et lui fut dès ce moment soumis comme à son seigneur.

La paix ainsi rétablie, tous retournent joyeusement chez eux, celui-ci parce qu'il a fait rentrer dans son domaine ce qui lui appartenait, celui-là parce qu'il a obtenu de retrouver l'affection du roi et sa bienveillance depuis long-temps perdue, ainsi que la douce paix, et parce qu'il n'estime point comme un dommage de perdre ce qui n'était point à lui. En conséquence toute la contrée où se développe le vaste Vermandois, tout le territoire d'Amiens, et le riche sol de Santerre, passèrent sous les lois du roi Philippe.

C'était le temps où la faux recourbée menace déjà les prairies, ou les blés s'élèvent en paille, alors que la fleur étant tombée, l'épi se prépare à se développer en grains délicats. A cette époque surtout il est dangereux de fouler les blés sous les pieds. Dans les champs cependant où le roi s'était établi aux environs du château de Boves, pour en faire le siége, tous les blés foulés aux pieds se relevèrent et naquirent une seconde fois; les champs présentèrent un aspect plus beau qu'ils n'avaient eu auparavant, et les épis se remplirent de plus de grains; mais aux lieux où les gens de Flandre avaient dressé leur camp, aucune récolte ne se releva et ne fleurit une seconde fois durant toute l'année. Ainsi le Seigneur sait reconnaître les justes et les injustes, ainsi Dieu sait discerner le vrai et le faux ; ainsi il enseigne aux siens par des faits la différence qu'il y a entre ses amis et ses ennemis, et déclare par des signes évidens quels sont ses véritables serviteurs.

Mais les clairons résonnent dans toutes les rues. Dans les châteaux, dans les villes, le clergé et le peuple se portent de tous côtés à la rencontre du roi ; leurs voix sonores, leurs joyeux applaudissemens, leurs vêtemens de fête témoignent la jubilation de leurs cœurs ; ils chantent les louanges de Dieu et rendent grâces à ce Dieu, dont l'infinie bonté a accordé au roi un triomphe si facile, sans qu'un seul chevalier ait reçu de blessure, sans aucun de ces combats où les corps des hommes illustres eussent pu, comme il arrive si souvent à la guerre, au détriment du royaume et à la grande douleur de leurs parens, frappés des coups aveugles de la fortune, succomber d'une mort déplorable, tandis que, vivant bien plus utilement pour leur patrie, ils contribuent par l'éclat de leurs vertus à la joie du royaume et au bonheur de leurs parens.

Maintenant nous sommes appelés à rapporter d'autres guerres, et les choses qui se sont passées offrent un vaste sujet à nos écrits. Après avoir parlé des guerres de Flandre, notre plume va s'appliquer à raconter les guerres avec les Anglais.

Déjà deux années s'étaient ajoutées pour le descendant de Charles à deux fois dix années, et déjà la noble reine Isabelle l'avait rendu père de Louis. Or le jeune roi Henri, illustre fils du roi des Anglais, tandis qu'il faisait la guerre à son père et à son frère, acquitta à cette même époque sa dette envers la nature, et laissa sa femme, Marguerite, sœur du roi Philippe, veuve et désolée; Marguerite qui, dans la suite, fut donnée en mariage au roi Béla, qui régnait sur les Hongrois, les Dalmates et les Pannoniens. Comme elle n'avait eu aucun enfant de son premier mari, le farouche roi des Anglais, s'étant emparé de vive force des biens que son père lui avait donnés jadis en la mariant, savoir Gisors et beaucoup d'autres domaines, ne voulait pas reconnaître qu'il dût les restituer à la reine et à son frère, et prétendait avoir droit sur ces biens, auxquels cependant il était étranger.

Bientôt après, Geoffroi, fils du même roi, tandis qu'il se préparait avec ses autres frères à diriger ses armes cruelles contre son propre père, mourut à Champeaux, laissant le pays des Bretons d'Armorique veuf de son prince : ainsi Dieu commençait à venger ouvertement sur les enfans de cette race la mort de l'illustre martyr Thomas, que leur barbare père avait fait périr, parce qu'il voulait, avec toute la fermeté de son ame, que le roi, le clergé et l'Église, fussent également soumis aux règles canoniques. . . . .

. . . .[1] Le comte de Poitiers, fils du même roi, et nommé Richard, homme illustre par ses titres et par ses exploits, à qui le sceptre royal passa bientôt après par droit de primogéniture, lors de la mort de son père, était tenu, sans nul intermédiaire, d'être homme lige et fidèle de Philippe, de se lier à lui par serment comme à son seigneur, et de lui fournir le service que le droit féodal impose. Mais son père lui défendit d'en rien faire, et ne voulut pour aucun motif lui permettre de se soumettre au roi. La valeur in-

---

[1] Il manque ici un vers.

vincible de Philippe s'indigna à ce sujet; et ne pouvant supporter qu'on lui refusât ainsi les droits qui lui appartenaient, jugeant qu'il ne convenait nullement que le rejeton d'une race si illustre essuyât tant de refus pour des droits légitimement acquis, il prépara ses armes, pensant qu'il serait trop honteux de recourir encore aux paroles.

Sur l'édit du roi, les guerriers se rassemblent pour la guerre : les servans d'armes, aussi bien que les chevaliers, les grands et les ducs, s'élancent volontairement; leur affection pour le roi et leur bravoure naturelle les animent à se jeter au milieu des dangers, sans qu'il soit besoin d'aucune violence, ni même d'aucun ordre pour les entraîner; tant dans leur ardeur guerrière ils sont alléchés par le désir de vaincre pour l'honneur du roi!

Aussitôt que le roi vit ses cohortes rassemblées de toutes parts demander la guerre d'une voix unanime et revêtir leurs armes avec une violente ardeur, il partit d'une marche rapide de la ville de Bourges, entra sur le territoire de Châteauroux, réduisit dès le premier choc le noble château d'Issoudun, et soumit toute cette contrée, tellement riche et puissante qu'elle se suffit à elle-même, et n'a à regretter aucun de ces avantages dont tant d'autres pays s'affligent d'être privés. Les trésors de Cérès l'enrichissent; Bacchus l'inonde de ses faveurs, tellement qu'on est forcé de transporter beaucoup de vin dans le pays lointain; et plus on le transporte, plus il se fortifie; et si l'on en boit imprudemment, il enivre tous ceux qui dédaignent de le mêler avec de l'eau.

Après cela, forçant Graçay et plusieurs autres châteaux, dévastant les campagnes et les bourgs remplis d'habitans et de richesses, le roi arriva enfin devant Châteauroux. Les portes sont aussitôt fermées, et les jeunes gens s'élancent sur les remparts, disant qu'ils aiment mieux succomber à la mort, pour défendre leur patrie, que se rendre en vaincus et sans combattre. Le roi, de son côté, se prépare au combat, se dispose aux plus grands efforts, ajoute à ses forces de nouvelles forces, afin de parvenir à expulser les assiégés de la place qui les enferme, et à peine peut-il supporter les délais indispensables pour préparer les machines de guerre.

Défendue par des tours et des murailles très-élevées, ainsi que par des fossés profonds, la ville semblait en sûreté contre tout ennemi et vraiment inexpugnable, car elle était puissante par ses armes et fière de ses nombreux citoyens, sans compter même les troupes auxiliaires que le roi Henri lui avait envoyées, en attendant que lui-même se portât à son secours, aussitôt qu'il lui serait possible. Le roi cependant, ayant dressé ses bannières sur tous les points, osa les investir de toutes parts avec ses chevaliers armés de casques. Ni le nombre des guerriers, qui sont principalement chargés de défendre la ville, ni la position même du lieu, ni les traits qui tombent en grêle épaisse du haut des remparts, ni la nouvelle que le roi des Anglais accourt en toute hâte, ne peuvent effrayer Philippe et l'empêcher d'attaquer les ennemis et de les presser et le jour et la nuit. Il fait dresser des madriers, et entrelacer une tortue, afin que, sous l'abri de ces machines, les mineurs puissent aborder le pied des remparts et les entailler dans leurs fondations, en dressant leurs boucliers au dessus de leurs têtes. Une pierrière, tournant à force de bras, lance d'énormes blocs de pierre; un bélier, frappant à coups redoublés, attaque de front et fait effort pour briser les grandes portes, toutes doublées de fer; des tours mobiles, formées de claies et de pièces de bois non travaillées, s'élèvent, plus hautes que les tours et les murailles, afin que de là nos combattans puissent lancer des projectiles et des traits de toutes sortes, et, voyant les ennemis à découvert, les atteindre et les renverser plus aisément. Pendant ce temps, les balistes et les arcs ne cessent de jouer : ceux-ci lancent une pluie de flèches, les autres des carreaux [1]. La fronde aussi jette de petites pierres et des balles rondes. Les échelles sont dressées contre les murailles, les servans d'armes s'élancent d'une course légère : mais tandis qu'ils se précipitent imprudemment, beaucoup d'entre eux sont renversés; d'autres se tiennent encore de leurs mains fortement accrochés au sommet des remparts; mais l'ennemi leur résiste avec beaucoup de valeur, combattant du haut des murailles pour son salut et pour sa patrie. L'un est frappé à la tête d'une lance ou d'une massue; à l'autre, une hache à deux tranchans fait jaillir la cervelle loin de la tête; mais ni la hache à deux tranchans, ni l'épieu, ni la lance, ni la hache simple, ni le glaive, ne produisent aucun résultat décisif; les jeunes gens du dehors et ceux de l'intérieur sont animés d'une égale fureur; rien ne peut les arrêter lorsqu'ils s'élancent pour accomplir leur destinée.

[1] *Quadrellos.*

Tandis que l'on combattait ainsi avec des succès balancés, voilà, le comte Richard arrive, ainsi que son père, tous deux accompagnés de bataillons portant d'innombrables bannières, et ils dressent leurs tentes non loin du camp du roi. Bientôt ayant donné leurs ordres, ils écrivent au roi ces quelques mots : « Ou tu nous abandonneras en entier notre patri-« moine, et te retireras promptement avec tes Fran-« çais dans le pays qui t'appartient, ou bien tu verras « quelle est notre valeur à la guerre. Point de milieu, « il faut absolument combattre ou se retirer : que les « coureurs, les valets de l'armée et les torches incen-« diaires soient écartés; qu'un seul jour mette un « terme à ces longues querelles; que la fortune et nos « bras décident enfin du juste et de l'injuste. » Une telle option présentée au roi lui plaît infiniment : il interrompt l'entreprise commencée; il dispose ses troupes en ordre régulier pour la bataille, afin que chaque compagnie soit placée sous les ordres de son commandant, que chaque escadron obéisse à son chef, que nul ne puisse ignorer quel est celui qui obéit et celui qui commande, ou celui dont il doit suivre la bannière, ou bien encore combien il a d'hommes qui marchent sous ses drapeaux. Chacun des chefs forme donc son corps de troupes, afin que tous soient bien préparés à la bataille, et qu'il ne leur manque aucune des choses nécessaires dans le combat, lorsque l'heure en sera venue.

Déjà les armées étaient en présence, séparées seulement par un petit espace de terre, et tous n'avaient qu'une seule pensée, savoir de déployer toutes leurs forces, de vaincre ou d'être vaincus. On n'entendait aucune voix, aucun cri : tous attendaient que la trompette retentissante donnât le signal de s'élancer vers la mort ; mais Dieu qui tient dans ses mains les cœurs des hommes puissans, qui laisse tomber ses regards sur eux au moment des plus grands dangers, et qui, lors même qu'il est irrité, se souvient encore de ses miséricordes, Dieu ne voulut point envelopper tant de puissans seigneurs dans un désastre où beaucoup d'entre eux pouvaient succomber, même sans l'avoir mérité. Bientôt en effet le comte Richard et son père, touchés par celui qui sait à son gré changer les cœurs et les actions, rejettent les armes et le ton menaçant ; et marchant humblement, la tête baissée, ils accourent, tendent les bras, fléchissent les genoux, et demandent en priant à leur seigneur la paix et le pardon, se déclarant prêts à réparer promptement tous leurs torts. Le roi très-pieux consent à leur demande, se réjouit de vaincre sans avoir combattu, leur accorde le pardon et la paix qu'ils sollicitent, et ne retient que le château d'Issoudun pour gage de cette paix. Ce traité est aussitôt confirmé par serment, et l'on détermine aussi la peine que devra encourir et acquitter celui, quel qu'il soit, qui oserait le violer par une entreprise quelconque. Les grands se retirent joyeusement ; chacun rentre dans son pays, et tous, le clergé et le peuple, les chevaliers et les citoyens, rendent à Dieu leurs actions de grâces et célèbrent ses louanges.

Ici, ô muse, goûte un instant de repos pour la seconde fois, afin de reprendre plus vivement ta course dans un troisième chant !

CHANT TROISIÈME.

ARGUMENT.

Ce troisième chant a la douleur d'annoncer la destruction de Jérusalem par Saladin. — Les rois prennent la croix, mais une querelle étant survenue entre eux, Philippe s'empare de nouveau de plusieurs châteaux. — Henri fuit à Gisors; mais ayant refusé la paix, il s'afflige de se voir vaincu et de voir abattre son ormeau. — Le comte de Poitiers se prépare à la vengeance, et tandis qu'il s'efforce de vaincre Guillaume des Barres en un combat, il est vaincu et se sauve. — Bientôt cependant, abandonnant son père, il vole vers le roi Philippe, son père lui ayant refusé l'épouse qui lui était promise. — Philippe s'empare de vive force de Tours et du Mans. — La paix se conclut, et le roi Henri meurt à la fin de ce chant.

L'esprit s'éteint, la raison s'obscurcit, la langue s'attache au palais, la plume frappée de stupeur tombe d'une main tremblante, l'ame du poète oublie ses chants et ses vœux, son cœur pénétré de douleur interdit à sa bouche ses accens accoutumés, car il ne peut refuser ses lamentations au sépulcre qui fut perdu, et que le Seigneur, offensé de nos péchés, livra cette même année aux Iduméens, selon qu'il lui plut. Il souffrit que Saladin, le tyran de l'Égypte et de la Syrie, détruisît la ville sainte, emportât même le bois de la croix très-sacrée, et, mettant à mort tous les serviteurs du Christ, ravageât toute la terre que

Dieu avait consacrée par le sang précieux de son Fils, lorsqu'il voulut mourir pour le salut du monde.

Le roi Philippe s'associa du fond de son cœur à cette perte commune à tous les Chrétiens, et s'affligea profondément de voir les lieux saints ainsi maltraités et le culte de Dieu tombant en décadence. Il résolut alors d'aller visiter le sépulcre du Seigneur, et fit voir par des signes extérieurs de quelle ardeur son ame était intérieurement embrasée. Le roi des Anglais et le comte Richard, touchés d'un zèle non moins grand, s'armèrent aussi sous la bannière de la croix. A leur exemple, les grands et les comtes, et les ducs et les chevaliers d'un moindre rang, et les ministres de l'église et beaucoup d'hommes du peuple, formant les mêmes vœux, se hâtèrent pareillement de se revêtir du signe de la croix. Un même desir, une même ardeur, un même amour les animaient tous à voler au secours de la Terre-Sainte. Mais l'ennemi de l'homme ne supporta point cette vue, lui qui, toujours gonflé d'un venin plein d'amertume, cherche toujours à troubler le repos de la paix, qui emploie tous ses efforts à corrompre la sainte semence, et qui sème l'ivraie dans le champ du Seigneur. Ses inspirations rallumèrent donc une nouvelle querelle entre le comte Richard et le roi Philippe.

En effet le farouche Richard avait envahi la ville de Toulouse, faisant une guerre injuste au comte Raymond, qui est appelé comte de Saint-Gilles et de Toulouse, et qui était soumis au roi Philippe en vertu du droit féodal. Ne pouvant apaiser Richard par ses remontrances, le roi se met de nouveau à sa recherche pour le combattre, et, suivi d'un grand nombre de chevaliers, il dirige une seconde fois son armée vers le pays du Berri, s'empare avec une merveilleuse promptitude de Châteauroux, occupe Buzençois avec la même activité, et attaquant audacieusement et en même temps Argenton et Leuroux, il prend en peu de temps l'une et l'autre de ces places avec une vigueur extraordinaire.

Tandis que le roi était retenu devant ces forteresses, une grande disette d'eau vint affliger son armée. Un soleil ardent avait desséché tous les ruisseaux. Mais la puissance divine n'abandonna point Philippe, ou plutôt elle montra combien il était digne de son amour. Il y avait un certain torrent qui, en temps d'hiver, était toujours rempli d'eau, mais alors, et déjà depuis long-temps, il se trouvait entièrement à sec. Une rosée envoyée du ciel le remplit tellement qu'il coula dans la vallée en un vaste torrent, tel qu'on n'en voit pas en cette saison d'été, répandant de tous côtés l'abondance de ses eaux, et celles-ci, limpides et profondes, servirent à abreuver toute l'armée, et rendirent la vie à tous les animaux.

De là le roi partit en toute hâte pour aller assiéger Montrichard. Il employa beaucoup de temps avant de parvenir à s'en rendre maître, car la position naturelle de ce lieu, placé dans un étroit défilé, et défendu par des murailles élevées, et de plus la troupe valeureuse des bourgeois qui l'habitaient, faisaient qu'il était impossible de s'en emparer en peu de temps. Enfin le roi l'ayant pris, renversa de fond en comble la citadelle, et fit prisonniers quarante-deux chevaliers, et d'autres combattans au nombre de trois cents environ.

5.

Le roi se rendit de là à Montluçon, et ne cessa de se porter en avant jusqu'à ce que l'Auvergne toute entière eût été soumise aux Français. Le roi des Anglais fuyait toujours devant lui, et en fuyant ainsi il se retira dans le fond de la Neustrie, et le roi l'y poursuivit encore d'une course rapide. Le roi des Anglais cependant l'empêcha de s'emparer d'abord de Vendôme, qui refusa de lui ouvrir ses portes, Vendôme, château très-fort, rempli d'une nombreuse population, au pied duquel la rivière du Loir roule ses belles eaux. Toutefois il fut inutile à cette forteresse d'être défendue par une triple enceinte et par un peuple nombreux, et elle n'en fut pas moins contrainte de céder à la force et de se rendre au roi à discrétion. Le roi y fit prisonnier et jeta dans les fers soixante-deux chevaliers qui défendaient la citadelle et les murailles, et qui avaient suivi la bannière de Robert, comte de Melle, malheureux qui secondait alors les armes du comte Richard, après avoir déserté sa douce et riche patrie, qui produit un vin digne d'être offert en breuvage aux dieux. Un juste motif cependant le guidait à cette époque, puisqu'il était lié envers les rois des Anglais par le droit féodal, et devait leur fournir des hommes et des armes, attendu qu'il tenait d'eux des domaines et plusieurs châteaux. Aussi ne suis-je point étonné, puisqu'il était ainsi engagé envers eux, qu'il favorisât leur parti de tout son pouvoir quoiqu'il tînt aussi un comté de notre roi.

Mais le comte de Boulogne [1], qui, ayant été chargé de fers à Péronne, languit maintenant de misère dans la citadelle élevée du Goulet, et y languira long-

[1] Renaud.

temps, quel motif pouvait donc le pousser, à cette même époque, à suivre le comte Richard et les Anglais, avec lesquels il n'était engagé par aucune espèce de raison? Il semblerait que déjà en ce temps la fortune voulût qu'il lui arrivât ce qui devait lui arriver par la suite.

Vendôme s'étant rendu, le roi, après en avoir pris possession, se dirigea d'une marche rapide vers Gisors, où le roi des Anglais s'était retiré en fuyant, et d'où il lui fit demander une conférence pour traiter de la paix. On lui accorda une trêve de trois jours, afin que les deux parties pussent négocier ce traité.

Non loin des murs de Gisors, sur un point où la route se divise en plusieurs branches, était un ormeau d'une grandeur extraordinaire, très-agréable à la vue, et plus agréable encore par l'usage qu'on en pouvait faire. L'art ayant aidé à la nature, ses branches se recourbaient vers la terre et l'ombrageaient de leur feuillage abondant. Le tronc de cet arbre était tellement fort, que quatre hommes pouvaient à peine l'envelopper de leurs bras étendus : à lui seul il faisait comme une forêt, et son ombrage couvrant plusieurs arpens de terre, pouvait recueillir et soulager des milliers de personnes; dans son enceinte verdoyante et couverte de gazon, il présentait des siéges agréables à tout voyageur fatigué, et ornant les abords de la ville autant par son étendue que par sa beauté, vers le carrefour de la porte par où l'on se rend à Chaumont, il offrait aux promeneurs un abri également sûr contre la pluie et contre les ardeurs du soleil.

Sirius était embrasé plus vivement que d'ordinaire; le soleil, parvenu à toute son élévation, pressait ses coursiers; et sous les coups intolérables de ses rayons, la terre, déjà desséchée, s'entr'ouvrait de toutes parts. Le roi des Français, entouré de tous les siens, était au milieu de la plaine, exposé à toute l'ardeur du soleil, tandis que le roi des Anglais était assis sous l'ombre fraîche, et que ses grands se reposaient également sous l'abri du vaste ormeau. Tandis que l'interprète allait souvent des uns aux autres, portant réciproquement de ceux-ci à ceux-là les paroles qu'ils se transmettaient, et renvoyé tour à tour par chacun d'eux, les Anglais riaient de voir les enfans de la France ainsi dévorés par le soleil, tandis qu'eux-mêmes jouissaient de l'ombrage de l'arbre. Le troisième jour, les conférences continuaient encore, et nulle paix ne venait mettre un terme aux contestations des rois. Souvent lorsqu'une profonde indignation anime des cœurs généreux et s'accroît de leurs justes douleurs, la colère presse de plus vifs aiguillons les hommes naturellement courageux. Les Français donc, indignés et irrités à juste titre du rire et des moqueries des Anglais, que l'arbre et son ombrage garantissaient des rayons du soleil, tandis qu'eux-mêmes demeuraient sous la voûte des cieux, exposés à toutes leur ardeur, les Français donc, le cœur bouillant de colère, coururent brusquement aux armes, et tous, d'un commun accord, se lancèrent avec la même vivacité contre les Anglais. De leur côté, ceux-ci les reçurent bravement au premier choc, et leur résistèrent avec tout autant de vigueur; à leur tour, ils frappaient de même qu'ils étaient frappés; et la colère enflammant ainsi tous les cœurs, un rude combat s'engagea des deux côtés; mais la victoire se décida très-promptement pour les Français; car le roi Henri, ne voulant pas se battre, ou plutôt redoutant de se battre avec son seigneur, jugea qu'il serait plus sûr pour lui de fuir, quand il en était temps encore, et de céder à la fortune, que de courir trop témérairement les chances incertaines d'une bataille; et de plus, sa conscience même le portait à se méfier du succès de sa cause, puisqu'il se refusait à ce qui n'était que juste. Il fuit donc, et une seule porte est trop étroite pour tous les bataillons qui se précipitent en même temps : beaucoup d'hommes tombent et sont foulés aux pieds par ceux qui arrivent sur leurs traces; nul ne prend soin de relever ceux qui sont tombés, de tendre seulement la main à son ami qui va mourir; chacun est assez préoccupé de sa propre frayeur; celui qui se sauve de sa personne s'estime assez heureux, et il lui suffit d'avoir songé à son propre salut. Le pont même, quoiqu'il soit assez large, ne peut contenir tous ceux qui font effort pour s'avancer en même temps; beaucoup d'hommes sont ainsi précipités dans le fleuve; et tandis qu'ils s'empressent trop vivement pour échapper au glaive, la mort, se présentant sous une autre forme, vient tout-à-coup les engloutir.

Cependant les Français ayant, avec leur vigueur accoutumée, renversé les derniers bataillons, enlevé les prisonniers et mis un terme au massacre, tournent maintenant leurs glaives et le tranchant de leurs haches contre le tronc de cet arbre, que le roi des Anglais avait fait entourer avec beaucoup de soin d'une grande quantité de fer et d'airain, enfermant ainsi sa propre fortune dans cet arbre, et disant : « De même « que cet arbre ne peut être coupé ni arraché du « sein du gazon qui l'entoure, de même les enfans de « la France ne pourront jamais me rien enlever. Lors « donc que j'aurai perdu cet arbre, je consens aussi « à perdre toute cette terre. » Les Français avaient été informés de ces paroles insensées; aussi se portaient-ils avec une plus vive ardeur à la destruction de cet arbre, tout entouré de fer et d'airain. Mais quelle force ou quel artifice peut empêcher la valeur d'accomplir heureusement tout ce qu'elle entreprend? Ni le fer, ni l'airain, ni la puissance des hommes, ne purent garantir ce bel arbre de tomber, destiné à être consumé par le feu. Naguère tout verdoyant, il brillait de ses nombreux rameaux et des honneurs qu'on lui rendait, digne à lui seul de faire la gloire de la vallée du Vexin; maintenant, ô douleur, ô jour de deuil pour tout le pays! il est complétement arraché du sol qui l'a vu naître, maintenant son emplacement seul montre encore tout ce qu'il était lorsqu'il déployait toute sa vigueur. Une nouvelle génération de ses rejetons s'est élevée peu à peu du sein de la terre qui avait porté cet illustre bois, et ces rejetons innombrables forment maintenant une forêt élégamment disposée, afin qu'un arbre si noble ne demeure pas sans héritiers.

Vainqueur, et se retirant de ce lieu avec les Français vainqueurs, le descendant de Charles se rendit le même soir à Chaumont. Mais le roi des Anglais, triste et ne conservant plus d'espérance, indigné et profondément affligé de la destruction de son arbre, et plus encore des pertes qu'il avait éprouvées, se retira le jour même à Vernon, suivi de ses craintes; et n'osant même s'y arrêter plus d'une nuit, il pensa que les murailles de Paci-sur-Eure lui offriraient plus de sécurité. Ayant donc convoqué tous les siens, il leur adressa ces paroles, qui témoignaient assez la colère dont son ame était remplie :

« Hélas! quelle honte de se retirer tant de fois!
« quel déshonneur que tant de milliers d'hommes
« soient mis en fuite par un si petit nombre, et ne
« puissent en venir aux mains, je ne dis pas pour
« vaincre en une fois ces enfans de la France au cœur
« superbe, mais du moins pour rabattre quelque chose
« de cet orgueil dont ils sont constamment possédés,
« et par lequel ils travaillent sans cesse à nous met-
« tre sous leurs pieds, nous et tous les autres! Ce roi,
« à la vérité, est mon seigneur, et la justice, ainsi que
« la raison, prescrivent de redouter un seigneur, et
« nous enseignent qu'il n'est pas sûr de se battre con-
« tre lui. Mais quoi donc? celui de vous qui ne m'ai-
« dera pas à venger mon déshonneur, celui-là ne sera
« jamais mon ami, il sera plutôt mon ennemi, et
« me trouvera aussi son ennemi. Si donc la justice
« nous défend de faire la guerre au roi, auquel la
« raison nous prescrit de nous soumettre, comme à
« notre seigneur, n'y a-t-il pas devant nous assez de
« châteaux, de campagnes et de villes, pour que nous
« puissions aisément les renverser d'une marche ra-
« pide? »

Ces paroles de son père furent agréables au comte Richard, et lui-même ajouta aussi quelques mots :
« Voici, dit-il, nous avons des milliers de combat-

« tans tout disposés à suivre tes commandemens.
« Nous avons en outre trois mille chevaliers, parmi les-
« quels je me range, dont la droite et le glaive feront
« leurs preuves. Il n'est point absent, ce Geoffroi de
« Lusignan, qui suffit à la guerre pour tenir tête à
« lui seul à cent Français! Et pourquoi passerais-
« je sous silence les comtes d'Arundel, ou ce Raoul,
« que Chester a envoyé, ou ce Jean, dont Leicester
« s'honore, et ces deux frères, qu'a nourris la terre
« de Pradelle, et cet Albemarle, doué d'une si grande
« force, et qui ne le cède à personne en valeur, lors-
« qu'il est revêtu de ses armes? Parlerai-je des Paga-
« nel et de ces deux lions, frères et enfans de la
« Bretagne, Hervey et Guidemarque, dont la protec-
« tion fait la force de la généreuse Lionie? Celui-ci
« dernièrement a brisé devant nous, d'un coup de
« poing, la tête d'un cheval, et l'a contraint de subir
« la loi de la mort : pareillement, il a fait succomber
« à la mort l'économe de son père, en présence de
« celui-ci, en le frappant d'un seul coup de poing,
« quoiqu'il fût d'une taille élevée et d'une corpulence
« monstrueuse. Tels nous sommes, tels nous marche-
« rons à la guerre; tels sont ceux, ô père chéri, qui
« s'avancent à la suite de ton camp. Il en est beau-
« coup d'autres que j'omets de nommer, et dont la
« vaillance t'est bien connue. Tous les autres, qui ne
« manquent nullement de courage, sont quatre fois
« dix mille à cheval, sans parler de la foule innom-
« brable des hommes de pied. Quelle lâche paresse
« nous retient donc? quelle lâcheté paresseuse en-
« gourdit nos membres? pourquoi semblons-nous
« immobiles, comme ayant des ailes enduites de glu?

« Allons-nous donc, comme des vaincus, tendre lâ-
« chement nos bras, libres de toutes blessures, afin
« que ceux-là mêmes qui ont toujours été odieux à
« nous et aux nôtres nous gouvernent selon leur
« bon plaisir? Ah! plutôt, tandis que la fortune et
« les circonstances nous appellent, formons nos
« bataillons; courons en avant, allons vite assié-
« ger Mantes : elle se soumettra promptement à nos
« bras, si nous ne la laissons nous-mêmes rester de-
« bout. Le héros de Garlande est seul à la garder, et
« n'a avec lui qu'un petit nombre de chevaliers. L'ar-
« chevêque de Rheims s'est rendu à Rheims. Le roi
« est seul avec un petit nombre d'hommes dans la ci-
« tadelle de Chaumont. Le comte de Flandre a quitté
« le roi et s'est retiré à Arras. Déjà le comte Henri a
« revu Troyes et Bar ; la joyeuse Bourgogne a reçu
« son duc Eudes; Thibaut est déjà retourné dans les
« forts de Châteaudun; Étienne est entré dans le
« Berri; Simon [1] a retrouvé les plaines riantes d'Éper-
« non ; Matthieu est allé à Beaumont; déjà Clermont
« a tressailli de joie en voyant revenir Raoul ; le Per-
« che, couvert de forêts, s'est réjoui du retour de
« Rotrou; tous les autres grands, détestant les en-
« nuis d'une trop longue campagne, sont retournés
« joyeusement visiter leurs pénates particuliers. Je
« tiens tous ces détails de la bouche d'un de mes
« éclaireurs, qui n'oserait me tromper par une parole
« fausse. Tandis que cela nous est permis, jouissons
« des dons de la fortune ; à ceux qui sont bien prépa-
« rés, tout délai a toujours été et est toujours funeste. »
Alors tous les grands approuvent la proposition du

[1] Simon de Montfort.

comte ; et parmi tant de milliers d'hommes, il ne s'en trouve pas un seul qui ne veuille concourir de tous ses vœux à tout ce qu'il croit devoir être fatal au roi Philippe et à ses Français, que les Anglais haïssent tout naturellement; en sorte que s'ils ne peuvent leur nuire par leur valeur, ils leur nuisent du moins par leurs bavardages ordinaires et par le venin que distille leur langue. Ils irritent donc leur fureur par des paroles mordantes; ils s'encouragent mutuellement à la ruine des enfans de la France, tous sont d'accord sur ce point, et s'unissent dans les mêmes vœux. Alors ils se lèvent, chacun se retire dans son logement; et tous, remplis de joie, ils prennent soin de leur corps, soit en mangeant, soit en se livrant au sommeil.

A peine l'aurore suivante avait-elle doré les cimes élevées des montagnes, les premières lueurs du jour n'avaient point encore atteint les vallées, nul ne pouvait encore reconnaître à la vue ce qu'il y a de différence entre un chien et un loup, lorsque les sons rauques du clairon retentirent dans tout le camp. Éveillés à cet horrible bruit, les jeunes gens s'élancent légèrement de leurs lits, et bientôt ils ont revêtu leurs armes.

L'armée entière était sortie des portes et suivait la route qui conduit directement à la ville de Paris. Déjà elle s'était portée à deux milles en avant, et le soleil n'avait point encore entièrement déployé son orbite doré. Dès que Henri reconnaît qu'il a atteint de son pied malheureux le territoire de Philippe, il commande à ses coureurs : « Allez, leur dit-il, allez
« par bandes; n'épargnez aucune métairie; livrez les

« maisons aux flammes; frappez de mort les hom-
« mes qui n'auront pas voulu recevoir les fers, et
« enveloppez dans une cruelle destruction tout le
« pays des Gaulois. » Armés de fer et de feu, ses
satellites s'empressent d'obéir à ces ordres; ils se
répandent de toutes parts sur la terre ennemie, et se
hâtent d'accomplir dans toute leur cruauté les commandemens de leur seigneur.

Le roi cependant, entouré de tous ses chevaliers,
et s'avançant à pas lents, bercé de ses vaines espérances, marchait toujours au milieu de la route, pensant
qu'il lui serait facile de s'emparer de vive force du château de Mantes et de le détruire de fond en comble.
Déjà Chaufour, Boissy-Mauvoisin, Neauflette, Bréval,
Mondreville, Jouy, Favril, Ménerville, Mesnil, la
Folie-Herbaut, Aunay sous Anet et Landelle étaient
enveloppés de fumée; déjà Fontenai, Lamoye et Blaru
étaient tout en flammes; en ces mêmes instans, le feu
se répand de tous côtés. Les Anglais enlèvent du butin,
chargent les hommes de fer, se chargent eux-mêmes
de dépouilles; rien ne demeure à l'abri de leur fureur, la fortune enveloppe tout le pays dans une
même calamité. Le roi se réjouit et tressaille en son
cœur impie de voir autour de lui tout le pays noyé
dans des tourbillons de fumée et les campagnes brû-
lées à la fois de tant de feux.

Déjà les nôtres avaient acquis la certitude, et par
les flammes qu'ils voyaient et par leurs espions, que
le roi de Londres arrivait avec d'innombrables milliers d'hommes pour les assiéger et investir leurs murailles, et que, s'il les enlevait de vive force, il chan-
gerait la ville en une campagne fertile, après en avoir

expulsé les citoyens, ou les avoir frappés d'une mort honteuse. C'était par de telles menées que le roi faisait tous ses efforts pour obtenir que les citoyens effrayés consentissent spontanément à lui permettre de dresser ses bannières au milieu de la place de Mantes, et à se soumettre volontairement au joug des Anglais. Mais nous voyons souvent que les paroles sont bien différentes des actions, et que ceux qui se répandent en menaces ne frappent pas toujours à leur gré. Les Français ne sont pas tellement faciles à être émus par la frayeur, que les menaces mêmes ne les rendent au contraire plus audacieux : l'indignation qu'elles excitent dans leur ame redouble leurs forces, ils n'en deviennent que plus zélés pour veiller à leur propre salut et pour se venger des insultes qui leur sont faites.

Les citoyens donc prennent leurs armes, et, ouvrant leurs portes, s'avancent dans la plaine : le chevalier de Garlande s'associe à eux, et avec lui marche à la rencontre de l'ennemi une troupe de cinquante chevaliers, remplis de courage et bien armés. Aussitôt que le roi d'Angleterre les aperçoit de loin, rangés en bon ordre et tout disposés à se défendre, il est frappé de stupeur, et donnant un signal pour faire retentir les trompettes, il rassemble ses escadrons dispersés et ralentit un peu sa marche. Alors, rempli d'admiration, il murmure tout bas ces paroles :
« Que signifie un tel acte de folie de la part de ces
« Français, et d'où peut venir au peuple d'une seule
« ville une telle témérité, d'oser attendre mes phalan-
« ges innombrables? A peine sont-ils cinq mille en
« tout, et ils semblent cependant vouloir opposer

« leurs forces à mes forces, eux qui devraient cher-
« cher des asiles cachés et fermer leurs portes plutôt
« que de courir ainsi à ma rencontre le glaive nu. Il
« se peut toutefois que le roi dans sa prévoyance
« leur ait envoyé des secours; peut-être est-il enfer-
« mé lui-même derrière ces murailles avec de nom-
« breux chevaliers, afin de pouvoir, lorsque nous en
« serons venus aux mains, s'élancer vivement et à
« l'improviste, et répandre la terreur dans toute no-
« tre armée. »

Il dit, et donne ordre à ses troupes de se retirer un peu; puis réunissant ses forces, il s'arrête dans les plaines de. . . . . . [1], et là, disposant son armée par compagnies et par cohortes, et établissant un ordre régulier, il ordonne que nul n'aille errer et ne s'avise, dans sa témérité, de quitter, sous un prétexte quelconque, le rang qui lui est assigné, jusqu'à ce qu'il connaisse mieux lui-même les secrets enfermés dans la ville de Mantes, et que les connaissant il puisse délibérer sur ce qui lui conviendra le mieux, ou de diriger ses bannières vers Ivry, ou de tenter de briser les portes de Mantes. De son côté, dès que la commune de Mantes, digne d'éloges éternels, vit que le roi faisait un mouvement rétrograde, elle se mit aussi à se porter en avant, toujours en bataillon serré, et parvint ainsi au sommet de la colline de Pongebœuf. O commune, de quelles louanges dignes de toi pourrai-je t'exalter? quels éloges suffiront à te célébrer? quel glorieux courage te porta à suivre ainsi la marche du roi des Anglais? C'est pour toi un immense triomphe qu'à cause de toi il ait reculé d'un seul pas,

---

[1] Le texte porte *Soendrinis*; on n'a pu découvrir le sens de ce mot.

que la terreur de ta présence l'ait contraint à se retirer en arrière. Si j'avais autant de talent pour bien dire que de bonne volonté, si ma langue était en état d'exprimer tout ce que pense mon cœur, ta renommée en deviendrait et plus belle et plus grande, le monde entier répéterait que tu as mérité les plus beaux éloges. Toutefois, si mes chants peuvent inspirer quelque confiance, si l'envie au teint livide permet qu'ils soient lus, tu seras à jamais célèbre dans la postérité, et ton nom vivra dans tous les siècles. Tel est l'hommage que te présente avec empressement la voix de ton nourrisson, afin que tu ne puisses te plaindre d'avoir nourri en moi un ingrat, en moi qui, chargé déjà de onze lustres, et portant des cheveux blancs, fus envoyé, pour être élevé chez toi, de la Bretagne, ma patrie, quand je n'avais encore que douze ans, et quand déjà j'aspirais avec ardeur à m'abreuver dans la fontaine de Castalie.

Pendant ce temps un messager plus rapide que le vent du midi était envoyé au roi Philippe : mais déjà le roi était positivement instruit de tous ces faits, et la fumée et les flammes qu'il avait vues du haut du château de Chaumont, avaient prévenu l'arrivée du messager. Le roi donc, rendant les rênes à son cheval, s'était porté en avant de son armée, tout empressé d'arriver promptement à Mantes, car les malheurs particuliers étaient ce qui touchait le plus vivement son cœur ; le spectacle des affreux désastres que les siens avaient eu à subir lui faisait hâter sa marche, et derrière lui marchaient sur ses traces dix mille hommes de pied et trois cents chevaliers.

Une semblable ardeur animait Charles se rendant

sur les terres d'Espagne, alors que séduit par les présens du roi Marsilius, le misérable Ganélon avait trahi les escadrons français, car Charles desirait vivement tirer vengeance de cette horrible scène de carnage dans laquelle le prince Rolland, à la suite de brillans combats, et ces douze chevaliers dont la valeur faisait l'honneur de la France, succombèrent sous les mains sanglantes des Sarrasins, et anoblirent de leur sang généreux la vallée de Roncevaux.

Infatigable et pressant sans cesse de l'éperon les flancs de son cheval, le visage tout couvert de poussière, les cheveux mêlés et agités par le vent qui lui souffle en face, les joues inondées d'un fleuve de sueur, déjà entièrement changé et méconnaissable pour tous, le roi dirige sa marche rapide à travers les deux portes de Mantes, et ne s'arrête que lorsqu'il est parvenu sur la colline de Pongebœuf; et là, attendant les siens, il revêt ses membres de leur armure de fer. L'arrivée du roi réjouit les gens de la commune, ils s'encouragent les uns les autres aux œuvres de la valeur, et reprennent leurs armes. Le roi aussi se réjouit et leur rend grâces de les trouver ainsi bien armés, hors de leurs portes, et disposés à se défendre.

Déjà toute la troupe des combattans, dont naguère il avait devancé la marche, s'est rassemblée autour du roi. Tous alors réunissent leurs divers corps, et se portant en avant, ne forment plus qu'une seule armée. Le roi et ses fidèles, animés d'un même zèle et d'un même esprit, brûlent de rejoindre le roi des Anglais, croyant que lui-même veut aussi leur livrer bataille; mais déjà celui-ci avait donné à ses troupes le signal de la retraite, et chargé le comte Richard et le comte de Leicester de prendre soin de ses derniers escadrons. Déjà les chevaux du soleil, inclinant le timon de leur char, se réjouissent de voir près d'eux le repos qui doit les soulager de leurs fatigues du jour; Thétis triomphante s'apprête à réparer leurs forces en les recevant dans son humide sein, et déjà ils peuvent reconnaître, au terme de leur course, la barrière auprès de laquelle ils espèrent jouir du repos pendant la nuit. Déjà aussi l'armée anglaise avait franchi les hauteurs de la colline, et quoique la septième partie de cette armée fût plus nombreuse que celle qui marchait avec le roi Philippe, elle craignit cependant d'attendre l'approche de cette dernière.

Alors le descendant de Charles voyant arriver le crépuscule du soir, et reconnaissant que l'ennemi avait fait sa retraite, ne voulut pas pousser plus loin sur les traces des fuyards, et s'arrêta au milieu de la plaine que ceux-ci avaient abandonnée. Le noble baron des Barres ne put supporter cette vue. Ce chevalier, nommé Guillaume, doué d'un grand courage dans les combats, modèle de tous les hommes de l'ordre des chevaliers, qui faisait l'honneur de la renommée, la gloire et l'illustration de la nation française, était beau de corps, rempli de force, et riche de toutes sortes de bonnes qualités. La nature, en l'élevant ainsi au-dessus de tous les autres, en sorte qu'il ne lui manquait aucun de ses dons, s'admirait dans son propre ouvrage, et applaudissant à ce qu'elle avait créé, elle se faisait de lui une image, et prenait modèle sur lui pour former les autres à cette ressemblance. Ce chevalier donc, se dérobant furtivement

du milieu du groupe qui entoure le roi, prend des mains de son écuyer son bouclier et sa lance :
« Qui viendra avec moi? dit-il alors. Voilà, comme
« s'il était attaché au milieu de ce champ, le comte
« de Poitiers nous provoque; voilà, il nous appelle
« au combat : je reconnais sur son bouclier les dents
« des lions; il est là en place tel qu'une tour de fer;
« il est là, et de sa bouche insolente il blasphème le
« nom des Français; il a oublié de fuir, il se livre à
« tout son orgueil, et s'il ne trouve pas à combattre,
« il s'en ira en mauvaise disposition. Je vais donc
« voir cet homme de plus près. »

Il dit, et s'élance au milieu de la plaine. A sa suite, marchent le héros de Mellot [1] et Hugues, sous la seigneurie duquel, ô Alencurie, s'accrut infiniment ta gloire, et par qui ta renommée fut célébrée dans le monde; et de plus Baudouin et Girard de Fournival. Ces hommes et un petit nombre d'autres, excités par l'amour de la gloire, s'avancent de loin à la suite de la bannière du chevalier des Barres, tous accompagnés de leurs écuyers, qui ne pouvaient manquer à leurs seigneurs, et d'une bande de ribauds, lesquels, quoiqu'ils n'aient point d'armes, n'hésitent jamais à se jeter au milieu des périls, quels qu'ils soient. Ainsi jadis Jonathas, à l'insu de son père, et suivi de son écuyer, parvint, en grimpant, au sommet d'une montagne escarpée; et ayant massacré de sa main vingt Philistins, seul, il força des milliers d'hommes à prendre la fuite devant lui.

Aussitôt qu'il vit près de lui Guillaume brandissant

---

[1] Dreux de Mellot.

sa lance, le comte d'*Hirondelle* [1], plus rapide que l'oiseau qui lui donne son surnom, et dont il porte l'image sur son bouclier, s'élance du milieu des rangs, et plonge sa lance vigoureuse, à la pointe bien affilée, dans le bouclier resplendissant que Guillaume portait de son bras gauche en avant de son corps. Volant avec une pareille légèreté, le comte de Chichester [2], brandissant sa lance, veut essayer aussi dans le même moment de renverser Guillaume. Mais de même que ni le souffle impétueux de Borée ne renverse le mont Rhodope et qu'aucun torrent débordé n'ébranle le mont Hémus, quoiqu'ils soient livrés à toute la violence de ce redoutable choc, de même le chevalier des Barres ne tombe point sous les doubles coups qui lui sont portés de près, et son corps ne fléchit sous aucune de ces attaques. Au contraire, dès le premier effort, sa lance remporte un succès, et enveloppe dans une même chute et le comte et son cheval; puis, dans sa fureur, il frappe l'autre chevalier du revers de sa lance, et le précipite par terre à la renverse. Brisant les liens qui le retenaient, le cheval, rendu à la liberté, s'enfuit à travers champs, pour devenir la proie d'un ennemi quelconque. Il se fait un grand fracas, dont le retentissement se prolonge dans la colline voisine, lorsque tombent à la fois et le cheval, et les deux comtes et leurs armes.

Un troisième combattant se présente alors, c'est le héros de Poitiers, fils du roi, qui bientôt deviendra

[1] Le comte d'Arondel, que le poète appelle d'*Hirondelle* pour amener un jeu de mots, se nommait Guillaume d'Aubigny.

[2] Il se nommait Ranulphe. Le manuscrit porte *Cicestricus* : dans d'autres éditions on lit *Acestricus* et *Ocestricus*.

roi lui-même. Guillaume l'a reconnu tout de suite; sa lance est demeurée toute entière, il se réjouit, et ne cache point la joie qu'il éprouve d'avoir rencontré son pareil, et de pouvoir combattre à armes égales. Néanmoins il ne l'attend point, et marche au contraire à sa rencontre. Rassemblant toutes ses forces, il frappe de sa lance de frêne le bouton qui fait saillie au milieu du bouclier de son adversaire, et lui-même est atteint d'un coup tout aussi vigoureux, dont Richard le frappe de sa droite. Ainsi l'une et l'autre lance vont à travers les boucliers chercher le corps qui en est couvert; dans leur audace, elles percent le premier plastron, et font sauter en éclats une triple cuirasse. Ardentes à se porter en avant, à peine sont-elles arrêtées par une nouvelle cuirasse fabriquée en fer cuit deux fois, dont chacun des combattans avait eu la précaution de recouvrir sa poitrine. Là, les deux lances ne pouvant supporter tant de résistance, se brisent, et rendent, en éclatant, un son clair et retentissant. Les tronçons cependant ne tombent point des mains des combattans, et ils s'en servent l'un et l'autre pour se porter des coups redoublés autour des tempes. Mais enfin ces débris de leurs lances s'étant aussi usés, et n'ayant pu résister à des armes trop dures, les deux ennemis s'attaquent plus vivement avec leurs épées, se frappant tour à tour, et cherchant l'un et l'autre la mort. Ils n'ont point à feindre la colère, leur droite montre à découvert la haine qui remplit leur cœur; le secret de leur pensée perce à travers les traits de leur visage, et le glaive de chacun d'eux cherche quelque moyen de donner la mort à son adversaire.

Alors le comte, irrité de ne pouvoir triompher de Guillaume à force ouverte, médite une ruse, et enfonce son épée jusqu'à la garde dans le flanc du cheval de son ennemi. Celui-ci s'en aperçoit; et, sentant son cheval chanceler sur ses genoux tremblans, il s'élance aussitôt à terre, et, se tenant ferme sur ses pieds et debout, il frappe le comte d'un coup si vigoureux qu'il le renverse sur le sable de tout le poids de son corps; et tout aussitôt, afin de lui faire plus de mal, il frappe et tue son cheval d'un autre coup de son glaive, et fait rouler le cheval sur le cavalier. Pourquoi cela? parce qu'il ne pouvait emmener le comte prisonnier, le dépouiller de ses armes, ou le frapper de mort après l'avoir vaincu, se trouvant lui-même seul, enveloppé de tous côtés d'une foule d'ennemis, qui ne cessaient de l'accabler de traits et de pierres, et de faire pleuvoir sur lui, et de loin, une grêle de flèches, car aucun d'eux n'osait se rapprocher davantage, en venir aux mains avec lui, ni se hasarder dans un nouveau combat. Lui cependant était là, ferme comme une barre, opposant son bras comme une barrière à cet essaim d'ennemis, tournant légèrement dans son cercle, et renversant tantôt les uns, tantôt les autres. Tel un sanglier, entouré de chiens aboyans, se voyant enveloppé de toutes parts, ne trouvant aucune sûreté dans la fuite, et ne pouvant s'approcher d'aucun de ses ennemis pour se livrer aux transports de sa fureur, tantôt renverse sa tête sur ses reins, tantôt se retourne à droite ou à gauche, et transperce de sa dent recourbée ceux de ses ennemis qu'il peut atteindre.

Cependant les compagnons du comte accourent,

et, le trouvant renversé dans la poussière, se hâtent de le relever. Il était couché sur le dos, tout meurtri de la chute de son cheval, accablé du poids énorme de ses armes et du corps qui l'accablait; il se relève cependant sans délai, avec l'assistance de ses amis empressés. Alors il se dresse sur ses pieds, remonte sur un cheval tout frais, et s'excite de nouveau à attaquer le chevalier des Barres, afin de l'emmener vivant, ou de le laisser mort sur la place. Celui-ci, tout couvert de sang, peut à peine se tenir sur ses pieds; son bouclier, tout brisé et percé sur mille points, est horriblement hérissé de traits, qui le rendent semblable à un hérisson : nul cependant n'essaie encore de s'approcher de lui, sans être aussitôt frappé de mort. Alors le comte s'écrie : « Nous avons rompu la bar-
« rière; réjouissez-vous, guerriers; Barres est enfin en
« nos mains; nulle petite barrière ne peut désormais
« nous enlever Barres. »

Tandis qu'il se vantait ainsi, Hugues [1] le frappe sous l'oreille gauche de sa lance, qu'il brandit d'un bras vigoureux. Le comte se tourne sur la droite, la lance se brise sans porter de coup et sans faire tomber ni blesser celui qu'elle attaque. Hugues s'écrie alors : « Si tu as cru pouvoir triompher de l'invinci-
« ble seigneur des Barres, voici, quoiqu'un peu tard,
« nous arrivons à temps encore pour porter secours à
« Barres fatigué. Que ta bouche s'abstienne de pareilles
« bravades : et pourquoi te les permettrais-tu? Nous
« te connaissons; souviens-toi de ta chaste mère; dé-
« sormais ne blasphème plus contre les enfans invin-

[1] Hugues d'Alencurie.

« cibles de la France, et sache qu'on ne peut leur
« résister. »

Il dit, et, faisant rouler son glaive autour de lui, il frappe à la tête Richard, qui de son côté le presse avec ardeur; et le remplissant d'étonnement, il le force enfin à reculer.

Cependant Dreux de Mellot, renouvelant ses efforts, renverse Marcel [1] de son cheval, et ajoute le comte de Leicester à ceux qui sont déjà tombés. Mais tandis qu'il se hâte de renverser tantôt ceux-ci, tantôt ceux-là, Pierre de Pradelle accourt de loin, le glaive nu, et, furieux du massacre de ses compagnons, frappe Dreux lui-même dans le milieu du front; le casque qui couvrait mal sa tête tombe en arrière, et Dreux est atteint, son bras ayant mieux servi sa valeur que défendu sa personne. Le noble baron est marqué d'une large blessure dont il porte encore et portera toujours la cicatrice sur le front. Son fils en devient furieux; s'oubliant lui-même, le jeune Dreux s'élance au milieu des ennemis; il renverse, repousse, attaque, donne la mort; son bras valeureux frappe à tout hasard, il se livre avec ardeur à tout l'emportement de sa fureur, pour venger la blessure de son père. Fournival renverse Pierre de Pradelle, Baudouin renverse Raoul, Hugues renverse Foulques, Robert abat Henri. Ainsi les Français, unis d'un même sentiment, font rage contre leurs ennemis. Ils ne sont qu'une petite troupe, mais ils ont un courage terrible à la guerre, une force toute bouillon-

[1] On ne trouve point de Marcel parmi les chevaliers du roi d'Angleterre ci-dessus dénommés. Peut-être faut-il lire Mandeville. Guillaume de Mandeville assista en effet à ce combat.

nante, une valeur à toute épreuve; ils ne savent pas se laisser vaincre, et le glaive vengeur supplée ainsi pour eux à la faiblesse du nombre. Bientôt Dreux, ayant pansé sa blessure, a repris son casque; Guillaume des Barres a retrouvé un cheval, et saisissant de nouveau ses armes, il frappe de nombreux combattans et est frappé à son tour. Les champs s'engraissent du sang répandu. Les chevaux qui ont perdu leurs maîtres vont errans dans la campagne : la plaine se hérisse de lances et de flèches ; naguère elle était comme une aire tout à nu, maintenant elle est comme une forêt couverte de bois. La terre disparaît sous les débris des armes; vous verriez couchés çà et là les hommes et les chevaux, touchant aux portes de la mort. Déjà les rangs s'éclaircissent, une fuite rapide découvre l'un et l'autre côté de la plaine; l'ennemi fuit irrévocablement, ne pouvant soutenir plus longtemps la fureur terrible des Français, et sur tant de milliers d'hommes, vous n'en trouveriez pas un seul qui voulût vendre ses éperons pour mille livres.

Où fuyez-vous? reprenez vos esprits, revenez au combat, ou du moins arrêtez-vous au milieu de la plaine. Personne ne vous presse, personne ne poursuit vos escadrons. Cette jeunesse si courageuse est bien clair semée. Devant qui fuyez-vous? Oh! soyez honteux que mille chevaliers et beaucoup d'autres encore, en qui brille la vertu guerrière, qu'une naissance illustre entoure des plus grands honneurs, soient aussi facilement mis en fuite par trente hommes tout au plus!

Cependant l'étoile de Vénus annonçait l'approche de la nuit; le soleil ayant disparu avait livré le monde aux ténèbres, et la lune dorée se disposait à remplir sa place et éclairait les divers points du monde, à peu près de la moitié de son globe. Les vainqueurs reviennent alors, et déjà la renommée avait répandu le bruit qu'ils étaient tous mis à mort ou faits prisonniers par les ennemis. Ils conduisaient à leur suite deux fois six chevaliers et quatre fois huit hommes de l'ordre des gens de pied, laissant derrière eux un plus grand nombre d'hommes à demi-morts. Les écuyers et les bandes des ribauds revenaient pareillement enrichis de dépouilles, de chevaux et de toutes sortes de provisions. A l'entrée même de la nuit le clairon enroué résonne et annonce leur retour : bientôt le roi et ceux de sa suite rentrent à Mantes en triomphe, et tout joyeux, ils prennent soin de leur personne en mangeant et en se livrant au sommeil. Dès ce moment le roi des Anglais n'osa plus attaquer nos frontières avec ses chevaliers armés.

Peu de temps après, le chevalier des Barres, parfaitement guéri de ses blessures, reprend les armes, tel qu'un jeune chevalier brûlant d'une nouvelle ardeur; il veille sans cesse pour les bonnes actions, croyant n'avoir jamais rien fait s'il n'ajoute quelque nouvel exploit à ses exploits précédens; et ne recherchant jamais rien que les honneurs de la gloire, oubliant toujours le passé, il se lance de plus en plus en avant par des œuvres de valeur.

Dans le même temps, Richard demande à son père de lui rendre la fiancée qui lui appartient de droit, que le roi Henri, à l'ame cruelle, retenait honteusement enfermée dans une tour, au mépris des droits de son futur et de son frère Philippe, privant ainsi un frère de sa sœur, un mari de sa femme, et s'exposant en outre au soupçon du crime d'inceste, car la renommée répandait en tous lieux qu'il avait séduit sa belle-fille. C'est pourquoi le fils se retira avec juste raison loin de son père, et se réconcilia avec Philippe par les doux liens de la paix.

On était arrivé au mois dont le premier jour est consacré par le martyre de Jacques et de Philippe [1], à l'époque où la gelée blanche des humides matinées est d'ordinaire plus dangereuse pour les raisins naissans. Le descendant de Charles rassemble ses troupes à Nogent-le-Rotrou, conduit ses bataillons victorieux à la Ferté-Bernard, et, s'étant emparé de vive force du château, va tout-à-coup mettre le siége devant la ville du Mans, que le roi Henri, fort d'innombrables compagnies d'hommes de pied et de chevaliers, occupait en ce moment et tenait fermée, car il y était accouru peu auparavant de Vendôme, afin d'en interdire l'entrée aux Français et à son fils. Lorsqu'il apprit cependant que Philippe se présentait devant ses portes, il se mit aussitôt à fuir sans oser jeter un regard en arrière : la crainte qui l'agite lui donne tout-à-coup des ailes ; il fuit, oubliant sa réputation et sa dignité royale, parcourant vingt milles sans s'arrêter, jusqu'à ce qu'il se soit mis en sûreté derrière les murailles d'Alençon [2].

Bientôt ayant brisé les portes, l'armée entre dans la ville du Mans, ainsi abandonnée au pillage : des chariots à quatre chevaux sont chargés de dépouilles opimes ; les bêtes de somme plient sous les effets

[1] Le 1er mai 1189.
[2] Les écrivains anglais disent que le roi se réfugia à Chinon.

précieux, les vêtemens de soie, l'ivoire, les vases d'argent, les monnaies d'un poids inconnu, les ornemens de lits tout gonflés de riches plumes, et les brillantes étoffes de toutes sortes de couleurs. Toutes les têtes s'affaissent sous les fardeaux dont elles se chargent, et les cœurs des hommes n'en sont pas moins remplis d'avidité, quoiqu'ils soient comblés, quoiqu'ils ne puissent enlever plus de butin : ils ont moins de joie de tout celui qu'ils emportent que de tristesse pour ce qu'ils sont contraints de laisser.

Richard cependant s'était porté sur les pas de son père, et à son retour il voit, non sans étonnement et surtout avec une grande douleur, la ville si promptement livrée au pillage ; et je ne m'étonne pas s'il s'affligea en voyant dévaster cette ville, qui appartenait de droit à ses ancêtres, qui leur prêtait particulièrement des secours, qui était le noble berceau de sa race. Alors notre généreux roi, voulant le consoler d'une si grande douleur, lui donna toute la ville avec tous les habitans et les colons qui cultivaient les riches campagnes des environs.

De là le roi se rendit en toute hâte vers la ville de Tours, que deux fleuves, savoir, la Loire et le Cher, enveloppent de leurs ondes limpides. La ville est assise entre les deux fleuves ; renommée par sa position, belle par le sol qui l'entoure, agréable par les eaux qui l'avoisinent, riche en arbres et en grains, fière de ses citoyens, puissante par son clergé, remplie d'une nombreuse population et de richesses, embellie par les bois et les vignes des environs, elle est de plus décorée par la présence du corps très-saint de l'illustre prélat Martin, dont la gloire a répandu un très-grand éclat sur toutes les églises. Cette ville étant la capitale et la métropole des Bretons, se réjouit d'avoir sous son autorité douze siéges épiscopaux.

Aussitôt que les habitans furent informés de l'arrivée du roi, ils précipitèrent leur pont dans les eaux de la Loire, afin que le roi ne pût transporter son armée plus loin et assaillir les murailles avec plus de facilité. Mais quels efforts ou quelles précautions peuvent résister à la valeur? qui peut contenir un cœur tout bouillant de courage? Le roi, sous la conduite d'un certain ribaud, s'en va partout cherchant un gué, jusqu'à ce qu'enfin, s'appuyant sur sa lance au milieu du fleuve, dont les eaux l'enveloppent de toutes parts, il se trouve tout-à-coup parvenu sur l'autre rive. Ayant ainsi trouvé un gué comme par miracle, contre toute espérance, et même contre les habitudes du fleuve, l'armée entière passa sur l'autre rive, sans avoir besoin de rameurs. Aussitôt que les hommes porteurs de lances eurent atteint la terre, ils virent se déployer devant eux, non loin des murailles, une plaine très-propre pour l'établissement d'un camp, et dont les eaux de la Loire et du Cher rongaient les deux extrémités : au milieu étaient des moissons et des prairies verdoyantes; sur quelques points des vignes, ou des pruniers, arbre fécond en son temps, des poiriers, des cerisiers, des pommiers, ou des arbres dont le bois pouvait servir aux soldats pour fortifier leur camp. Le roi fit dresser ses tentes au milieu de cette plaine, dont les fruits lui offraient tant d'avantages, et qui de plus était si belle à la vue.

Déjà le jour nouveau avait chassé les ténèbres de la nuit, et la présence du soleil venait de rendre la clarté au monde : les bandes des hommes de pied, gens inquiets, à qui tout repos est en tous lieux insupportable, dressent leurs échelles contre les murailles, à l'insu du roi, et ne rencontrent personne qui vienne les repousser, ou qui ose défendre toute la circonférence de la ville, tant la frayeur avait saisi tous les habitans. S'étant donc bornés à fermer et à barricader les portes, tous les habitans, tous les citoyens s'étaient enfermés dans la citadelle, pensant ne pouvoir défendre que ce seul point. S'élançant donc en foule, les hommes de pied grimpent sur les murailles, montent par les escaliers, ouvrent en dedans les barricades et les portes, et appellent leurs compagnons à se réunir à eux. Enfin les chevaliers et le roi sont informés de cet événement. Ils s'étonnent et se réjouissent à la fois ; et le roi, rempli d'allégresse, rend des actions de grâces à Dieu, qui fait prospérer toutes ses entreprises. Tous ceux qui le veulent entrent dans la ville ; et aussitôt, sur les ordres du roi, on se dirige avec une même ardeur vers la citadelle. Gilbert, qui la défendait, avait avec lui soixante-dix hommes de cheval et trois cents hommes de pied, dont il était le commandant et le connétable. Voyant qu'il lui serait impossible de résister à tant de forces, il aima mieux, après la ville prise, livrer au roi la citadelle toute entière, en sauvant tous ses effets, ainsi que sa personne et celle de ses compagnons, que d'avoir à se rendre enfin, à la suite d'un combat, et après avoir été vaincu.

Cependant le roi des Anglais demanda la paix ; et

quoiqu'il fût malade et travaillé d'une fièvre chaude, il quitta Chinon, et fit effort pour se rendre à Colombiers, pour l'amour de la paix. Le roi traita donc avec lui et le réconcilia solidement aussi avec le comte de Poitiers, sous la seule condition que l'un et l'autre, ou du moins l'un des deux, l'accompagnerait dans son voyage au pays de Syrie. Le roi cependant ne put parvenir à réconcilier le prince Jean avec son père, à qui ce malheureux faisait la guerre en d'autres lieux, destiné par là à devenir la cause de sa mort, ajoutant par sa perfidie de nouveaux tourmens aux douleurs qu'endurait son père, et déchirant son cœur tandis que la fièvre faisait rage contre son corps.

Trois jours après, le roi des Anglais étant retourné à Chinon, son dernier jour se leva pour lui : il fut enseveli à Fontevrault, après avoir été vaincu et poussé à la mort par ses propres enfans, qui eurent la douleur d'avoir abrégé sa vie. Heureux, s'il se fût appliqué à être agréable au Roi des rois, et s'il eût craint d'offenser ses serviteurs! heureux, s'il n'eût pas été meurtrier de saint Thomas et de ses frères, et s'il se fût complu à les aimer! heureux, si ses enfans lui eussent été chers, si lui-même eût été cher à ses enfans, qu'il mit au monde, sous de funestes auspices, pour devenir plus tard les auteurs de sa ruine et de sa mort!

Par là, tu peux apprendre, ô homme, ce qu'est la gloire du monde, ce que sont le luxe, les richesses, les honneurs, la souveraine puissance! Celui auquel naguère encore ne pouvaient suffire pour le loger ses villes et ses châteaux, et qui n'en prenait jamais assez, celui que redoutait la plus grande partie de notre royaume, qu'il tenait à titre de fief du roi des Français, la Neustrie, le Poitou, l'Aunis, la Gascogne, la Saintonge, l'Armorique, le Berri, l'Auvergne et toute l'Angleterre; à qui, de plus, beaucoup de peuples que l'Océan enveloppe de ses vastes eaux, des rois et des tyrans, étaient soumis et contraints d'obéir, maintenant une étroite maison l'enferme tout entier; et de ceux à qui il a donné la vie, aucun n'est présent pour lui rendre les honneurs suprêmes, ou du moins pour accompagner son cadavre au tombeau.

Hélas! pourquoi aspirons-nous si vivement aux joies du monde? pourquoi nos desirs insensés nous attirent-ils sans cesse vers les choses de la terre? Soyez riches, soyez pauvre, il en sera de même; la mort, égale pour tous, de sa main impérieuse, met également un terme à toute fortune. Donc, tandis que tu vis, ô homme, prends garde de perdre cette vie sans savoir quelle fin douloureuse t'est réservée à la suite de tes joies, de peur qu'après ces jours périssables, les flammes de la géhenne ne te dévorent, et que tu ne sois tourmenté par une mort immortelle, dans laquelle celui qui la souffre vit toujours et ne vit jamais.

Un discours dans lequel on ne fait aucune pause devient fatigant : un silence raisonnable répare les forces de la langue lorsqu'elles sont épuisées. Il convient donc, ô muse, que tu prennes un moment de repos, afin que cette troisième interruption te rende de nouveau ton éloquence.

CHANT QUATRIÈME.

ARGUMENT.

La mort de Henri fait passer le sceptre dans les mains de Richard, qui bientôt après se met en route pour Jérusalem avec le roi Philippe. — Ils passent l'hiver sur le territoire de Sicile, d'où leurs querelles ne leur permettent pas de partir ensemble. — Chypre se soumet aux Anglais, la ville d'Accaron aux enfans de la France ; les villes de Gaza, Ascalon et Joppé se soumettent aux deux rois. — Philippe tombe malade et retourne dans sa patrie. — Richard revenant aussi est fait prisonnier, mais il est racheté de captivité et résiste avec une grande valeur aux Français qui lui font la guerre. — Jean fait périr des Français par une horrible perfidie. — Gautier rétablit les chartes perdues du domaine royal.

Conformément aux lois antiques, le droit de primogéniture rendit Richard roi des Anglais, après la mort de son père. Parvenu au trône, il demeura ferme dans son amour pour Philippe, et l'honora respectueusement comme son seigneur. Durant une année entière, il ne s'éleva entre eux aucune discorde, et la douce paix établit de bonnes relations entre les deux royaumes.

Cependant le roi, empressé de s'acquitter envers le Christ du vœu qu'il lui avait offert dans de saintes intentions, se hâtait d'y travailler, prenait toutes ses mesures avec un soin vigilant, et préparait toutes les choses qui peuvent être nécessaires pour une si grande entreprise et pour un voyage de si long cours. Il prit avec lui des guerriers pleins de vigueur, autant qu'il crut en avoir besoin pour une aussi grande affaire, tous hommes d'élite, et éprouvés dans leur patrie pour la guerre aussi bien que pour la paix.

Ce fut en l'année 1190 que le roi Philippe partit pour les royaumes au-delà des mers. Ayant fait charger sur ses innombrables navires des grains, des légumes, de l'argent, des viandes, de l'or, des effets, des chevaux, des armes, du pain-biscuit et du vin, et lorsque sa flotte se trouva toute prête, s'abandonnant au souffle du zéphir, il partit de la ville d'Italie qui a illustré le nom de Gênes. Naviguant pendant trois semaines sur les flots de la mer Tyrrhénienne, ayant Rome à sa gauche, à sa droite les forts de Carthage, après avoir essuyé plusieurs tempêtes, échappé à de grands périls, et éprouvé des pertes considérables, il aborda enfin au rivage de Sicile.

Tandis que la flotte longeait le détroit de Messine une tempête s'étant subitement élevée, les vaisseaux étaient sur le point de périr, et eussent été engloutis sous les ondes si le prudent pilote n'eût jeté à la mer des chevaux, des grains, des alimens et des tonneaux remplis de vin. Nul n'essaya de le contredire; chacun au contraire s'empressait de jeter ses effets à l'eau, aimant mieux perdre ce qui lui appartenait que perdre la vie sans recevoir de sépulture, et nourrir les poissons de son bien plutôt que de sa personne; et nul ne considérait comme une perte tout moyen de retarder, même pour peu de temps, l'heure de sa mort. Les navires ainsi déchargés, déjà l'on avait dépassé le milieu de la nuit, la tempête durait toujours

avec la même violence, l'aspect effrayant de l'atmosphère faisait désespérer de tout moyen de salut; le tonnerre, les nuages, et d'épaisses ténèbres cachaient la vue des astres; de fréquens éclairs venaient seuls interrompre cette scène et porter l'effroi dans tous les cœurs; alors le roi, déployant la force de son ame, consola par ces paroles ceux qui étaient ainsi frappés de stupeur : « Que toutes vos craintes cessent;
« voici, Dieu nous visite du haut des cieux, voici,
« la tempête se retire; déjà les frères de Clairvaux
« se sont levés pour les matines; déjà les saints,
« qui ne vous oublient point, rendent leurs saints
« oracles en l'honneur du Christ; leurs prières nous
« réconcilient avec le Christ, leurs prières vont nous
« délivrer de ce grand péril. »

A peine avait-il dit, et déjà tombent tout le fracas et le tumulte de l'atmosphère, la fureur des vents s'apaise, les ténèbres sont dissipées, et la lune et les astres répandent une lumière éclatante. Ainsi tous ayant retrouvé le salut après les paroles du roi, la nuit se retire, un vent favorable pousse la flotte sous la protection de Dieu; et enfin, après avoir fait des pertes considérables, les voyageurs, remplis d'allégresse, échappent au péril et entrent dans le port de salut en poussant des cris de joie. Alors le roi ouvrant ses trésors répandit ses dons de tous côtés, afin de faire oublier aux champions du Christ les pertes qu'ils avaient éprouvées, et qu'aucun d'eux ne manquât de chevaux ou de fourrage pour les nourrir.

De son côté le roi Richard, non moins empressé que Philippe pour le service de la croix (car il était tenu, de droit et par serment, de s'associer à cette entreprise), partit de la ville de Marseille si bien fourni en effets et en armes, et suivi de tant d'hommes d'élite, qu'il ne paraissait inférieur à Philippe ni pour les forces ni pour toutes les autres provisions dont il pouvait avoir besoin. De là conduit rapidement sur les flots de la mer de Toscane, il aborda avec une nombreuse flotte dans les ports de la Sicile, n'ayant souffert aucun dommage, et son arrivée renouvela les joies des Français et du roi Philippe, qui venait de se rendre à Messine, et demeurait depuis peu dans cette ville. Les Siciliens se livrent alors à leurs transports, la Sicile toute entière se réjouit d'accueillir de tels hôtes, suivis de si nombreuses armées. Le roi Tancrède leur rendit les plus grands honneurs; il portait alors le sceptre de la riche Sicile, dont il s'était habilement emparé en unissant l'artifice à la violence.

Le roi Guillaume était mort tout nouvellement [1], et sa femme Jeanne se réjouissait d'avoir Richard pour frère; mais elle n'avait aucun enfant qui pût la consoler dans son veuvage et se porter pour héritier du roi défunt. La sœur de celui-ci, Constance [2], prétendit après sa mort avoir droit à lui succéder, puisqu'il ne laissait pas d'enfant; mais Tancrède, qui était oncle du roi défunt [3], ne voulut pas souffrir que Constance s'emparât du sceptre de ses pères, prétendant sans aucun droit succéder à son neveu, et se faisant reconnaître roi, au préjudice de

---

[1] Guillaume le Bon, roi de Sicile, mort au mois de novembre 1189.
[2] Constance était tante de Guillaume le Bon, et fille du roi Roger.
[3] Il était fils d'une concubine de Roger, duc de Pouille, fils aîné du roi Roger.

sa tante. Celle-ci cependant, lorsqu'elle eut épousé le roi Henri, qui peu de temps après fut élevé à l'empire romain, devint reine de Sicile, par l'assistance de son nouvel époux. Décorée à la fois du diadème d'un empire et de celui d'un royaume, elle parvint aussi à se faire réintégrer dans ses droits : c'est elle qui plus tard a donné la vie à Frédéric, qui règne maintenant et gouverne aujourd'hui les Teutons, les Romains et les Siciliens.

Hélas! combien le cœur humain est facilement changé, de combien de mouvemens divers il se montre susceptible, lorsqu'il se laisse séduire aux artifices de l'instigateur de toute iniquité! Celui-ci, toujours en guerre contre l'amour et soufflant toujours la haine, sème la division entre les amis, désunit par ses ruses ceux qu'il voit tendrement unis, afin de se soumettre en les séparant ceux qu'il ne peut vaincre lorsqu'ils sont liés d'un amour réciproque, et lorsqu'ils se tiennent debout sans se baisser imprudemment pour laisser un passage à celui qui n'a le pouvoir de tromper que ceux qui fléchissent devant lui pour le laisser passer. Nous aussi, nous sommes trop faciles à lui céder, à lui qui n'a sur nous aucun droit que celui-là même que nous lui accordons; bien plus, lorsque nous le voulons, et autant de fois que nous sommes tentés par lui, nous avons suffisamment en nous de quoi lui résister dans la force que nous prête la puissance divine, et nul n'est poussé à être méchant s'il n'accueille volontairement l'ennemi : notre volonté seule nous soumet au tentateur, et si nous n'avons pas cette volonté il n'y a en nous nul péché.

Voici deux rois qu'une même affection, un même esprit, une même foi unissent et lient tellement l'un à l'autre, que l'un n'aime ou ne fait que ce que l'autre aime ou fait également, tant leur affection réciproque les attache l'un à l'autre; mais une si grande tendresse ne peut subsister long-temps entre eux. Richard, ayant trouvé une occasion favorable, découvrit ce qu'il tenait caché dans le fond de son cœur, et parla à Philippe en ces termes : « Bon roi, à qui « la France obéit, dont je suis le chevalier, aux ar- « mes de qui mes sermens me lient, envers qui je « me reconnais pour engagé comme envers mon sei- « gneur, devant qui tremblent l'Égypte et le pays de « Palestine, dont la croix et le sépulcre du Seigneur « attendent les secours, dont le nom prononcé fait « pâlir Saladin, vers qui les Parthes déjà vaincus ten- « dent les bras, sous les bannières duquel les rem- « parts d'Accaron s'inclinent, je t'en supplie, que les « paroles que je vais te dire ne te déplaisent pas. Je « te rends ta sœur, et, je t'en prie, veuille ne pas « me demander le motif secret qui me porte à cette « démarche[1]. Elle ne s'est mariée que par les fian- « çailles; il n'y a rien de plus, je ne l'ai jamais con- « nue selon la chair. Déjà Bérengère s'est unie à mon « lit, Bérengère fille du roi de Navarre; déjà l'union « de la chair a confirmé le saint sacrement, et nous « ne sommes plus qu'une même chair. Il n'y a abso- « lument aucun motif pour que je puisse la renvoyer, « puisqu'elle est maintenant liée à moi et par la chair « et par la loi. Mais il est des comtes, il est des ba-

---

[1] L'opinion publique accusait le roi Henri d'avoir séduit la future de son fils Richard.

« rons, ô roi vénérable, à l'un desquels ta sœur pourra
« être unie d'un lien plus solide. »

Le roi demeure frappé de stupeur et garde le silence, tant est grande sa colère. Bientôt cependant il répond à Richard en quelques mots : « Si tu me
« rends ma sœur, tu dois pareillement me rendre
« tout le douaire de ma sœur. Il t'a été donné avec
« elle à titre de dot; maintenant il doit me faire re-
« tour, puisque ma sœur revient vers moi. Mais pour
« le moment je ne fais aucune plainte et ne de-
« mande rien ; je ne veux point menacer. Une œuvre
« plus grande nous appelle. Terminons sans querelle
« l'entreprise qui nous presse, vouons-nous sans ré-
« serve au service de la croix et à la gloire de celui
« qui a ôté les péchés du monde, et pour l'amour du-
« quel nous sommes venus en pélerins sur des rives
« étrangères. Je t'accorde une trêve de sûreté tant
« que tu porteras les armes pour le service de la
« croix; plus tard, redoute et moi et les miens. »

Les paroles du roi sont agréées par Richard, il ne demande rien de plus; la trêve qu'on lui accorde lui suffit. Dès ce moment cependant il ne se montra plus à cœur ouvert ni à Philippe ni aux siens, et de son côté Philippe n'eut plus pour lui la même bienveillance. Après qu'ils eurent demeuré cinq mois d'hiver dans le pays de Sicile, notre roi invita le roi des Anglais à se mettre en route avec lui et à aller porter secours au sépulcre du Seigneur, comme il s'y était engagé par serment. Mais Richard ne voulut point partir, et demeura en Sicile, prêtant son assistance au roi Tancrède pour les guerres dans lesquelles il était engagé de toutes parts. Au commencement du printemps, le roi Philippe, suivi de ses Français, livra donc ses voiles au souffle des zéphirs, et laissant à sa gauche la Grèce, à sa droite l'île de Paros, dépassant heureusement les îles de Crète et de Chypre, il alla débarquer dans la ville d'Accaron, la veille de la sainte Pâque, ainsi conduit par la grâce divine, afin qu'il pût célébrer sur la terre ferme la solennité de ce jour sacré. Déjà il avait été précédé à Accaron par l'illustre Jacques d'Avesne, d'une valeur brillante, qui, n'ayant avec lui qu'un petit nombre d'hommes, avait audacieusement assiégé cette ville, mettant toute sa confiance dans le Seigneur, qui, dans sa bonté, lui envoya en effet en temps utile un secours très-précieux, car le Seigneur est toujours favorable à ceux qui se confient en lui.

Les Français, sortis de leurs vaisseaux, se réjouissent de poser le pied sur la terre ferme, et vont sautant et étendant leurs corps sur le sable. Joyeux après les ennuis prolongés d'un voyage sur mer, ils s'emparent avec empressement du rivage, et respirent un air plus pur qui leur rend au dedans la santé, au dehors l'air de la gaîté et de la vigueur. En même temps ils se hâtent, à l'envi les uns des autres, de dresser leurs tentes dans la plaine et dans les vallons, et ils investissent la ville de tous côtés, afin que personne ne puisse en sortir, et que nul ne vienne la secourir en y apportant du dehors des armes ou des vivres; puis ils s'appliquent à enfermer toute l'enceinte de leur camp derrière des retranchemens et des fossés profonds, et en même temps ils élèvent sur divers points de hautes machines à trois étages et des tours en bois, afin que Saladin ne puisse les attaquer à l'improviste, car il ne cessait de livrer de fréquens combats aux serviteurs du Christ, et de les harceler la nuit et le jour, quoiqu'il se retirât toujours vaincu et accablé de confusion ; il n'avait nulle honte d'être constamment battu, de fuir honteusement après une défaite, et de perdre dans ces engagemens successifs les hommes qui lui étaient le plus chers, s'affligeant seulement de ne pouvoir donner aux assiégés aucun conseil salutaire, ni les secourir d'une manière avantageuse.

Richard cependant ne séjourna pas long-temps sur le territoire de la Sicile. Il se rendit de là à Chypre, et ayant assiégé cette île pendant deux mois, il la soumit par sa brillante valeur et pour son propre compte, et s'en étant emparé, il fit en outre prisonnier le prince qui la gouvernait. Quoique le Christ y fût reconnu et adoré selon le rit des Grecs, le pays de Chypre repoussait cependant les serviteurs du Christ qui s'étaient croisés, refusait de porter secours au sépulcre du Seigneur, et favorisait les Sarrasins. Après avoir ainsi triomphé de Chypre, Richard, chargé d'or et de dépouilles, se rendit en hâte devant Accaron, dont les murailles étaient déjà renversées de toutes parts, et que les habitans demandaient instamment de livrer, sous la seule condition d'avoir la vie sauve. A ce prix Saladin s'était déjà engagé envers le roi des Français, Philippe, à rendre tous les serviteurs du Christ retenus dans une dure captivité par les Sarrasins, et à restituer la sainte croix. Mais le roi catholique ne voulait pas jouir tout seul d'un si grand triomphe avant l'arrivée du roi des Anglais, à qui il avait promis d'être toujours compagnon fidèle tant que l'un et l'autre se consacreraient avec le même zèle au service de la Croix; et il attendait son compagnon pour partager avec lui l'honneur que la clémence du Christ lui avait accordé à lui seul, par la force invincible d'une race invincible à la guerre, et qui s'était couverte de son propre sang pour le service du Christ.

Après cela le Syrien ne voulut pas, ou peut-être ne put pas tenir sa parole et remplir les promesses qu'il avait faites à Philippe. En conséquence Richard, le cœur enflé d'une juste colère, fit (sans que Philippe y mît aucune opposition) décapiter et envoyer dans le Tartare tous les serviteurs de Mahomet qu'il trouva enfermés dans la ville, au nombre de douze mille [1].

La ville ayant été réparée et munie de défenseurs, toutes les rues et les campagnes des environs furent distribuées entre les serviteurs du Christ, et les pèlerins construisirent de nouvelles églises dans lesquelles ils pussent adorer le nom du Christ. Les affaires et ces lieux prirent aussitôt une face riante et toute nouvelle : bientôt le nom de Mahomet se trouva banni de toutes les bouches, et dans toute la contrée le culte de la foi catholique s'établit ouvertement et de toutes parts.

Onze cent quatre-vingt-onze années s'étaient écoulées depuis que Dieu s'était fait homme, lorsque la race des Français, conduite par son roi Philippe, s'empara de la ville d'Accaron, laquelle se rendit le onzième jour de juillet.

---

[1] Guillaume de Neubridge dit : *environ deux mille six cents* (liv. IV, ch. 23). Rigord parle de *cinq mille hommes, et même plus.*

L'armée, partie de ce lieu, s'avance joyeusement pour renverser les murailles d'Ascalon, où était né jadis cet Hérode qui livra à la mort cent quarante-quatre mille enfans, craignant de perdre son royaume par la naissance du prince éternel, et croyant faire périr le Christ parmi tant d'autres enfans. De là, et sous la conduite de Richard, les pélerins triomphèrent de Joppé et de Gaza, villes illustrées anciennement par d'éclatans exploits. Celle-là fut jadis rendue célèbre par ce centenier qui, cédant aux invitations de l'ange, adopta les enseignemens de Pierre, et mérita d'être purifié et de renaître dans les eaux sacrées du baptême; l'autre ville fut souvent attaquée et battue dans d'illustres combats par Samson, doué d'une force qui n'avait jamais été et ne fut jamais, dans la suite, donnée à aucun homme. Après l'avoir frappée de nombreuses calamités, Samson emporta dans ses bras les battans de ses portes, toutes resplendissantes d'airain et couvertes de drapeaux, et alla s'arrêter sur le sommet d'une haute montagne; puis, aveuglé par les artifices de sa femme, il mourut enfin, tuant par sa mort un plus grand nombre d'hommes qu'il n'avait renversé d'ennemis durant sa vie.

Cet événement nous fait voir que le Christ, en nous donnant la vie par sa mort, a crucifié notre mort sur sa propre croix; qu'en mourant pour son église, qu'il s'est choisie lui-même au milieu des nations, il a brisé les barrières et les portes de fer, et que s'emparant dans sa force des armes de l'ennemi armé et vigoureux, il s'est ensuite élevé dans les cieux, vainqueur et chargé de dépouilles. Mais la Judée n'a point encore mérité de voir la face du nouveau Moïse, puisqu'elle cueille dans la loi la paille et non le bon grain.

Au milieu de ces événemens, Philippe, entouré d'un petit nombre des siens, possédé d'une forte fièvre, et souvent accablé d'un pénible tremblement, était malade et couché dans son lit dans la ville d'Accaron. De violentes sueurs, de terribles chaleurs, firent un si grand ravage dans ses os et dans tous ses membres, que les ongles tombèrent de tous ses doigts, et les cheveux de sa tête, en sorte que l'on crut, et ce bruit même n'est pas encore dissipé, qu'il avait goûté d'un poison mortel. La bonté divine cependant nous épargna en lui, afin que la France mutilée n'eût pas à déplorer si promptement la perte de son prince, dont les soins assidus devaient la faire jouir dans la suite des bienfaits d'une longue paix. Toutefois il languit long-temps : à force de temps cependant il commença à rentrer peu à peu et lentement en convalescence, et comme il ne pouvait se guérir complétement, il se décida enfin, sur l'invitation des grands, ses amis, et de l'avis des médecins, à retourner dans sa patrie et vers les lieux de sa naissance ; mais avant de partir, il donna à cinq cents chevaliers, et sur son propre trésor, les sommes nécessaires pour fournir à toutes leurs dépenses pendant trois années, prenant soin en outre de leur adjoindre dix mille hommes de pied, voulant qu'ils travaillassent tous avec un même zèle et une même fidélité à combattre en sa place pour le sépulcre du Seigneur, et confiant au duc des Allobroges [1] le soin de les commander.

[1] Hugues, duc de Bourgogne.

Après avoir pourvu d'un esprit vigilant à tous ces arrangemens, le roi, profitant d'un vent favorable, reprit la route de la mer. Arrivé à Rome, il y fut accueilli avec les plus grands honneurs par le pape Célestin, le troisième de ce nom, qui gouvernait dans cette ville, et qui, issu de l'illustre sang des rois, était aussi uni au roi, au troisième degré de parenté. Après qu'il eut été très-honorablement fêté par les pères et le collége sacré, il prit enfin congé, et traversant les sommets escarpés du Radicophon, passant sur des collines toutes couvertes de fanges et impraticables, par où un voyageur peut à peine aller ou revenir, laissant ensuite derrière lui les lauriers de Montecchio et la cime du mont Bardon, voisine du ciel, il entra dans la plaine de la Ligurie; de là, traversant péniblement les échelles du mont Cenis et la vallée de la Maurienne, passages difficiles et dangereux, il découvrit enfin la Bourgogne. Après avoir pris quelque repos dans ce pays pour se délasser de son voyage à travers d'affreux rochers, le long des Alpes cottiennes et au-delà des fleuves de l'Isère et du Rhône, où l'on ne trouve point de gué, il arriva enfin chez lui vers le milieu du mois de novembre (de quoi nous rendons grâces à Dieu), sain et sauf, le visage riant, et ayant retrouvé l'éclat ordinaire de son teint.

Cependant le roi des Anglais avait perdu Gaza et Joppé, soit en les abandonnant volontairement, soit qu'on les lui eût enlevées de vive force, car il envoyait des écrits à Saladin, et celui-ci lui en envoyait à son tour, et même ce dernier réussissait souvent à l'apaiser par de nombreux présens. Déjà les comtes

Thibaut de Blois et Philippe de Flandre, déjà le comte de Vendôme [1] et ceux qu'avaient envoyés Gien [2], Clermont [3] et le Perche [4], avaient vu sortir de leurs vases d'argile leurs ames bienheureuses; Sancerre s'était affligé des funérailles de l'illustre Étienne; la Bourgogne avait pleuré la perte de Hugues. La cruelle mort ne voulut pas même épargner Jacques, et Avesne s'attrista à cause de cette mort déplorable. Dans tout le royaume, à peine trouvait-on un lieu dans lequel quelqu'un n'eût quelque sujet de pleurer, soit pour la perte de son seigneur, soit pour celle d'un frère ou de quelque proche parent: celui-ci avait à regretter ses enfans, celui-là son père; l'un se lamentait sur la mort de ses parens, l'autre sur celle de ses amis; celui-ci pleurait son serviteur, celui-là son compagnon; l'un ses oncles, l'autre ses neveux, tant était grand le désastre qui précipita nos grands seigneurs dans la tombe, lorsqu'ils furent tous frappés par la mort dans la ville d'Accaron.

Alors le roi Richard, devenu odieux à beaucoup d'hommes, songea à abandonner secrètement cette terre. Cachant sa dignité de roi, et suivi seulement de quelques navires, il sillonna la mer, et étant sorti de la mer d'Ionie il entra dans l'Adriatique; puis naviguant vers la droite, il descendit sur le rivage d'Illyrie, et là, quittant ses vaisseaux, il entra sur le territoire de l'Empire sous le simple habit d'un Templier, afin de voyager avec plus de sûreté sous ce déguisement. En effet il avait offensé beaucoup de grands

---

[1] Jean. — [2] Guillaume Goeth. — [3] Raoul, comte de Clermont. — [4] Rotrou, comte du Perche.

seigneurs, et comme il en redoutait un grand nombre, il se cachait à beaucoup d'entre eux. Il fut reconnu cependant par ton duc [1], ô Autriche, par ce duc dont il avait brisé les tentes dans le pays de Syrie, et qu'il avait accablé d'indignes affronts [2].

Hélas! qui peut échapper aux coups imprévus du sort et éviter les périls que le destin lui a d'avance assignés? Souvent on tombe par hasard dans des violences pires que celles qu'a préparées l'astuce, et souvent il arrive, par l'enchaînement des destins, qu'un ennemi rencontré à l'improviste est plus dangereux que celui qui va cherchant de tous côtés. A quoi bon dresser des mets, servir dans la cuisine? A quoi bon que le seigneur s'avilisse aux fonctions de l'esclave? à quoi sert à ce roi de s'être détourné de sa route, d'avoir changé de vêtemens, de s'être fait moindre que le moindre des serviteurs? Marius ne trouva aucun profit à se cacher dans les marais de Minturne, ni le fils de Thétis, couvert de vêtemens honteux, à se mêler aux chœurs des jeunes filles dans la cour de Lycomède. Un roi ne se dissimule point, non plus qu'une montagne ne se cache : la majesté royale ne se laisse pas ainsi renier; quoi qu'il fît, la personne du roi se découvrait de toutes parts, et se refusant à s'envelopper des ténèbres tant desirées, elle se trahissait, ne trouvant pas même de retraite au milieu des ombres, et brillant de tout

---

[1] Léopold.

[2] « Dans les environs d'Accon, Richard enleva à un certain chef la « bannière du duc d'Autriche, et après l'avoir brisée, il la jeta honteusement dans un bourbier profond, au grand déshonneur du duc. » Voyez la *Vie de Philippe-Auguste* par Rigord, dans cette Collection.

l'éclat qui lui est propre jusque dans l'asile le plus secret. Ainsi donc, tout en se cachant, le roi fut fait prisonnier par celui-là même qu'il redoutait le plus, et qu'il voulait le plus éviter ; ainsi il fut pris en se cachant de celui qui ne le cherchait point, et qui certainement n'avait aucun espoir de le rencontrer.

L'année précédente le grand Frédéric, ayant horreur des longs ennuis de mer, s'était mis en marche pour Jérusalem à travers les plaines de la Cilicie, s'étant croisé avec d'innombrables milliers de Teutons. Comme il se dirigeait en hâte vers Nicée, après être sorti du pays d'Antioche, brûlé par le soleil et ayant voulu, pendant la chaleur du milieu du jour, se baigner imprudemment dans les profondeurs d'une certaine rivière, englouti par les eaux il devint subitement la proie de la mort. Lui donc étant ainsi décédé, son fils Henri, successeur et héritier des droits paternels, parvint à l'empire. Cependant il y fut moins promu en vertu de ses droits de succession qu'à l'aide de l'élection du clergé et des grands, car tel est l'ordre établi chez les Teutons que nul ne règne sur eux s'il n'est auparavant élu du consentement unanime du clergé et des grands. Henri donc avait succédé de cette manière à son père, et il séjournait dans la ville de Mayence lorsque le duc d'Autriche vint lui présenter le roi des Anglais, et Henri parla à celui-ci en ces termes : « Naguère, ami d'un roi usur-
« pateur, tu faisais la guerre contre nous, t'étant lié
« par serment aux armes impies de Tancrède, et tu
« voulais dépouiller notre épouse du trône de son
« père ; naguère aussi, palpant dans la Syrie les tré-

« sors de Saladin, tu as livré les serviteurs du Christ
« aux ennemis de la croix du Christ, en souffrant de
« plein gré que Gaza, Joppé et Ascalon fussent
« renversées, sans en venir aux mains et sans com-
« battre, et tu n'as pas rougi de faire mourir quel-
« ques-uns des grands de mon empire et d'en mal-
« traiter un plus grand nombre. Bien plus, tu as
« voulu livrer aux Parthes ton seigneur, l'ami de
« notre père et notre frère, afin que la France, ainsi
« mutilée, eût à s'affliger de la perte de son chef, et
« ne pût réclamer les choses qui lui appartiennent
« de droit et que tu retiens injustement. »

Richard ne put supporter plus long-temps ce langage; et, comme s'il eût été assis sur le trône de ses ancêtres, ou dans la cour de Lincoln, ou au milieu de la ville de Caen, comme s'il eût oublié le vêtement sous lequel il était retenu prisonnier, d'une bouche royale et éloquente et d'un cœur de lion, il prit brusquement la parole : « Que celui qui m'accuse de
« trahison comparaisse, qu'il se présente tout armé,
« qu'il consente à un duel avec moi, pour essayer
« s'il peut me convaincre sur ce point. Certes, mon
« courage ne m'a point abandonné jusque là que
« quelqu'un puisse me vaincre, lorsque je me confie
« en mon droit et en ma vigueur accoutumée. Qu'on
« fasse donc ce qui est prescrit en droit. Si la loi ne
« me favorise, je ne dis plus un mot pour écarter la
« mort. Si j'ai combattu pour les droits d'une sœur,
« et si par moi, Tancrède lui a enfin rendu ce qui
« lui revenait, je n'ai point, par une telle conduite,
« offensé votre empire. Prends pitié, je t'en supplie,
« de mes voyages et de mes fatigues; prends pitié

« de ma patrie, que mon frère dévaste, hélas! en
« suscitant méchamment contre moi les armes des
« enfans de la France! Tandis que je demeure ici
« captif, le roi Philippe renverse à son gré mes châ-
« teaux, détruit les remparts de Gisors; déjà il a
« soumis Pacy et Ivry-sur-Eure, déjà il a pris Beau-
« mont-le-Roger et le château de Lions. Tu es prince
« depuis peu, des guerres te menacent, je vois que
« tu as un très-grand besoin de sommes considé-
« rables et de beaucoup d'argent : si tu veux triom-
« pher d'autant d'ennemis qu'il s'en présente main-
« tenant, tout prêts à se montrer rebelles contre
« toi, je te donnerai cent fois mille marcs d'argent,
« et je reconnaîtrai moi et mon sceptre pour tes
« vassaux. Ma captivité n'est pour toi d'aucun avan-
« tage; il n'y a nulle gloire à remporter une victoire
« sur un roi désarmé. Permets donc que j'aille porter
« secours à mon royaume, déjà trop désolé. » Le
prince approuva ces paroles et se radoucit, et son consentement se manifesta par ces quelques mots : « Fais
« donc comme tu l'as dit, et va-t-en en liberté. »

Alors le roi confirma ses paroles par des faits; et,
se retirant libre, il revoit enfin Sandwich, après une
longue absence. L'Angleterre se réjouit de l'arrivée de
son roi; Jean s'exile alors de ce pays, et va secrètement s'attacher au roi des Français. Mais déjà le Vaudreuil, au point où la rivière d'Eure baigne les prairies de ses eaux divines, jusqu'aux lieux où, tombant
dans un fleuve de plus grande renommée, elle adopte
elle-même un plus grand nom, des lieux où loin de
là elle reçoit dans son sein l'Orne gracieuse, et lui
donne son nom, jusqu'aux lieux où la Risle, coulant

au milieu de riantes prairies, arrose en souriant les campagnes de Brionne, et tout le territoire enfin qui s'étend de là jusqu'à la fontaine de Serens, qui prend sa source de la rivière d'Epte, et féconde les jardins et les champs, avant de se perdre au loin dans le fleuve de la Seine, déjà toute cette contrée s'était soumise aux puissantes armes du descendant de Charles. Dans sa prévoyance, il remplit les châteaux d'armes et d'hommes, il fait recreuser les fossés, il relève les citadelles renversées, afin que toute forteresse devienne beaucoup plus forte qu'elle n'a jamais été auparavant, et pour ne pas perdre en une heure ce qu'il a acquis au prix de tant de fatigues. Cependant, ayant fortifié Evreux avec un soin encore plus grand, après avoir rempli cette ville d'un grand nombre d'armes et de guerriers, et de beaucoup de provisions, il la donna à Jean, par amour pour lui, et afin qu'il la lui conservât, sans lui livrer toutefois la citadelle. Celui-ci, plein d'artifices, qui avait trahi son père et plus récemment son frère, ne pouvait pas ne pas trahir aussi le roi. Dépassant tous les tyrans de la Sicile par la méchanceté de l'ame, Jean invite donc à un festin tous les enfans de la France qu'il put trouver à Evreux, et les chevaliers, et les servans d'armes, à l'exception d'un petit nombre, que le hasard fit demeurer dans la citadelle. Ceux-ci donc ayant déposé leurs armes, le prince, après les avoir tous rassemblés dans une seule maison, où ils croyaient se réunir pour dîner, appelle tout-à-coup, du sein de leur retraite, ses Anglais armés, et enveloppe trois cents hommes dans un même massacre. Puis, ayant fait attacher leurs têtes à des piques brûlantes, il les promène tout autour de la ville (spectacle épouvantable), afin d'ajouter encore à la douleur du roi par une action tellement monstrueuse, déclarant par de telles œuvres ce qu'il avait de reconnaissance pour les mille marcs que le roi lui avait donnés [1].

Jadis Horse et Hengist massacrèrent d'une semblable manière tous les patriciens bretons qu'ils avaient traîtreusement invités à un repas, et qu'ils firent envelopper par des Anglais : un seul d'entre eux s'échappa, Eldon de Salisbury, lequel, ayant trouvé, par un heureux hasard, un fort épieu, et renversant devant lui mille ennemis, se sauva de sa personne, et, recommençant ensuite la guerre, remporta la victoire sur ses ennemis.

Souillé d'un si horrible carnage, Jean se rendit en hâte auprès de son frère; mais une action si criminelle ne pouvait plaire à celui-ci. Quel homme en effet, à moins qu'il ne soit possédé du démon, absolument abandonné de Dieu, et qu'aucune vertu ne compense en lui ses vices, pourrait se complaire à de si cruels artifices, ou poursuivre la paix au prix d'un tel crime? Mais, comme il était son frère, et qu'il détestait une action également détestable à tous, Richard ne lui refusa point, bien qu'il en fût indigne, son alliance fraternelle, et ne retira point son amour à celui qui naguère voulait le dépouiller lui-même de son sceptre.

En ce temps, le roi assiégeait depuis trois semaines déjà le château de Verneuil, dont les habitans, race

---

[1] Rigord raconte ce même événement, mais sans l'imputer au prince Jean.

infiniment méchante et accoutumée à provoquer les Français avec la langue, avaient, sur la porte même du château, peint la figure du roi, armé d'une massue, ne cessant d'accabler de leurs insultantes railleries cette image muette d'un homme vivant. Mais enfin ils renoncèrent entièrement à ces bravades et à tous ces grands discours, et, la tête baissée, ils honorèrent respectueusement le roi, et portèrent humblement le joug des Français, s'affligeant de se voir privés de leurs murailles et de leurs superbes tours, que le roi fit raser, afin de leur apprendre, à leurs propres dépens, à réprimer la malignité de leurs langues.

Aussitôt cependant que le roi fut informé positivement de la trahison de Jean et du massacre des siens, il leva le siége qu'il avait entrepris ; et, pressé de l'aiguillon de la colère, tout brûlant du desir d'exterminer son ennemi, il alla d'abord mettre le feu à Evreux, et réduisit cette ville en cendres, tellement que les flammes dévorèrent toutes les maisons et toutes les églises. De là, incendiant toutes les habitations, et dévastant les campagnes, il entra dans le pays de Caux, et força Richard à lever le siége d'Arques. Tandis que celui-ci s'enfuyait, les chevaliers soutenaient de rudes combats avec les Français, et se défendaient dans la forêt. Dans l'un de ces combats, l'illustre Jean de Leicester, très-renommé dans le monde par de beaux exploits, rassemblant toutes ses forces, frappa Matthieu de Marle et lui transperça les deux cuisses de sa lance ; et Matthieu, le frappant à son tour dans la poitrine, de la pointe ferrée de son épieu (quoique le sang coulât en abondance de ses deux cuisses), le força à marquer sur la terre l'empreinte de son corps immense, et à subir la captivité, en se confessant vaincu. Les autres enfans de la France ne sortirent pas sans gloire de ce combat, ayant fait prisonniers vingt-cinq chevaliers illustres par leurs exploits et un grand nombre d'autres ennemis, et en ayant tué encore plus.

Non loin de là, était un port très-célèbre et une ville puissante en richesses nommée Dieppe. Vers le même temps, les Français allèrent piller tous ses trésors, et, après l'avoir dépouillée, ils la réduisirent en cendres. Ainsi enrichi, le corps d'armée se retira en triomphe, attendu que personne ne pouvait dire qu'il y eût un lieu ou une ville quelconque qui contînt tant de richesses ou des objets si précieux. Comme les Français revenaient de là, Richard, s'étant posté au débouché d'une certaine forêt, avec beaucoup de chevaliers et de serviteurs armés à la légère, dans un lieu favorable à une embuscade, leur fit beaucoup de mal, et leur enleva beaucoup d'hommes de l'arrière-garde, tout chargés de dépouilles et de butin. De là, se retirant promptement vers Beaumont-le-Roger, sur son territoire, il entra dans le Berri ; le descendant de Charles l'y suivit d'une course rapide, et l'Anglais, informé de son approche, se disposa à lui tendre de nouvelles embûches.

Entre Fretteval et le château de Blois, est un lieu peu célèbre nommé Beaufour, perdu en quelque sorte au milieu des bois, et enfoncé dans de noires vallées. Le roi était par hasard en ce lieu avec ses barons; et vers le milieu de la matinée, il prenait son repas, tandis que les troupes cheminaient avec les chariots et les chevaux chargés d'armes, de vases et de toutes les autres choses nécessaires pour l'usage d'un camp. Tout-à-coup le roi des Anglais s'élance du sein de sa retraite, et disperse facilement ce peuple désarmé et tout chargé de vivres et d'effets : il tue, emmène, enlève les chariots, les bagages, les chevaux, les corbeilles et les vases des cuisines et des tables, vases que l'or et l'argent rendaient éclatans et plus précieux que tous les autres. Le ravisseur n'épargna pas davantage les petits tonneaux tout remplis d'écus, non plus que les sacs qui renfermaient les ornemens, les registres des impôts et les papiers du fisc ; le sceau royal lui-même fut enlevé aussi bien que tous les autres effets ; et le roi éprouva une perte si considérable en ce lieu, que l'on pourrait croire que ce village avait réellement reçu son nom de la guerre et de la fraude [1].

On n'était pas encore au premier moment du repos, quand tout-à-coup on crie aux armes ! tous les hommes courent aux armes pêle-mêle ; nul ne s'informe s'il s'empare des armes qui lui appartiennent ou de celles de son compagnon, et chacun prend pour lui celles qu'il trouve le plus à sa portée. Mais déjà, chargés de dépouilles et de butin, les ravisseurs s'étaient prudemment dispersés dans les bois et dans les vallées lointaines, où le roi ne pouvait conduire des hommes d'armes. Lorsqu'il reconnut qu'il n'y avait aucun moyen de poursuivre les ennemis, il continua sa route, et ordonna de refaire tout ce qui avait été perdu et de le garder désormais avec un plus grand

[1] Méchant jeu de mots sur le nom *Belfogia* (Beaufour) : *Bel* pour *bellum*, et *fogia* pour *fraus*.

soin. A la place de toutes les choses perdues, il lui fut facile d'en faire faire de meilleures, ou qui fussent du moins également précieuses ; mais on ne put rétablir qu'avec une peine infinie les registres par lesquels on connaissait à l'avance ce qui était dû au trésor, quels étaient, et à combien se montaient les subsides, ce que chacun était tenu de payer, à titre de cens, de taille, ou pour droit féodal, quels étaient ceux qui en étaient exemptés et ceux qui étaient condamnés aux corvées, quels étaient les serfs de la glèbe et les serfs domestiques, et enfin par quelles redevances un affranchi était encore lié envers son patron. Gautier le jeune présida à ce travail ; il prit pour lui cette rude tâche, et, guidé par son esprit naturel et par un jugement plein de vigueur, il rétablit toutes choses dans leur état antérieur et légitime, éclairé à l'avance par celui qui enseigna à Esdras à refaire les Livres de la loi et des prophètes, les Psaumes, les petits Livres, et enfin tous les écrits de l'ancien Testament, que l'impiété chaldéenne avait entièrement livrés aux flammes, lorsque la cité sainte fut prise par le prince des bouchers, sous les ordres du roi d'Assyrie [1], lequel, ayant crevé les yeux au roi [2], le fit conduire à Babylone, ainsi que tout son peuple. Ce dernier ayant pris, au milieu d'un festin, une boisson relâchante qui lui fut présentée traîtreusement, en souffrit terriblement dans son estomac, et ce breuvage lui donna, dans sa prison, du chagrin et la mort.

Pendant ce temps Renaud, comte de Dammartin, à qui le roi avait donné en outre la comtesse avec

---

[1] Nabuchodonosor. — [2] Sédécias.

tout le comté de Boulogne, et Baudouin, investi des premiers honneurs du palais, fier de ses aïeux, frère de la reine Elisabeth, et comte de Flandre et du Hainaut, ayant abandonné le roi des Français, avaient passé dans le parti du roi des Anglais. En outre beaucoup de barons, devenus secrètement ses amis, le favorisaient en dissimulant dans leur cœur, car ce roi s'attachait tous les grands seigneurs, et pourchassait les cœurs avides des enfans de la France, par l'abondance de ses présens et l'attrait de ses promesses, leur distribuant généreusement de l'or et de l'argent, et leur donnant des ornemens, des alimens, des domaines et des métairies. Toutefois il ne put parvenir à corrompre par ses présens le seigneur des Barres.

Il arriva, peu de temps après ces événemens, que la Vierge mère de Dieu, qui nous apprend par ses paroles et par les faits qu'elle est la dame de Chartres, voulant rétablir dans un appareil plus éclatant l'église que cette ville lui a spécialement consacrée, permit par une merveilleuse dispensation que les feux de Vulcain se déchaînassent à son gré contre cette église, afin qu'un tel remède mît un terme à la maladie de langueur qui consumait la maison du Seigneur dans le lieu où elle était située, et que cette destruction devînt le principe de la nouvelle construction, qui brille aujourd'hui d'un plus grand éclat que toute autre église du monde. Cette église ayant donc été démolie, une nouvelle église s'élève, déjà parfaite en beauté, dont tout le corps est enfermé sous une vaste voûte, et qui n'a rien à redouter du feu jusqu'au jour du jugement. De cet incendie aussi est provenu le salut de beaucoup de personnes, par le secours desquelles le nouvel ouvrage a été entrepris et terminé. En effet l'ennemi du genre humain, toujours injuste, se complaît toujours à ajouter un nouveau malheur à un malheur, et ne peut jamais ni vouloir ni aimer le bien. Lui-même cependant ne fait jamais aucun mal sans que le Seigneur même le permette, et le Seigneur le permet ainsi afin qu'il pèche toujours en toutes choses. Toutefois, à travers tous ces actes, Dieu a toujours en vue les avantages qui peuvent en résulter pour le genre humain : il punit le péché ou bien il réprime dans les cœurs des hommes les sentimens d'orgueil, afin que le juste soit encore justifié par les afflictions présentes, et que celui qui est souillé se souille encore par un juste jugement; car la patience, gardienne de la vertu, fortifie le juste, et la volonté une fois enchaînée au vice fait persévérer l'injuste. Par là il arrive que, bon et mauvais en même temps, l'ennemi nous est également utile par la même action, tandis qu'il est nuisible à lui-même et aux siens; et cela non qu'il puisse ou qu'il veuille être tout simplement bon, mais parce que, même en étant mauvais, il est une occasion au développement de notre bien. Ainsi, mauvaise pour les Juifs et bonne pour nous, la passion du Christ fut transformée pour nous en vie, pour eux en mort. Le même événement qui a été si grandement utile au monde, en tant que passion nous sauve, en tant qu'action commise par les Juifs damne ceux-ci : la première plaît au Père éternel, la seconde lui déplaît.

Mais comme notre marche à travers un si rude

sentier ôte la respiration à notre coursier, qu'il lui soit permis de s'arrêter un moment, afin qu'après cette quatrième pause il puisse courir avec plus de légèreté.

CHANT CINQUIÈME.

ARGUMENT.

Ce cinquième chant contient des massacres et des combats particuliers. — Le roi chasse les ennemis du Vaudreuil, et leur fait lever un siége après avoir fait en trois jours une marche de huit jours. — Richard s'étant emparé de Vierzon tourmente les habitans de la Bretagne, mais ceux-ci cependant refusent de rendre Arthur à son oncle. — Philippe détruit les châteaux de Dangu et d'Aumale. Là le roi Richard voulant lever son camp est vaincu, et ensuite il est blessé à Gaillon d'un trait qui l'atteint dans le genou. — Les Français prennent le comte de Namur et massacrent trois mille Gallois. — Richard, ayant pris l'évêque de Beauvais, veut tout-à-coup entreprendre de s'emparer de la personne de Philippe tandis que celui-ci marche vers Courcelles, suivi seulement d'un petit nombre de chevaliers; mais remplie d'indignation, Atropos coupe la trame des jours de Richard.

CEPENDANT le comte Jean assiégeait Vaudreuil et faisait de vains efforts pour le réduire sous la domination de son frère. Il avait avec lui le comte David [1], l'archevêque d'Yorck [2], le seigneur d'Arundel [3], une multitude bavarde venue de la superbe ville de Rome, les gens du pays d'Auge, qui boivent le cidre

---

[1] David, comte de Huntington, frère de Malcolm IV, roi d'Écosse.
[2] Geoffroi, bâtard de Henri II, roi d'Angleterre, et qui fut fait archevêque en 1191.
[3] Guillaume.

mousseux; ceux de Lisieux, qui n'ont point de fontaine, et qui, au lieu d'eau de source, se contentent de boire l'eau de marais bourbeux, dans lesquels les crapauds sont entassés les uns sur les autres, tandis que la grenouille s'accouple avec son mâle dont le corps est tout tacheté; les gens du Vexin, qui produit beaucoup de grains; les durs habitans du pays de Caux, et ceux du Hiémois, qui s'affligent de n'occuper que des montagnes stériles. Tous ces peuples et beaucoup d'autres réunis faisaient de concert tous leurs efforts pour s'emparer du château.

Mais tous les chevaliers et le peuple, enfans de la France, autant qu'on avait pu en rassembler dans les lieux voisins, s'étaient réunis et avaient dressé leur camp sur les bords de la belle rivière d'Eure. Le roi Philippe se rendit auprès d'eux en toute hâte, de la ville de Bourges. En trois jours (ô miracle!) il fit une marche de huit jours, sans descendre de cheval, sans prendre un seul moment de repos pour se rafraîchir. Inondé de sueur, et tout couvert de poussière, il fut encore le premier à traverser l'Eure au gué. Nul délai ne retient les Français; tout aussitôt ils s'élancèrent avec leur légèreté accoutumée contre l'ennemi déjà troublé de leur approche, qui déjà n'estimait plus qu'il fût honteux pour lui de tourner lâchement le dos, et qui aima mieux fuir et s'aller cacher dans la forêt voisine, que se défendre en combattant. Les chevaliers anglais s'enfuient donc, jetant leurs armes, afin de se sauver plus légèrement, et les hommes de pied sont faits prisonniers, ne pouvant avec leurs pieds seuls se soustraire à la poursuite du vainqueur.

Lorsque le roi fut rentré de nouveau sur le territoire du Berri, Jean alla assiéger Bressoles, mais il y éprouva le même sort, et les habitans du pays le chassèrent à eux seuls, à sa très-grande honte.

Je reviens à cette course du roi, pour m'étonner encore qu'il ait pu, semblable à un géant, faire en trois jours cette marche de huit jours. Et qui ne serait étonné que ce roi, suivi de troupes et chargé d'armes, volant en quelque sorte à tire d'ailes, plutôt que marchant sur des pieds, ait pu, en si peu de temps, accomplir tant de journées de marche? Quel coureur, ou quel pélerin aux pieds ailés, brûlant du desir de rentrer dans sa patrie, après avoir accompli un vœu, peut se vanter d'avoir jamais fait ainsi, en trois jours, une marche de cent quarante milles? On ne nous a point rapporté que jadis le grand Alexandre ait poursuivi d'un vol rapide Narbazan et Bessus, lorsqu'ils se hâtaient de rentrer dans la Bactriane, après la mort de Darius. Tel, à ce qu'on raconte, César parti de la ville de Sens arriva à Paris en une journée de marche, lorsque les Parisiens, ayant chassé de chez eux les Romains, prétendirent se donner pour roi Camulogène, que la Neustrie leur avait envoyé de la ville de Rouen, ce qui fit que Lutèce fut assiégée et prise une nouvelle fois.

Après cela le roi Richard et le roi Philippe se trouvèrent de nouveau en présence et préparés à combattre; mais Richard renonça à demeurer armé, et sans autre avertissement, si ce n'est de celui qui tient dans ses mains les cœurs et les bras des hommes puissans, il se remit à la disposition de son seigneur et se déclara tout prêt à lui obéir en toute chose. Il renouvela donc ses sermens de fidélité, et jura qu'il serait fidèle à son seigneur, en paix et en bonne amitié; mais peu de temps après il renonça même à cette paix. Toutefois, comme il ne pouvait la violer par une entreprise patente, redoutant les reproches de la renommée s'il se montrait ouvertement rebelle envers son seigneur, et sans aucun motif, il s'appliqua à faire secrètement ce qu'il ne pouvait faire de vive force, et inséra une fraude dans l'écrit par lequel il s'engagea. Ainsi, par cet artifice caché, il suscita une cause de guerre telle que Philippe fût contraint à l'entreprendre le premier, et que cette insulte lui fournît, à lui Richard, une sorte de droit, en vertu duquel il lui fût permis de repousser les attaques dirigées contre lui.

Un port situé sur le bord du fleuve de la Seine, et qui s'appelle Porte-Joie, sert au passage de ceux qui se rendent dans le pays de Vexin et dans le Vaudreuil. Là est une île qui coupe en deux le lit du fleuve, et qui, située au milieu du courant, est commune à l'une et à l'autre rive. Le roi Richard fit construire sur cette île une citadelle élevée et garnie de remparts, au mépris des stipulations de la paix qu'il avait jurée; et comme Philippe voulut le réprimander à ce sujet, il s'en excusa avec autant de perfidie que d'adresse, faisant en sorte de cacher son injustice sous l'apparence du bon droit, et cherchant à pallier sa fraude avec un art plein de subtilité. Quoique le roi eût bien démontré et mis à découvert cette perfidie, il ne voulut point reprendre les armes pour ce fait. Il demeura donc tranquille; et Richard alors eut recours à de nouveaux moyens. Il intenta un procès au seigneur de Vierzon, et méconnaissant toute règle, se faisant à la fois juge et partie, il l'appela devant lui pour cet injuste procès, sur une affaire qui appartenait selon le droit à la juridiction de Philippe. Le brave seigneur, le cœur rempli d'indignation, ne put supporter cette insulte, et se rendit à Paris pour en porter ses plaintes au roi. Mais avant qu'il pût être de retour dans ses propriétés, Richard envahit subitement tout ce qui lui appartenait, dépouilla et pilla entièrement Vierzon, livra au feu toutes les maisons, et enleva un riche butin.

O douleur! ce château d'une beauté admirable, abondant en toutes les choses qui peuvent concourir à l'ornement d'un château, se trouva réduit au néant par un artifice imprévu et par un ennemi qui n'était pas même suspect, et qu'en droit on ne devait nullement redouter. Sur tout le territoire du Berri, que le soleil brûle de ses rayons, on ne pouvait trouver aucun château plus beau que celui-là et dont les terres fussent plus fertiles. A sa droite il était embelli par les plaines de la Sologne, dont la terre est féconde en grains; et le côté gauche était orné par le Cher, qui coule doucement au milieu de prairies verdoyantes, dont les rives sont rendues plus agréables par les arbres et les terres bien cultivées qui l'entourent, qui porte des bateaux et donne aux habitans du pays des poissons et toute sorte d'autres avantages.

Le roi, lorsqu'il fut informé d'un acte de perfidie, tel qu'il en avait plusieurs fois éprouvé de semblables, envoya beaucoup de serviteurs et de chevaliers pour fortifier les places du Berri, afin que Richard ne pût s'en rendre maître par de pareils artifices, et alla, avec beaucoup de troupes, assiéger Dangu. Richard ayant tenté plusieurs fois de l'en chasser, et n'ayant pu y réussir, passa la rivière d'Eure, et Nicolas, séduit par ses présens, lui livra le château de Nonnancourt qu'il était chargé de garder. Puis, ayant reconnu combien c'était une action criminelle de violer ainsi ses engagemens envers celui qui s'était confié à sa foi, et de livrer le château de son seigneur, Nicolas prit l'habit de Templier, et s'enfuit sur les rivages de Syrie.

Mais le roi, après s'être d'abord emparé de Dangu, infatigable, se dirigea vers le château de Nonnancourt, et le réduisit sous sa domination. Ceux que Richard avait laissés dans ce château, le roi les fit tous charger de fers et les enferma dans la tour de Mantes, où ils furent gardés par Josselin, homme d'une valeur brillante, très-zélé en fait de chevalerie, rempli de forces et de courage, magnifique, et portant en son cœur une tendre compassion pour les affligés. Il donnait donc généreusement à boire et à manger à ses prisonniers, et très-souvent il leur permettait de se coucher devant les tables avec lui, sans précaution pour lui-même; tandis qu'il buvait au milieu d'eux, il fut tué par ces hommes, enfans de Satan, qui le frappèrent d'un coup de poignard dans le cœur, au moment même où il buvait. Cet acte de trahison, depuis long-temps médité, étant ainsi consommé, les prisonniers qui, par une fraude secrète, avaient depuis long-temps aussi limé leurs chaînes, ouvrirent alors les portes, descendirent jusqu'à terre, par une pente rapide, à travers les aspérités d'un escalier, et se trouvèrent ainsi hors de la tour. Tandis que, comptant sur les ténèbres d'un brouillard très-épais, ils se disposaient déjà à sortir de divers côtés par les fausses portes, tout-à-coup un grand bruit s'élève dans toute l'enceinte du château, les habitans accourent, ferment les portes devant ces hommes tout tremblans, et bientôt ils les arrêtent presque tous. Le lendemain, élevés la tête en l'air au haut d'un gibet, ils furent justement offerts en sacrifice à Jupiter, et enlevés à bon droit de dessus la terre, sans être cependant reçus dans la demeure des cieux; car, également détestables à la terre et au ciel, ils ne méritaient d'être accueillis ni par l'une, ni par l'autre, et à peine l'air mobile leur permit-il de se balancer dans son sein. Châtiment moins grand que le crime sans doute, s'il était seul infligé à un pareil forfait, mais bien moins redoutable que la punition réservée aux ames, lorsqu'elles ont dépouillé la chair.

Richard cependant, ayant fait une invasion chez les Bretons, les frappa de toutes sortes de calamités, renversa plusieurs châteaux, et dévasta beaucoup de bourgs et de villes, n'épargnant ni les enfans, ni les hommes faits. Bien plus, le jour même où l'on célèbre l'adorable Passion du Christ, il fit périr beaucoup d'hommes par le glaive, et, préparant dans sa cruauté un genre de mort inouï, il en contraignit beaucoup d'autres à périr dans les flammes et la fumée, après qu'ils furent entrés dans les caves, et jusque dans les entrailles de la terre, pour fuir la mort : mais la mort poursuit en tous lieux ceux qui la fuient, et les atteint dans toutes les retraites. Toutefois avec sa férocité, Richard ne put détourner les Bretons de leur obéissance à Philippe et de leur fidélité aux Français; il ne put non plus les faire consentir à lui livrer son neveu Arthur, pour lequel ils souffraient tant de maux, Arthur, encore enfant, que Guidenoc, évêque de Vannes, gardait à cette époque, qu'il remit ensuite sain et sauf au roi Philippe, qui fut élevé pendant son enfance à la cour de Paris avec Louis, enfant comme lui, et qui vécut plusieurs années à cette cour, sans y éprouver aucun mal : il périt de la main de son oncle, aussitôt qu'il fut tombé en son pouvoir, ayant vécu en sûreté au milieu des étrangers, et fut assassiné par les mains d'un ami [1].

Sans autre délai Richard quitta le territoire de Bretagne, et suivi de toutes ses bannières rassemblées en foule, passant à travers les champs de Bayeux, tout couverts d'ivraie, et les plaines du pays de Caux, laissant ensuite Beauvais derrière lui, il conduisit ses troupes d'une marche rapide, se vantant de son projet de combattre le roi Philippe si celui-ci ne se hâtait de lever le siége du château d'Aumale, dont il avait depuis six semaines investi les remparts, établis sur le sommet d'une colline et au milieu des rochers. Richard choisit donc les meilleurs parmi ses braves chevaliers, ceux dont le courage et la fidélité lui inspiraient le plus de confiance, pour les mener avec lui attaquer à l'improviste le camp des assiégeans. Parmi ces chevaliers, le plus vaillant à la guerre était Gui de Thouars, qui devint peu de temps après duc des Bretons, en épousant la mère d'Arthur et recevant d'elle ce duché. Avec eux encore étaient Hugues le Brun, héros de la Marche, et Guillaume de Mauléon, suivi de beaucoup de chevaliers.

---

[1] Arthur, duc de Bretagne, fils de Geoffroi, troisième frère de Richard et frère aîné du roi Jean, fut assassiné par celui-ci, son oncle, en l'année 1203.

Richard, transporté par l'ardeur de la guerre, espérant avec de tels auxiliaires triompher de tous ses ennemis, s'élança d'une marche rapide jusque vers le camp. Sortant du même camp, et volant à sa rencontre avec non moins d'ardeur, s'avancèrent alors le comte Simon [1], le baron des Barres, Alain le Breton de Dinant, à qui naguère le roi Richard avait enlevé injustement et de vive force le seul de ses aïeux qui lui restât encore; avec eux sont des jeunes gens d'élite, dont le courage est indomptable, et le bras accoutumé à la guerre. Richard répète sans cesse qu'il n'y a rien à craindre, et presse les siens pour les pousser toujours aux entreprises les plus difficiles. Mais aussitôt que le lion vigoureux vit devant lui ces guerriers au courage indomptable, il les reconnut successivement à la bannière de chacun d'eux. Tel un lion de Libye se transporte de colère contre les taureaux qu'il voit s'avancer au milieu des pâturages, dressant leurs cornes, se tenant étroitement unis et tous prêts à se défendre : le lion n'ose leur présenter le dos pour s'enfuir, et cependant il n'ose pas non plus les aborder, ne pouvant espérer de remporter la victoire. De même le noble roi demeure frappé de stupeur en voyant son ennemi si près de lui ; il n'ose s'élancer sur lui, et la fierté de son ame ne lui permet pas non plus de se porter en arrière. Ce dernier parti le ferait manquer à l'honneur, mais il y aurait plus de sûreté; dans l'autre il n'y a point de sûreté, mais aussi il y a surtout de l'honneur. Enfin le vaillant roi, jaloux de conserver son honneur autant qu'il lui est possible, préfère cet honneur

[1] Simon de Montfort.

au parti qui lui offre plus de sécurité. Rempli d'ardeur, baissant son glaive, et pressant de ses éperons les flancs de son coursier, il s'élance sur les guerriers avec un transport de colère, et les guerriers s'élancent aussi vers lui. On combat des deux parts avec des chances diverses; les lances se brisent, les glaives s'émoussent sous les coups redoublés, et bientôt un rude combat s'engage entre les poignards sortis de leurs fourreaux. Selon son usage le chevalier des Barres fait rage contre les ennemis, s'ouvrant un chemin avec son épée afin de parvenir jusques au roi, avec lequel il desire ardemment en venir aux mains; le chevalier renverse trois chevaliers de dessus leurs chevaux, sans s'arrêter à leur imposer des fers, et ne cherchant qu'à en renverser d'autres encore.

Pendant ce temps le bras du comte Simon n'était point inactif, et les autres seigneurs ne combattaient pas avec moins de valeur. De son côté la troupe des Poitevins ne se montrait pas inférieure en courage, et ne faisait pas moins d'exploits dignes d'éloges. Ils frappent l'ennemi et sont frappés; ils sont renversés et renversent; ils font des prisonniers et sont à leur tour faits prisonniers. Il est encore incertain de quel côté la victoire voudra se fixer, auquel des deux partis la fortune accordera ses faveurs; des deux parts on combat avec des chances variées, jusqu'au moment où le roi a vu, au milieu de milliers d'ennemis, Alain seul dans la plaine, et qui s'était retiré pour réparer son casque brisé. L'ayant reconnu, le roi sort de la mêlée, et, redressant sa lance, se dirige rapidement dans la plaine, vers le lieu où il pourra rejoindre Alain. A peine a-t-il vu le roi s'avancer vers lui, le Breton ne se réjouit pas moins de le voir animé du desir qui le possède aussi. Mais la lance du roi, en se choquant contre un bouclier percé, se brise et refuse d'accomplir le vœu de son maître. De même la lance du Breton ne peut percer le bouclier du roi, mais glissant sur le bouclier et s'avançant plus loin, elle pénètre dans les entrailles du cheval, entre les deux cuisses; de sa pointe bien affilée elle coupe la queue du cheval au point où elle est attachée, et se brisant enfin à cette place elle s'arrête. Le roi et l'animal tombent alors; mais le roi se relève avec une admirable légèreté, et s'élance plus promptement qu'il n'eût pu l'espérer sur un autre cheval. Déjà les troupes tournaient honteusement le dos et prenaient la fuite, déjà même le roi ne pouvait plus soutenir de si rudes assauts. Gui, qui devait devenir duc des Bretons, est fait prisonnier avec beaucoup d'autres. Les Français cependant poursuivent les fuyards, la plaine se nettoie, et ceux qui fuient laissent derrière eux de précieux otages, trois fois dix chevaliers et cinquante autres guerriers moins considérables. Dans toute la troupe des enfans de la France, nul ne fut fait prisonnier ou frappé de mort.

A la suite d'un si grand triomphe, les Français s'abandonnent dans leur camp aux transports de leur joie, et après avoir assiégé pendant quarante-neuf jours le château d'Aumale, et l'avoir pris enfin, non sans de grands efforts, ils le détruisirent entièrement, en sorte qu'il en reste à peine la trace. Le roi Richard se retira alors tristement, ne pouvant supporter

CHANT CINQUIÈME. 135

en son cœur soulevé de douleur d'avoir perdu tant de ses chevaliers et abandonné la plaine par une fuite honteuse, sans avoir même, au milieu des vicissitudes de ce rude combat, donné la mort à un seul de tous les Français, sans en emmener un seul du moins en captivité.

Peu de temps après, Richard voulant assiéger et investir les murailles de Gaillon, s'étant approché des remparts de ce château, et cherchant avec soin les chemins par lesquels il pourrait monter le plus facilement pour pénétrer jusque dans la citadelle, le seigneur de ce château, Cadoc, l'ayant vu du haut d'une tour, lui lança un trait de son arbalète, et le trait frappa le roi au genou et s'enfonça dans le flanc du cheval. L'animal roule aussitôt, et blessé d'un coup mortel, à peine eut-il la force de transporter jusqu'au milieu des siens son maître, qui proférait en même temps mille menaces contre le seigneur de Gaillon, si du moins il conservait la vie. Au bout d'un mois, lorsque sa blessure eut été guérie à l'aide puissans remèdes, et par les soins d'une main savante, le roi, plus fort et plus irrité que jamais, reprend toute sa fureur ; ayant retrouvé sa vigueur, il frémit et brûle de reprendre les armes, semblable à la couleuvre qui, ayant dépouillé sa vieille peau, présentant au soleil son dos luisant, travaille à armer ses dents de leur poison, attendant celui contre lequel elle lancera son dard, ou qu'elle blessera le premier de son venin tout fraîchement composé.

Bientôt le roi appelle à lui des extrémités de l'Angleterre une immense troupe de Gallois, afin qu'ils se répandent dans les pays couverts de forêts, et qu'avec leur férocité naturelle ils dévastent le territoire de notre royaume par le fer et le feu; car voici quelles sont les habitudes particulières des Gallois, entre tous les peuples indigènes de l'Angleterre, habitudes auxquelles ils demeurent fidèles dès les premiers temps de leur existence : au lieu de maisons ils habitent dans les bois, ils préfèrent la guerre à la paix, ils sont prompts à la colère et légers à la course dans les lieux où il n'y a point de chemins; leurs pieds ne sont point garnis de semelles, ni leurs jambes de bottines; ils sont instruits à souffrir le froid et ne reculent devant aucune fatigue; ils portent l'habit court et ne chargent leur corps d'aucune espèce d'armes; ils n'enveloppent point leurs flancs de la cuirasse, ils ne couvrent point leur tête du casque, ne portent d'autres armes que celles avec lesquelles il peuvent donner la mort à l'ennemi, la massue avec le javelot, des épieux, des piques, une hache à deux tranchans, un arc, des flèches, des dards noueux ou la lance. Ils se plaisent à enlever sans cesse du butin, à répandre le sang, et rarement meurent-ils autrement que par une mort violente, à la suite de blessures; si quelqu'un est en droit de reprocher à un autre que son propre père est mort sans être vengé par la mort, c'est pour celui-ci l'excès du déshonneur. Le fromage, le beurre et des viandes mal cuites sont réputés par les plus considérables d'entre eux le festin le plus délicieux; ils pressent leurs viandes à plusieurs reprises dans le tronc entr'ouvert d'un arbre, et les mangent souvent après en avoir seulement exprimé le sang. Les viandes leur tiennent lieu de pain, au lieu de vin ils boivent du lait. Ces hommes donc, ravageant notre territoire sur tous les points où ils trouvaient un libre accès, tourmentaient horriblement les vieillards et les jeunes gens, les enfans et leurs parens. Cependant à l'entrée de la vallée d'Andely, notre armée ayant sagement disposé ses escadrons en avant et en arrière de la vallée, resserra tellement ces Gallois, qu'un seul jour en vit périr jusqu'à trois mille quatre cents.

Cet événement émut violemment le roi Richard, et il ne put contenir en son cœur la terrible colère qui l'agitait. En ce moment il avait par hasard trois Français enchaînés dans ses prisons : aussitôt qu'il apprit le carnage des siens, dans sa fureur il fit précipiter ces trois hommes sur le bord de la Seine, du haut d'un rocher sur lequel il fit construire dans la suite les remparts de Château-Gaillard, et les plongeant par un jugement inique dans le gouffre de la mort, il fit périr ces hommes qui n'avaient rien mérité de semblable, et qui en tombant eurent tous les os et les nerfs du corps brisés. Ensuite, et dans la même prison, il fit encore arracher les yeux à quinze hommes, leur donnant pour guide un homme à qui il fit laisser un œil, afin qu'il les conduisît en cet état auprès du roi des Français. Celui-ci, animé d'une juste colère, fit infliger le même supplice à un pareil nombre d'Anglais, et les faisant sortir en même temps de prison, les envoya au roi des Anglais, sous la conduite de la femme de l'un d'eux, et il en fit aussi précipiter trois autres du haut d'un rocher, afin que nul ne pût le croire inférieur à Richard en force ou en courage, ou penser qu'il le redoutât. Il prit soin en outre de ceux qui avaient perdu la vue à cause de lui, et leur donna pour les secourir les choses dont ils pouvaient avoir besoin, afin qu'ils eussent en suffisance ce qui est nécessaire pour l'entretien de la vie.

De là Richard, traversant des vallées bien arrosées, alla passer au gué la rivière d'Epte, entra sur le territoire de Beauvais, et après avoir tué beaucoup de monde, enleva un immense butin en hommes et en bestiaux. L'évêque de Beauvais [1] se précipita à sa rencontre, et avec lui le noble Guillaume seigneur de Mellot, voulant tenter du moins de défendre sa patrie; mais ils furent tellement enveloppés par la bande de Marchader, que tous deux, combattant ainsi pour leur pays, furent faits prisonniers, chargés de fers, et jetés dans une prison, où ils souffrirent long-temps toutes sortes de tourmens. Ce même évêque était l'illustre fils de Robert [2], lequel était lui-même un rejeton royal de Louis le Gros, en sorte que ce fils était le cousin-germain du roi; mais ni sa dignité de prélat de l'église, ni l'ordre sacré auquel il était lié, ni sa valeur personnelle, ni l'illustration d'une telle naissance, ne lui furent d'aucun secours pour l'empêcher d'être enfermé comme le moindre soldat du petit peuple dans une prison de criminels, et d'y languir misérablement pendant plusieurs années.

Peu de temps après ces événemens, le frère du comte de Flandre, qui lui-même était de son propre droit comte de Namur, tandis qu'il parcourait les environs de Sens avec beaucoup de chevaliers de son pays, fut fait prisonnier, et avec lui seize chevaliers qui l'accompagnaient. Les amis du roi, qui défendaient en son nom cette contrée, les vainquirent

---

[1] Philippe. — [2] Comte de Dreux.

dans un combat et les forcèrent à recevoir des fers.

Cependant le roi des Anglais, ne pouvant contenir en son cœur toute la joie qu'il éprouve de la prise de l'évêque, brûle du desir de livrer bataille à son seigneur, quel que doive être l'arrêt du sort. Ayant avec lui quinze cents chevaliers armés, quarante mille combattans d'un ordre inférieur et les bandes innombrables de Marchader, et ayant appris d'une manière certaine que le roi se dirigeait presque seul vers les murailles de Gisors, Richard inonde de ses chevaliers, tous armés de casques, les plaines et les vallons qui entourent Courcelles, et dispose en bon ordre ses cohortes armées dans les champs du Vexin, afin que Philippe ne puisse trouver aucun chemin ouvert pour se rendre à Gisors, comme il en avait le projet.

Celui-ci, ignorant cet artifice, et ne sachant pas même où était le roi des Anglais, avait laissé toutes ses troupes dans le château de Mantes, et, ne craignant rien pour lui-même, n'avait pris avec lui que quarante-quatre chevaliers et une centaine de servans d'armes. Déjà ils avaient dépassé Courcelles, dont le roi des Anglais avait renversé les remparts et emmené captif le seigneur, qui se nommait Robert, et qui avait reçu à la tête une blessure terrible. Aussitôt que les Français virent les vallées toutes remplies de guerriers, dont les armes étincelantes redoublaient dans les champs l'éclat du soleil, ils furent saisis de stupeur, et ne purent trouver, ni à droite, ni à gauche, aucun chemin pour sortir d'embarras. Le roi, toujours intrépide, suivait le chemin qu'il voyait devant lui, lorsque Manassé de Malvoisin, homme fort dans

le conseil, et plus fort encore dans le combat, l'arrêta par la bride de son cheval, et, l'ame remplie de fureur, lui adressa ces paroles : « Où cours-tu, ô toi qui
« vas périr? Quels secours pourront te prêter nos
« armes? Pourquoi sembles-tu vouloir te livrer
« avec tous les tiens aux coups de l'aveugle for-
« tune? Comment une si faible troupe osera-t-elle
« combattre tant de milliers d'hommes, de manière à
« défendre sa vie seulement pendant une heure?
« Alexandre ne conduisit pas tant de Grecs au com-
« bat; Xerxès (quoique l'on rapporte que son armée
« épuisait les fleuves lorsqu'elle prenait un repas) ne
« traversa pas la mer auprès du mont Athos avec au-
« tant de navires qu'il y a là d'hommes qui vous at-
« tendent. Ne vois-tu donc pas comme tous les che-
« mins sont occupés à l'avance, et qu'il n'y a dans les
« vallées ni dans les champs aucune issue par où nous
« puissions passer? Ainsi donc, le plus tôt possible,
« tandis qu'il nous est permis de le faire, et que l'en-
« nemi ne nous enveloppe pas encore de tous côtés,
« tournons bride promptement, et retirons-nous en un
« un lieu de sûreté. Ou plutôt, va-t-en tout seul, sans
« qu'aucun sentiment de honte t'arrête, tandis que
« nous combattrons pour résister à l'ennemi. Notre mort
« ne sera qu'une perte légère, mais en toi reposent
« l'espoir et la gloire de tout le royaume; toi seul
« demeurant sain et sauf, la France n'a rien à re-
« douter. »

Il en aurait dit davantage, mais le roi, transporté de colère : « Loin de moi, s'écria-t-il, que j'a-
« bandonne mon entreprise pour quelque ennemi
« que ce soit, ou que je tourne le dos pour marcher

« en fuyard. Il faut que cette route royale me con-
« duise à Gisors. Loin de nous que, dans notre
« royaume, un étranger puisse nous effrayer ! Si l'on
« nous refuse tout chemin, si les champs et les val-
« lons nous sont fermés, de telle sorte que nous ne
« puissions trouver aucune issue pour nous porter
« plus loin, que chacun se fasse avec son épée un
« chemin à travers les ennemis. Que nos glaives soient
« nos guides pour accomplir le voyage que nous avons
« entrepris. Loin de nous que l'on puisse reprocher
« une faute au roi des Français! La valeur ne se me-
« sure pas au nombre, mais au cœur des guer-
« riers. »

Il dit, et s'élance avec un brillant courage au milieu des bataillons; tous les enfans de la France se portent en avant avec une pareille agilité, et se mouvant comme un seul homme : chacun se fraie un passage, à l'aide de son glaive étincelant; et en peu de temps, mettant en fuite les ennemis, en renversant et en tuant un grand nombre, ils ont conduit jusque dans la plaine le roi qui marchait toujours selon son droit chemin, comme il l'avait promis naguère. Tandis donc que le roi s'en allait, sans avoir reçu de blessure, l'ennemi fuyait, mécontent, et ne voyant qu'avec douleur et sa défaite et le triomphe de celui-ci, qui poursuivait sa marche.

Pendant ce temps, les plus illustres des enfans de la nation française continuent à se battre, faisant beaucoup de mal aux ennemis, et teignant l'herbe de leur sang. Mais, tandis qu'un si petit nombre d'hommes ne peuvent triompher de tant de milliers d'adversaires, et quoiqu'ils sachent bien qu'ils ne peuvent se confier au visage trompeur de la fortune, la plupart d'entre eux, ne sachant pas céder, s'obstinent à combattre, sans vouloir se laisser vaincre, et sont retenus prisonniers par l'ennemi. Ainsi furent pris Matthieu de Marle, Philippe de Nanteuil, Pierre, surnommé la Truie, Gautier, qui était connu sous le nom de la Porte, et quatre-vingt-douze autres grands, jeunes gens illustrés à la guerre, tous décorés du rang de chevaliers, d'une naissance distinguée, et portant des noms fameux. En outre, le pont de Gisors, par lequel on arrive à la porte de fer, ne pouvant supporter tous ceux qui s'y précipitaient d'une course rapide, s'écroula, et entraîna dans le fleuve plusieurs guerriers. Le cheval du roi traversa le fleuve, et arriva avec le roi sur la rive opposée, sans aucun accident : de tous ceux qui le suivaient, le roi ne perdit personne, ou noyé dans le fleuve, ou tué sur le champ de bataille. Quant au roi des Anglais, se regardant comme vainqueur avec ses quatre-vingt-douze chevaliers prisonniers, après avoir pris quelques momens de repos, il se dirigea vers Château-Gaillard, joyeux et triomphant, et pouvant à peine contenir ses transports.

Oh! combien le cœur de l'homme est ignorant des choses de l'avenir! Hélas! combien il a les yeux aveuglés, celui qui ne se rappelle jamais les événemens passés, qui ne redoute jamais ceux de l'avenir, qui ne se met point en garde contre ce qui doit arriver, et ne s'occupe que du présent! Cette victoire même, ô Richard, te tournera à mal; bientôt il arrivera que tu te repentiras de l'avoir remportée, et d'avoir combattu de manière ou d'autre contre ton seigneur (avec lequel ta mère t'avait instruit à ne jamais en venir aux mains, l'enseignant au contraire à lui rendre honneur respectueusement), lorsqu'un rude carreau t'ayant atteint au milieu du corps, la mort frappera à ta porte, puisque ni la Passion du Christ, ni le temps sacré du carême, ne peuvent te détourner des combats. Telle est la mort que te réserve devant Chalus[1] celui qui doit être ton meurtrier! Pourquoi te réjouis-tu imprudemment? pourquoi t'enorgueillis-tu de ta victoire? Insensé, quels sont ces transports? quelle vaine gloire te séduit? tu éclates de joie pour le présent, et tu ne considères pas ce que peut t'apporter l'heure de demain, quelle fin peut mettre un terme à ton allégresse du moment, combien la gloire est trompeuse, combien la destinée de l'homme est mobile! la sagesse seule mesure le terme de toutes choses. Que ne présentes-tu de vives actions de grâces au Seigneur? Pourquoi attribues-tu à toi seul ce qu'il t'a accordé dans sa bonne volonté pour toi? Tu es insensé si tu penses que la même chose puisse revenir sans cesse, que les circonstances présentes ne changent jamais, comme si la fortune demeurait obstinément au même lieu! Ne connais-tu pas les caprices de cette souveraine? ceux qu'elle élève le plus haut, tout-à-coup elle les fait descendre au plus bas par une chute plus terrible. Le sort mobile laisse toujours dans l'obscurité celui qui est tombé derrière lui. Le cœur s'enfle et s'exalte avant la ruine qui accable l'imprudent, et, lorsqu'il est tombé à l'improviste, il est livré à un supplice que subit bien justement l'homme qui, par ses propres actions, s'est préparé lui-même tous ces

[1] Le château de Chalus, dans le Limosin.

maux, afin que celui qui se fie trop en lui-même, et n'a pas voulu devenir sage par ses fautes, apprenne enfin par le châtiment combien il eût dû se montrer humble dans le triomphe. Mais l'orgueil surtout doit être réprimé plus sévèrement, lorsque la miséricorde de Dieu nous a soumis un ennemi, lorsque Dieu a donné à ceux qui ne les méritent point les honneurs d'un monde fragile, de peur que nous ne perdions à la fois et les dons de celui qui donne, et celui-là même qui seul donne et enlève toutes ces choses. Ce roi, à qui tu te vantes témérairement d'avoir inspiré la frayeur, que tu crois avoir vaincu, t'a vaincu plutôt toi-même; et lorsqu'il s'est frayé lui-même avec son glaive un chemin à travers l'armée qui cherchait en vain à l'arrêter, frappant de confusion toi et les tiens, et triomphant, invincible à la guerre, de toi et des tiens, il s'est fait véritablement bien plus d'honneur en échappant à toutes tes forces avec si peu de chevaliers, que tu n'as pu en acquérir en arrêtant quelques chevaliers avec un si grand nombre d'hommes. C'est donc à lui qu'appartient ce triomphe, et déjà il n'est plus à toi.

Déjà un peu de temps s'était écoulé depuis ces faits; on était au-delà de la mi-carême, et le peuple fidèle se disposait à célébrer la Passion vénérable du Christ, lorsque, bien loin, dans le territoire de Limoges, un fait prodigieux arriva. Dans la terre de Chalus, un certain paysan, placé sous les ordres d'un seigneur qui se nommait Achard, retournait la terre avec sa charrue, pour y semer de la vesce ou du millet, lorsqu'il trouva dans le champ labouré un trésor caché; et l'ayant trouvé, il alla le révéler à son seigneur. Celui-ci enleva l'or en cachette, n'ayant avec lui qu'un petit nombre de témoins, selon ce que rapportent ceux qui aiment à raconter les faits mensongèrement. Cet événement fut connu de Richard, par les récits de la bavarde renommée, qui ajoute toujours de grandes choses aux choses moins grandes, et qui se plaît, dans ses bavardages, à mêler le faux avec le vrai. Réjoui par ces agréables rapports, Richard, négligeant tout autre soin, s'appliqua uniquement à cette affaire, afin d'amener Achard de manière ou d'autre, soit de vive force, soit par affection, à lui remettre le trésor qu'il avait découvert. D'abord donc il lui écrivit, mais sans obtenir aucun résultat. Alors il rassembla ses cohortes, et arriva en grand fracas sous les remparts de Chalus, proférant d'horribles menaces, et déclarant qu'il allait tout détruire, si Achard ne lui livrait au plus tôt l'or qu'il avait trouvé.

Cependant Achard supplie et demande une trêve pour les jours saints, jusqu'à ce que du moins la solennité de Pâque soit passée. Il se déclare parfaitement innocent du crime et ignorant du fait que le roi lui impute; mais il promet qu'il se soumettra très-volontiers à tout ce que décidera sur ce sujet la cour de France, qui doit régir selon ses lois les grands du royaume et Richard lui-même. Le roi, de plus en plus furieux, demeure sourd à toutes ces propositions, n'accueille pas même les raisons, et n'écoute ni la justice, ni l'équité. Ce qui lui plaît est aussi ce qu'il juge juste, et il fait en même temps les plus grands efforts pour s'emparer du château. Déjà la plus grande partie des murailles est tombée; la tour elle-même est ébranlée, et Achard n'aura bientôt plus rien pour se défendre. Mais il en est venu à ce point où le désespoir donne des forces, ce qui arrive lorsque la dernière infortune accable les malheureux, et qu'ils ne peuvent enfin redouter de plus grands malheurs. Six chevaliers et neuf serviteurs combattent encore dans la tour, et déploient toutes leurs forces pour défendre le château. Plus ils voient qu'il leur devient impossible d'échapper à la mort, et plus ils se montrent audacieux pour résister à la mort en combattant; aucune crainte ne se manifeste plus là où il ne reste plus aucun espoir de salut. S'ils ne trouvent aucun autre projectile sous leurs mains, ils lancent à l'envi des planches, des poutres, des débris de la tour, et, à force de jeter toutes sortes de choses, ils ne cessent de réduire le nombre de leurs ennemis.

Pendant ce temps, Atropos adresse ces paroles à ses deux sœurs, Clotho et Lachésis : « Pourquoi, Clotho,
« pourquoi fournis-tu tant à Lachésis de quoi filer
« pour l'usage du roi Richard? A quoi sert d'avoir
« pris tant de peine pour celui qui ne le mérite point?
« pour celui que notre patience, à ce que je vois, ne
« rend que trop orgueilleux, que nos bienfaits font
« rebelle envers nous, qui n'espère que trop pouvoir
« abuser de nos dons, comme s'il devait vaincre tou-
« jours, comme si je ne devais jamais avoir la puis-
« sance de rompre, quand je le voudrai, le fil que tu
« tresses; lui qui, entraîné par son excessive avidité,
« ose mépriser les jours très-saints et le temps bien-
« heureux qu'a consacrés, par le sang de son propre
« Fils, le Père qui tonne dans les cieux, et qui nous
« a donné d'être ses ministres; lui enfin qui a tant
« de fois rompu les traités qu'il avait conclus avec son

« seigneur, et qui naguère encore a voulu se saisir
« de sa personne. Je passe sous silence les fraudes
« par lui commises dans le pays de Syrie et dans le
« royaume de Palerme ; je me tais sur le grief d'avoir
« tant de fois méconnu les droits de la nature. Que
« sont, Clotho, ces murmures qui répondent à ma
« voix? toi, qui n'es autre chose que la force par la-
« quelle le Père souverain appelle chaque chose à
« l'existence, en son temps, et comme il lui plaît; en-
« sorte que tu n'as que le pouvoir de tenir la que-
« nouille, et rien au-delà. Et toi, Lachésis, qu'es-tu
« autre chose si ce n'est le sort par lequel ce même
« Créateur conduit ce qui est déjà produit, le fait vé-
« géter, et le dirige à travers l'existence? Mais en moi,
« qui domine sur toutes choses, il n'y a aucun chan-
« gement, rien ne peut me faire obstacle : ma force
« dépouille de l'existence tout ce qui par vous vient à
« l'existence, ou parcourt l'existence. Mais c'est assez,
« la parole irrévocable du Père me presse. Fais, Clo-
« tho, fais que ta quenouille apprenne à s'arrêter ;
« fais, Lachésis, que ce fuseau que tu tournes avec le
« pouce cesse de s'enfler. Tu peux garnir plus uti-
« lement tes fuseaux pour ce Philippe, qui respecte
« et nous et notre Père, qui lui présente ses hom-
« mages en tous lieux, et honore partout ses minis-
« tres. Pourquoi trembles-tu, Achard? pourquoi
« crains-tu? ta tour est à la dernière extrémité, elle
« redoute la chute, et déjà elle est délivrée. Voici,
« je viens à ton secours : que dis-tu qu'il n'y a plus
« de traits? regarde la muraille ; sous cette poutre en-
« core ferme, à côté de toi, est suspendue une courte
« flèche, à la pointe carrée, que Richard a envoyée

« contre toi, desirant te frapper d'une mort subite.
« Présente cette flèche à Gui [1], qui porte une arba-
« lète, afin qu'il renvoie à Richard ce que Richard a
« envoyé : je veux que Richard périsse de cette
« mort, et non d'une autre, afin que celui qui a mon-
« tré le premier aux enfans de la France l'usage de
« l'arbalète, en fasse lui-même l'expérience, et sente
« en lui-même la force de l'instrument dont il a en-
« seigné la pratique aux autres. » Atropos a dit; ses
paroles ont plu à ses deux sœurs; Clotho quitte la quenouille, et Lachésis renonce à ses pensées.

Pendant ce temps, Richard continue à aller et revenir sans cesse tout autour des murailles du fort :
Gui, l'ayant reconnu du haut de la citadelle, fait tourner de son pouce gauche la noix de son arbalète,
presse la clef de la main droite; la corde a vibré, et
voilà, la flèche fatale est entrée dans l'épaule du roi.
Tout-à-coup, un bruit de deuil se répand dans tout
le camp; tout chevalier regagne tristement sa tente;
les jeunes gens, déposant leurs armes, s'abandonnent
aux lamentations; ils rapportent le roi vers sa couche
royale, et les soldats, vaincus par la douleur, n'attaquent plus que faiblement. Oubliant les combats, ils
répandent des larmes et non plus des traits. Les assiégés se livrent aux transports de leur joie; déjà
Achard ne se cache plus; n'ayant plus de crainte, il
se complaît à parcourir les remparts avec ses com-

---

[1] Les témoignages des historiens varient sur le nom de celui qui a tué Richard. Matthieu Pàris l'appelle Pierre de Bâle, Roger de Hoveden le nomme Bertrand de Gourdon (et M. de Sismondi a adopté cette opinion); d'autres écrivains ne l'ont pas nommé, et ont dit, les uns que c'était un chevalier, les autres un arbalêtrier.

pagnons d'armes, car déjà l'ennemi s'est éloigné.

Cependant les troupes se pressent pêle-mêle autour du roi. Les médecins appliquent des calmans, les chirurgiens taillent dans la blessure afin d'en retirer le fer avec moins de danger. Le coup n'était pas mortel; mais le roi refusa d'écouter les salutaires avis des médecins et de ses amis, et préférant les mauvaises joies de la volupté aux conseils des sages, il attira la mort sur lui sans s'en douter. Déjà Atropos avait rompu la trame de sa vie. Aussitôt donc le roi invincible est dissous par la mort, ce roi, tel que nul de ceux qui ont porté le sceptre des Anglais n'eût été meilleur que lui s'il eût pris soin de garder sa foi au roi à qui la loi l'obligeait de se soumettre, et s'il eût eu la crainte du roi suprême. Le clergé de l'église de Rouen enferma son cœur dans l'or et l'argent, le déposa au milieu des corps sacrés des saints, dans l'édifice consacré à cet usage, et lui rendit dévotement les plus grands honneurs, afin que la dévotion d'une église si illustre attestât publiquement combien elle avait chéri pendant sa vie celui dont elle daignait encore honorer ainsi les mânes. La tête et le reste du corps furent ensevelis à Fontevrault, auprès du roi son père. Oh! combien l'état des royaumes est changeant, et combien sont souvent dissemblables entre eux les chefs qui échoient aux empires! A Richard succéda Jean, homme tel que nul dans le monde ne fut plus mauvais que lui, et qui était dépourvu de toute espèce de bon sentiment. Frère de Richard, il succéda à son frère par une injustice du sort, car Arthur eût dû plutôt succéder à Richard, puisqu'il était fils du frère aîné de Jean. Le sort aveugle lui fut contraire, car souvent les arrêts du destin se montrent opposés aux jugemens des hommes.

Ici ma muse se plaignant de l'ennui de ces soins odieux, me dit : « Je suis lasse et veux me reposer « encore. Ce chant veut être fini en même temps que « finit un si grand roi : fais donc que ce chant et « Richard aient une même fin. Ma fatigue m'invite à « prendre quelques instans de repos. » Otez une année, et la mort du roi Richard se trouve marquée à l'année mille deux cent depuis la naissance du Christ.

La paresse de l'esprit trouve toujours des paroles d'excuse pour les paresseux, et ne cherche point à lui présenter des soins pour lesquels il veuille renoncer à sa mollesse et endurer les fatigues, ni qui puissent le rendre l'hôte toujours empressé du courage, lequel, exempt de mollesse, se complaît à être le compagnon de la fatigue. Prenons donc un moment de repos ; mais que ce moment soit court, de peur, si un trop long retard tournait en habitude, que l'esprit ne devînt languissant et ne fût enfin captif et dominé par la paresse.

CHANT SIXIÈME.

ARGUMENT.

Dans ce sixième chant, un oncle devient coupable du meurtre de son neveu. — Jean ayant enlevé à Hugues le Brun sa femme, mérite par là de perdre Gournay et plusieurs autres châteaux. — Arthur, espérant imprudemment pouvoir se confier aux Poitevins, est fait prisonnier, et enfin assassiné par son oncle. — Philippe assiége le château des Andelys, dit le château de l'Ile, et cherche les moyens de venger la mort d'Arthur. — Pendant la nuit Jean se dispose à faire une irruption dans son camp.

Après le repos que nous venons de goûter, après les doux instans du sommeil, muse, il faut que nous nous réveillions plus légèrement, et que, chassant la langueur, nous reprenions nos travaux. Il nous reste encore à dire avec quelle valeur Philippe s'empara de Château-Gaillard, avec quelle force d'ame il assura notre bonheur à Bovines en nous procurant une paix solide, don du ciel. Trempe ta plume et ta langue dans l'encre véridique du cœur, afin que tes paroles soient plus vraies. Les faits doivent être rapportés par écrit dans toute leur vérité, et des actions aussi éclatantes n'ont pas besoin, pour briller davantage, d'être reproduites sous des couleurs factices. Il faut toujours employer un langage vrai pour une histoire véritable, car l'histoire ne peut souffrir de briller de l'éclat du mensonge, et il lui suffit de resplendir des rayons de sa propre lumière.

Ainsi donc, après la mort du roi Richard, Jean était devenu monarque des Anglais sous les plus sinistres auspices. Ce roi craignant de perdre les droits de ses ancêtres s'il n'obtenait d'être en paix avec le roi Philippe, et remplissant prudemment ses poches d'or et d'argent, se recommanda au roi par des présens, et le supplia avec adresse afin de tenir sous sa seigneurie les biens que tu avais aussi tenus, ô Richard; renonçant d'ailleurs à tout ce qui avait été conquis par les armes, et renouvelant ainsi une paix interrompue, il jura de se soumettre au roi, comme à son seigneur, pour les mêmes droits féodaux, et d'acquitter ses tributs annuellement [1]. A l'époque même de cette paix, voyant que la fortune le favorisait d'un regard de bonté, il obtint que sa nièce s'unît d'un heureux mariage avec Louis, sa nièce Blanche, blanche en effet de cœur et de visage, et annonçant par son nom le mérite dont elle brillait à l'intérieur comme à l'extérieur; elle tenait à une race royale par l'un et l'autre de ses père et mère, et s'élevait encore au-dessus d'eux par la noblesse de son ame. Aujourd'hui encore son père, le roi Alphonse, gouverne très-sagement les Ibères, et est administrateur et héritier du royaume de Castille; sa mère [2] était fille du roi des Anglais.

Cependant le comte d'Arras, laissant des gages chéris dans ses deux filles aux habitans de la Flandre et

---

[1] Le traité que le roi Jean conclut avec Philippe-Auguste est de l'an 1200.

[2] Éléonore, fille de Henri II.

du Hainaut, et prenant la croix, s'exila, poussé par la peur, de sa belle et riche patrie, car, après la mort du roi Richard, il redoutait Philippe, envers lequel il avait été perfide, s'étant retiré de lui, et ayant, malgré la défense qu'il en avait reçue, soutenu de ses armes son ennemi capital. Avec lui, le comte de Blois, et ceux que leurs cœurs blessés poursuivaient de remords, et que leur esprit, complice d'un si grand crime, accusait de la même faute, se croisèrent pareillement, cédant à une crainte du même genre, et promirent leurs services à la croix et au sépulcre du Seigneur. Comme donc ils se rendaient en hâte vers ces lieux, en passant, les croisés prirent Constantinople, et, frappant le roi d'une mort bien méritée, ils firent perdre la vie à cet homme, qui avait espéré régner, après l'assassinat de son neveu, dont son père lui avait laissé la tutelle en mourant [1]. Bientôt tous les Français, d'un commun accord, se donnèrent Baudouin pour chef, afin que, revêtu des honneurs suprêmes, il occupât seul le noble empire des Grecs. Dès ce moment, la Grèce fut contrainte de se soumettre à la domination des Français, célébrant les sacremens de l'Eglise selon notre rite, abandonnant la loi de la religion grecque, et parlant l'idiome latin dans la plupart des villes.

Le comte de Boulogne [2] s'était aussi croisé comme les autres, et avait, ainsi que les autres, consacré ses armes au Crucifié. Il ne voulut point cependant se faire leur compagnon, ou les assister, ni abandonner

---

[1] Le poëte attribue faussement à Alexis l'Ange, qui régnait alors sur les Grecs, ce que l'histoire rapporte d'Andronic Comnène.

[2] Il se nommait Renaud.

sa terre, par crainte de ce roi, qu'il connaissait pourtant si facile au pardon et tellement rempli de bonté et de clémence pour ceux qui le suppliaient, que jamais il ne refusa de pardonner à un ennemi repentant. En conséquence, quoique lui-même l'eût déjà abandonné à diverses reprises, quoiqu'il se reconnût indigne de pardon, comme ayant osé rompre tant de traités de paix, il s'enhardit cependant à supplier l'offensé et à implorer son pardon. Le suppliant obtint facilement la paix; et, bien qu'il en fût indigne, la bonté innée au cœur de Philippe lui donna plus qu'il n'eût osé demander ou espérer; et il se montra tellement généreux envers lui que le comte lui-même en fut frappé d'étonnement. Dans sa bonté, chassant de son cœur tous les griefs du passé, le roi daigna par la suite aimer le comte d'un amour aussi grand que s'il n'eût jamais été offensé par lui; et, pour mieux assurer cette paix, il permit que la fille du comte [1] fût unie, par la loi du mariage, à son fils Philippe. A la vérité, dès ce moment, le comte fut fidèle au roi, l'assista pendant long-temps de toutes ses forces dans les guerres qu'il eut à soutenir, et le fit prince de cinq comtés.

Ensuite, comme la trahison était toujours la compagne inséparable du roi Jean, et qu'il ne pouvait jamais s'empêcher de s'y livrer de manière ou d'autre, la paix, ne pouvant demeurer long-temps sur un siége indigne d'elle, échappa à celui qui n'était pas digne de la posséder. Misérable, et ne sachant prévoir l'avenir, le roi Jean, par un secret jugement du ciel, se faisait toujours des ennemis de

[1] Mathilde.

ses propres amis, et rassemblait lui-même les verges dont il devait être battu. Il enleva donc la femme¹ du comte Hugues le Brun, qui gouvernait sagement la Marche, et, au mépris de son mari et de Dieu, il s'unit avec elle. Elle avait pour père le comte d'Angoulême ², et sa mère ³ se réjouissait d'avoir pour cousin-germain le roi Philippe, car elle était fille de Pierre de Courtenai, que le roi Louis le Gros avait eu pour fils, après la naissance de Louis. Après cela, le roi Jean assiégea le noble château du comte d'Eu ⁴, que les habitans du pays appellent le château de Driencourt ⁵, et l'enleva frauduleusement à son seigneur, tandis que ces deux comtes étaient dans un pays éloigné, faisant la guerre par les ordres du roi. Aussitôt que la renommée les eut informés de leurs malheurs et des graves insultes qu'ils recevaient aussi publiquement, chacun d'eux se rendit en hâte auprès du roi des Français, et ils lui demandèrent de leur faire rendre justice. Alors le roi, afin d'observer les règles de la justice, avertit d'abord et exhorta Jean, par des écrits et des missives, à faire réparation pour ce fait à ses barons, sans aucune contestation, et à réprimer dans son cœur ces premiers mouvemens par lesquels il en viendrait à se priver de l'affection de ses barons. Celui-ci, rempli de ruse, et ajoutant la fraude à ses fraudes antérieures, n'hésitant point à tromper celui qu'il avait souvent trompé, osa lui écrire ces paroles fallacieuses : « Je suis le

---

¹ Isabelle. — ² Adhémar. — ³ Alix.
⁴ Raoul d'Issoudun, comte d'Eu, était frère de Hugues le Brun, comte de la Marche.
⁵ Aujourd'hui Neufchâtel en Bray.

« seigneur de ces comtes; toi, roi, tu es mon sei-
« gneur, je confesserai la vérité. Loin de moi que
« jamais mon langage se détourne du sentier de la
« vérité! Loin de moi que je manque jamais à la sou-
« mission envers le roi, mon seigneur! Cependant il
« est de droit, et toi-même tu reconnaîtras qu'il est
« juste, que ceux qui sont mes vassaux subissent pre-
« mièrement l'examen de ma cour. Et si par hasard
« je venais à manquer sur ce point (ce dont je sois
« préservé!) je me conduirais alors d'après le juge-
« ment de mes pairs. Qu'ils viennent donc d'abord
« devant moi, qu'ils se présentent à moi en jugement.
« Je ferai tout ce que la justice aura ordonné à leur
« égard, je les traiterai selon l'avis de leurs pairs; ou
« plutôt, sans autre contestation et toute plainte ces-
« sant, afin de conserver la faveur de votre majesté,
« je leur restituerai entièrement, et sans en retenir
« pour moi aucune portion, tout ce qu'ils se plaignent
« que je leur ai enlevé. Et, afin qu'on porte un plus
« grand respect à votre honneur, puisque vous nous
« sollicitez ainsi pour leurs intérêts, je ferai réparer
« complétement tous les dommages qu'ils prouveront
« leur avoir été faits par moi. Détermine toi-même le
« jour où je devrai accomplir tous ces engagemens;
« ensuite veuille souffrir avec bonté qu'ils me don-
« nent aussi satisfaction, si je viens à démontrer
« qu'ils ont péché en quelque chose contre moi. »

Cet écrit, assaisonné d'une feinte douceur, plut au roi, et il fixa le jour et le lieu où Jean devait réaliser les engagemens qu'il venait de prendre. Mais celui qui était tenu, par un écrit patent, à s'en tenir, en toute vérité et sans aucun détour, aux termes des conven-

tions dans lesquelles il s'était enfermé, ne voulut cependant ni se rendre au lieu désigné, selon ce qu'il avait promis, ni fournir un sauf-conduit à ces hommes, tandis que le procès était pendant, quoique les règles de la justice le prescrivent toujours ainsi. Se voyant joués, les comtes reviennent, et demandent de nouveau au roi d'entendre la cause des uns et des autres, après avoir cité Jean, lequel s'était rendu tant de fois suspect, et ne pouvait être le juge de ceux qu'il avait dépouillés lui-même. Mais le roi, plein de longanimité, et aimant mieux vaincre à force de patience que condamner subitement un coupable, de peur que quelqu'un ne pût croire qu'il voulait empiéter sur la juridiction d'autrui, écrivit de nouveau à Jean, et ajouta dans sa lettre des menaces telles qu'il convient à un roi. Mais Jean, dépourvu de toute pudeur, chercha par ses niaiseries, et les prétextes que voici, à excuser sa conduite remplie de fourberie : « Que votre
« dignité veuille bien écouter, et prêter avec calme
« une oreille bienveillante à nos discours. Votre do-
« mination sait parfaitement combien des soins di-
« vers, des affaires importantes, entraînent les rois,
« elle qui gouverne avec tant d'éclat et de succès un
« si noble royaume. Un jour, il est vrai, a été fixé :
« mais ce jour même, une affaire très-épineuse, et
« qu'il m'était impossible de remettre, plus encore
« qu'on ne pourrait le croire, m'a forcé à m'absenter.
« Quant à vos plaintes sur le sauf-conduit, qui aurait
« dû leur être fourni, sauf l'honneur dû à mon sou-
« verain, il n'a pas été nécessaire de faire cela, puis-
« que nous ne pouvions nous trouver au rendez-
« vous, ayant été forcé par une circonstance impré-

« vue de nous transporter ailleurs. Qu'ils viennent
« maintenant, et qu'on leur accorde tout ce qu'exige-
« ront les règles de la justice, et ma cour terminera
« en un moment toute cette contestation ; qu'on leur
« assigne Angers pour lieu de rendez-vous, et qu'eux-
« mêmes viennent à Loudun, attendre qu'un homme
« leur soit envoyé pour les conduire en toute sûreté
« et les ramener sains et saufs. »

Telles étaient, et d'autres encore, les vaines paroles que répondait la voix perfide de Jean : mais, tandis qu'il comptait séduire encore le roi, il se montrait de plus en plus ingrat envers lui, et, en voulant le tromper par un langage rempli de flatterie, il se privait de plus en plus de son affection. Quoique la malice de son esprit fût bien manifeste pour tous, quoique notre roi fût déjà pleinement autorisé à lui faire la guerre, il voulut encore attendre avec patience que Jean cherchât, pour son plus grand avantage, à réformer sa conduite remplie de méchanceté. Il le réprimanda donc par un écrit plus amer, et, dans l'excès de son indignation, il fit entendre des paroles plus menaçantes. Enfin, ayant usé tous ses mensonges dans ses écrits, Jean s'engagea avec le roi par des liens plus solides, et conclut un nouveau traité par un écrit public, s'obligeant à remettre au roi les deux forts châteaux de Boutavan et de Tillières, lesquels devaient lui être livrés en gage, de telle sorte que, si Jean manquait désormais à ses engagemens, dès lors ces châteaux appartiendraient à jamais au roi des Français; en même temps il désigna un jour fixe pour livrer ces deux châteaux et pour réintégrer les comtes, ainsi que la cour jugerait qu'ils devraient être réintégrés, renonçant d'ailleurs à tout ressentiment.

Le jour fixé étant arrivé, Jean ne voulut ni tenir sa parole, ni exécuter son écrit, ni accorder la trêve convenue, afin que les comtes pussent se rendre en sûreté à la cour. La clémence du roi ne put cependant cacher plus long-temps combien était grande l'indignation qui remplissait son cœur irrité. Il s'abandonna aux justes mouvemens de sa colère, et ne put plus souffrir que la fourberie tournât ainsi au profit du fourbe, ni que la ruse réussît si souvent à l'homme rusé ; car, par l'effet d'une juste loi, la ruse se complaît à se retourner contre celui qui l'emploie, et elle se déclare à bon droit contre celui-là même qui l'a inventée.

Le roi donc mit le siége devant les deux châteaux, qui eussent dû lui être livrés, si Jean eût voulu tenir fidèlement sa parole. Pendant trois semaines, il les attaqua avec une grande vigueur ; puis il les détruisit, renversa les murailles et les rasa. De là, il alla s'emparer de Long-Champ, de Mortemer, de la Ferté-en-Bray, et soumit ensuite les remparts du château de Lyons. Non loin de là était un bourg, fier de sa nombreuse population, rempli de toutes sortes de richesses, célébré par la renommée, situé dans une plaine, ceint d'une triple muraille, au milieu d'une vallée délicieuse et extrêmement belle. Il se nommait Gournay, était inexpugnable par sa position, quand même il n'y aurait eu dans l'intérieur personne pour le défendre ; il était sous les lois de Hugues de Gournay, seigneur de beaucoup d'autres châteaux. Les fossés de celui-ci étaient très-vastes et très-profonds ;

et l'Epte les avait tellement remplis de ses eaux que nul ne pouvait les franchir pour s'avancer vers les murailles. Voici cependant l'artifice que le roi employa pour s'en rendre maître.

Non loin des murs était un très-vaste étang, dont les eaux, telles que celles d'une mer stagnante, étaient rassemblées pour former un lac plein de sinuosités, et contenues par une chaussée en terre, recouverte de pierres carrées et d'un gazon fort épais. Le roi fit rompre cette chaussée vers le milieu : par là s'écoula aussitôt un immense déluge; sous ce gouffre ouvert à l'improviste, la vallée disparut, et ne présenta plus que l'aspect d'une mer; l'inondation, se répandant avec impétuosité, porta de tous côtés les ravages, et fut ruineuse pour les habitans, entraînant avec elle les champs, les maisons, les vignobles, les meules, les frênes déracinés : les gens de la campagne fuient, gagnant en hâte les points les plus élevés, pour échapper au péril, et s'inquiétant peu des choses qu'ils perdent, pourvu qu'ils puissent sauver leurs corps; quiconque s'échappe sain et sauf croit lui-même n'avoir rien perdu, tant l'effroi s'était emparé de tous les cœurs!

L'Achéloüs ne s'élança pas avec plus de rapidité dans les eaux de la mer d'Ionie, lorsqu'indigné de voir dédaigner ses présens, et conduisant ses flots écumans à travers les champs et les populations, il détacha les Cyclades du sein de la terre, et que, roulant à travers le fleuve dans les gouffres de la mer, avec les sept nymphes, il coupa en plusieurs îles ce qui d'abord ne faisait qu'une seule île, dispersant ces nymphes dans les cieux, sous la figure d'une couronne, et n'en séparant que la seule Périmèle qui, lorsqu'elle était nymphe, avait été secrètement connue de lui, si la fable du poète de Sulmone est véridique.

Les habitans fuient donc pour ne pas être submergés, et tout le peuple évacue les champs et les laisse absolument déserts. Même en fuyant, le peuple ne craint point d'être pris par l'ennemi, car il pense que c'est un moindre mal d'être jeté dans les fers, ou de périr par le glaive, que de perdre la vie au milieu des flots subitement élevés, et de priver sa respiration des conduits qui doivent la mener naturellement se perdre dans l'air. Ainsi ce lieu, puissant par ses armes, fort de ses murailles et de ses habitans, qui ne craignait d'être pris ni par artifice, ni par force, est pris par un déluge inopiné. L'assaut que livrent les eaux renverse les remparts ; en peu d'instans elles ont détruit cette forteresse, qui naguère ne redoutait ni les machines de guerre, ni les armes des combattans. Le roi, après qu'il eut ainsi réduit Gournay sous sa domination, rappelant tous les gens du pays dans leurs propriétés, rendit aux peuples la paix et leur liberté première. Il fit ensuite reconstruire les murailles, les rues et les maisons, qu'avaient renversées avec violence les ondes se précipitant par torrens.

Aussitôt après, le roi, selon l'antique usage des Français, ceignit la ceinture de chevalier à Arthur, que le temps avait déjà conduit de l'enfance à l'état de jeune homme, et il le fiança avec Marie, afin de devenir ainsi son beau-père. Bientôt Arthur, ayant reçu du roi de l'argent et des chevaliers, et le roi lui ayant fourni en outre un petit nombre d'hommes d'armes, il partit en toute hâte pour envahir le territoire du Poitou, desirant exercer ses premières fureurs contre son oncle. Déjà il avait dépassé le pays du Vexin et de Poissy, et laissé derrière lui les villes de Chartres et de Blois, et était arrivé par une marche rapide dans la ville de Tours. Alors les grands se rassemblent promptement autour de lui, et parmi eux l'on remarque Godefroi de Lusignan, suivi de vingt chevaliers, qu'il avait lui-même choisis pour ses compagnons dans toute l'étendue de son pays; Guillaume Savary de Mauléon, qui arriva avec trente chevaliers et soixante et dix servans d'armes; le comte d'Eu [1], qui amena quarante chevaliers, et Hugues le Brun, suivi de quinze chevaliers : ces deux derniers, animés d'une plus vive haine, excitaient la colère des autres contre le roi Jean, car Jean avait enlevé de vive force à Hugues le Brun son épouse chérie, et il avait osé dépouiller l'autre de son château.

Voyant qu'il ne venait pas un plus grand nombre de seigneurs, Arthur craignit avec raison pour lui, et jugea qu'il ne serait pas prudent d'envahir le territoire de ses pères avec si peu de chevaliers. Il consulta donc les principaux, et, leur révélant les secrètes inquiétudes de son cœur, il leur adressa ce discours :

« Illustres seigneurs, dont les éloges répétés en
« tous lieux rendent le Poitou très-célèbre dans le
« monde entier, dont la valeur s'est exercée dans de
« fréquens combats, vous savez toutes les choses dont

[1] Raoul d'Issoudun.

« on a besoin pour faire la guerre, et votre sagesse
« connaît également l'une et l'autre fortune. Souvent,
« je l'avoue, l'une vous a montré un visage favorable,
« plus souvent l'autre vous a appris à supporter ses
« coups. Moi, qui suis inférieur à vous et par l'âge,
« et par la raison, enseignez-moi, je vous prie, com-
« ment il faut diriger une si grande entreprise. Le
« roi n'a pu partager avec moi, pour l'œuvre présente,
« les guerriers dont lui-même a besoin en ce mo-
« ment, occupé comme il est à ravager le territoire
« de la Neustrie. Il nous a accordé pour auxiliaires le
« comte Hervey [1], Hugues de Dampierre, les Allobro-
« ges, les gens du Berri, Imbert de Beaujeu et tous
« les autres barons d'au-delà de la Loire : ils arrivent
« en hâte, et seront aujourd'hui, je pense, à Orléans.
« Notre Bretagne m'envoie cinq cents chevaliers et
« quatre mille hommes de guerre, et l'on dit qu'ils se-
« ront aujourd'hui ou demain à Nantes. Il me semble
« qu'il serait sage de notre part, si toutefois vous êtes
« de cet avis, vous en qui réside une plus grande
« sagesse, que vous voulussiez bien attendre ici pen-
« dant trois jours. Souvent un délai, même très-court,
« apporte un grand bien, et le coureur fait quelques
« pas en arrière afin de mieux sauter. Le sage nous
« apprend qu'il faut éviter, non les maux qui arri-
« vent, mais ceux qui peuvent arriver : il est plus sûr
« d'attendre les vents sur le rivage, que si les mate-
« lots confessent qu'ils se sont trompés, lorsque le na-
« vire est déjà brisé. Aucun délai ne peut nous faire
« tant de mal, qu'une grande précipitation ne puisse
« nous en causer davantage. A ce que je vois, le nom-

[1] Hervey de Donzy, comte de Nevers.

« bre de nos chevaliers s'élève à peine à une cen-
« taine; mais, si nous attendons ici quelque peu,
« voilà, nous serons quinze cents chevaliers, et nous
« aurons avec nous trente mille hommes de pied.
« Alors notre armée pourra se présenter honorable-
« ment dans le pays de mon oncle et s'y établir en
« sûreté. Je sais combien mon oncle me hait; vous
« savez combien il est cruel, combien il a soif du
« sang, comme il sévit contre tous ceux que la for-
« tune lui soumet. Maintenant il ne s'inquiète nulle-
« ment de ce que le roi peut faire contre lui; il ne
« recherche que moi seul; c'est seulement contre mon
« royaume qu'il se déchaîne, parce que je suis et se-
« rai toujours du parti du roi, parce que je redemande
« le sceptre qui m'appartient, en vertu des droits de
« mon père, parce que je redemande ma sœur [1], qu'il
« retient lui-même enfermée dans une prison, crai-
« gnant qu'elle ne lui fasse perdre son royaume. La
« terre de Beauce se jaunit de moins d'épis chargés
« de grains, au temps de l'automne; le pays d'Eu se
« réjouit de moins de ces pommes dont les Neustriens
« ont coutume de se faire une agréable boisson; les
« rochers de Cancale sont battus de moins de coups
« par les flots de la mer, que la Normandie ne four-
« nit à ce roi de combattans, ou que la solde qu'il
« paie ne lui procure d'hommes à gages : de plus, la
« terre d'Angleterre fait pleuvoir sur lui ses récoltes
« éclatantes de blancheur, car elle est plus propre à
« produire de l'argent que de vigoureux nourrissons.

[1] Eléonore, que le roi Richard avait destinée d'abord au fils de Léopold, duc d'Autriche, qui fut ensuite promise à Louis, fils de Philippe-
Auguste, et envoyée enfin en Angleterre pour rompre ce mariage.

« Déjà il s'est emparé de Dol; et ceux qu'il a trouvés
« dans la citadelle, il leur a fait subir une cruelle
« mort par les tortures de la croix. Partant de là, il a
« dévasté tout le pays depuis Restes ¹ jusqu'à Rennes.
« Maintenant, à ce que je crois, il se dispose à traver-
« ser le fleuve de la Loire, n'ignorant point que nous
« approchons. Mais ce qui me touche surtout, c'est
« que le roi m'a mandé aujourd'hui, par un écrit que
« je viens de lire, que j'aie à prendre soin de me con-
« duire avec sagesse et prudence, et de ne pas tenter
« d'envahir les terres de mon oncle avant l'arrivée des
« chevaliers qui sont en marche. Que votre sagesse
« donc juge ce qu'il convient de faire en cette occur-
« rence. »

Par ces paroles, Arthur disait la vérité et donnait
un sage conseil. Ornant son discours de mille raisons,
sa voix, pleine de maturité, était bien digne d'obtenir
la faveur et les éloges de ceux qui l'entouraient. Mais
les Poitevins, pour qui le changement de foi est un
compagnon toujours agréable, et qui ont appris à transporter leur vénal appui d'un roi à un autre roi, race
à qui nulle autre cependant n'est supérieure dans la
guerre, les Poitevins donc répondirent par ce peu de
mots : « Que ceux qui manquent de courage trem-
« blent, que les lâches aient peur ; la valeur des Poi-
« tevins ne redoute point un roi poltron. Qu'il vienne,
« s'il ose par hasard, se confier en ses forces, si une
« nouvelle veine de courage se trouve en lui, si sa
« lâcheté invétérée lui permet de découvrir en son
« cœur un mouvement de vaillance. Il n'y a point lieu
« de redouter une telle audace de la part de Jean; il

¹ Ou le Relecq.

« se gardera bien de venir où il croirait pouvoir nous
« trouver. Rejette donc tout retard, déjà tu n'es plus li-
« bre de différer. La reine, mère de Jean, est enfer-
« mée dans la tour de Mirebeau, la reine, par les con-
« seils de qui Jean a fait tous ces maux, qui a enlevé
« à Hugues son épouse chérie, qui t'a privé de ton
« royaume, qui a ravi au comte son noble château,
« assiégeons-la; cette grande victoire nous sera faci-
« lement acquise, et, pour retrouver sa mère captive,
« Jean nous restituera tout ce qu'il nous a enlevé.
« Pendant ce temps, les seigneurs arriveront, ainsi
« que nos Bretons. »

Ainsi ils excitent le courage de l'illustre jeune homme, ils redoublent son audace et lui inspirent l'ardeur du triomphe, car jeune et brûlant des premiers transports de la valeur, il espère aisément que rien ne lui pourra résister, aidé comme il l'est par de si illustres compagnons, que tant d'exploits ont souvent éprouvés.

Déjà, dans leur ardeur, les Poitevins ont renversé les murailles de Mirebeau, et, dès le premier combat, cette victoire, qui devait trop peu durer, avait comblé de joie le duc Arthur. Mais la reine ne redoutait rien dans sa tour élevée, assurée qu'elle était que le fils se rendait en hâte auprès de sa mère, pour la délivrer, soit par les armes, soit par artifice, de ses ennemis couverts de confusion. Jean, quoiqu'il fût accompagné d'innombrables milliers d'hommes, n'osait cependant attaquer les ennemis en plein jour; en conséquence, ayant donné un signal, il ordonna à ses troupes de s'arrêter un moment, et adressa ces paroles à ses fidèles :

« Nul ne pourra penser que ce soit une guerre in-
« juste, celle par laquelle un fils délivre sa mère d'un
« ennemi perfide. Puisqu'un si juste motif nous en-
« traîne au combat, qui pourrait douter que la vic-
« toire ne soit pour nous? Une juste victoire est due
« à qui soutient une juste querelle; nos adversaires
« sont assurés au contraire d'être vaincus par la jus-
« tice, et, depuis long-temps, la crainte et le décou-
« ragement les ont vaincus. Que toute crainte soit
« donc bannie de vos cœurs audacieux, marchons
« avec vigueur contre les ennemis que le Seigneur
« lui-même livre à nos coups. Je pense cependant
« qu'il sera plus sûr de les attaquer de nuit, tandis
« qu'ils seront accablés de sommeil, chargés de vin,
« tandis qu'ils ne redouteront rien pour eux, et
« qu'après la boisson et la fatigue du jour, ils se
« livreront au repos, répandus çà et là sur divers
« points. Cette nuit donc, je vous en prie, que cha-
« cun soit bien préparé, afin que sans avoir à com-
« battre, il puisse enchaîner un ennemi déjà enchaîné,
« et dont chacun sera, sans armes, endormi dans sa
« demeure. »

Alors Guillaume des Roches, qui connaissait les
ruses et le cœur perfide de ce méchant Jean, lui répond en ces termes : « Cette nuit même, nous te
« soumettrons tes ennemis, si tu veux jurer que tu
« n'en frapperas aucun de mort, que tu n'en jetteras
« aucun en prison, et surtout que tu accorderas à ton
« neveu une paix d'ami, et que tu lui rendras, après
« avoir pris l'avis de tes grands, tout ce que tu lui as
« ravi contre toute justice, comme aussi sous la con-
« dition qu'aucun d'eux ne franchira la Loire, mais

« que plutôt ils resteront prisonniers dans ce pays, jus-
« qu'à ce que la paix ait été réglée entre eux et nous. »

A ces paroles, l'impie roi répond, d'une bouche trompeuse : « Je jure, Guillaume, qu'il sera fait
« ainsi que tu viens de le demander; que Dieu te soit
« le garant de ces promesses et te serve de témoin.
« S'il arrive que, de fait ou de parole, je manque au
« serment que je te fais ici en présence de tant d'il-
« lustres seigneurs, qu'il vous soit permis de mécon-
« naître mes ordres, que nul ne me tienne plus pour
« roi, que nul ne m'obéisse, que je devienne ainsi
« votre ennemi public et l'ennemi de tous! »

Quel homme n'eût été séduit par un tel serment? quel homme n'eût pris grande confiance aux paroles d'un roi jurant ainsi, et appelant en témoignage contre lui, et les hommes et les puissances du ciel? Ils s'avancent donc : déjà le bouvier paresseux avait mis ses étoiles en mouvement, et faisait rouler lentement son chariot; déjà la lune, en son plein, s'élevait vers le milieu du pole : nulle voix ne résonnait dans les rues de Mirebeau, nulle garde ne veillait aux portes; chacun se tenait dans sa demeure et se livrait au sommeil. Armés donc, et entrant furtivement, ils marchent vers des hommes désarmés; innombrables, ils prennent un petit nombre d'hommes; couchés sur leurs lits, sans armes et sans vêtemens, ils les forcent à recevoir des fers, et la guerre se fait sans guerre, d'une manière vraiment étonnante. La victoire se donne volontairement à celui qui n'est point vainqueur; sans avoir la peine de vaincre, l'ennemi triomphe de son ennemi vaincu; prisonnier, mais non vaincu, l'ennemi est vaincu par l'ennemi : toutes choses arrivent selon les desseins pervers de Jean; la trompette ne sonne point l'attaque, le clairon ne proclame point la retraite; entré comme un voleur, Jean s'en alla comme un larron, se retirant au-delà de la Loire, au mépris de ses sermens, emmenant ses prisonniers, et violant ainsi les promesses par lesquelles il s'était engagé.

Guillaume alors se retire aussitôt de lui, et tous les gens de l'Anjou, de la Touraine, du Maine, tous ceux auxquels il était cher auparavant, en font autant, et il devient pour tous un ennemi public. Bientôt Jean ordonne d'enfermer Arthur dans la tour de Falaise, et de l'y garder, jusqu'à ce qu'il ait délibéré en lui-même comment il pourra le faire périr, mais en prenant de telles précautions que nul ne puisse savoir que son neveu ait été tué, soit par son ordre soit par lui-même. Quant aux autres hommes, que décorait le rang de chevaliers, et qui étaient tout au plus quarante, selon ce que j'ai appris, il les jeta en prison, et prescrivit de ne plus leur donner aucune nourriture, ni même aucune espèce de boisson qui pût humecter leurs gosiers desséchés, les forçant ainsi de succomber à une mort d'un genre inouï. Quant aux hommes grands et illustres, comblés d'honneurs, imposans par leur majesté et fiers de leur noblesse, il n'osa les livrer ainsi à la mort (car il redoutait leurs cousins et leurs parens valeureux); mais il ordonna de les disperser en divers lieux, dans des châteaux et des places fortes, et de les garder soigneusement, et ne permit pas qu'ils fussent réunis, afin qu'ils ne pussent se donner mutuellement des consolations.

Dans le même temps, Jean, appelant en secret auprès de lui ceux de ses serviteurs en qui il avait le plus de confiance, les excita, en leur promettant des présens, à chercher quelque moyen de faire périr secrètement son neveu. Dans le moment présent il ne trouva cependant personne qui voulût consentir à se charger d'un si grand crime. Il fit donc transférer et enfermer le jeune homme dans une antique tour, à Rouen. Déjà les mauvais desseins qu'il avait formés contre lui étaient parvenus aux oreilles de ses gardiens ; mais Guillaume de Brause ne voulut être ni le fauteur ni le complice d'une si indigne trahison, et prévoyant avec sagesse les maux de l'avenir par les témoignages du passé, il dit au roi en présence des barons : « Je ne sais ce que la fortune réserve pour
« l'avenir à ton neveu, dont j'ai été jusqu'à présent le
« gardien fidèle, d'après tes ordres : nous te le re-
« mettons ici en parfaite santé, jouissant de la vie et
« intact dans tous ses membres. Toi fais qu'un autre
« nous remplace dans ces soins et le garde plus heu-
« reusement, si le sort veut le permettre. Le pé-
« nible soin de mes propres affaires m'occupe bien
« assez. »

Ayant dit ainsi, le baron se retira à Brause, et renonça dès lors à un ministère de crime et d'angoisse [1]. Mais le roi à qui seul la vie de son neveu était odieuse, qui seul était poussé par son esprit à commettre un tel meurtre, s'éloigne secrètement de tous les officiers de sa cour, se détermine à s'absenter

---

[1] Voici ce qu'on lit au sujet de ce Guillaume dans le 13ᵉ volume de la *Collection des historiens de France*, p. 90 :

« Guillaume de Brause épousa Mathilde de Saint-Valery, et en eut

pendant trois jours, et va se cacher dans les vallées ombrageuses de Moulineaux ; de là, et la quatrième nuit étant venue, au milieu de la nuit, Jean monte dans une petite barque et traverse le fleuve, en se dirigeant vers la rive opposée. Il se rend à Rouen, et s'arrête devant la porte par où l'on arrive à la tour, sur le port que la Seine inonde deux fois chaque jour, à de certaines heures, du reflux de ses ondes, et dont elle se retire peu de temps après, le laissant ainsi à sec. La cause qui opère des mouvemens si subits est connue de Dieu seul, et nul n'a pu et ne pourra jamais dans les siècles à venir la comprendre de son esprit humain : cette cause donc est cachée, mais voici comment le fait se manifeste à nous.

Toutes les fois que l'Océan s'élève pendant que la lune brille, la Seine, comme si elle voulait par une marche rétrograde, remonter jusqu'à sa source, est forcée de refluer aux mêmes heures, et ses flots s'élevant aussi, elle semble chassée en arrière par l'Océan ; et ce qui est véritablement étonnant à nos

« trois fils, Guillaume, surnommé Gain, Gilles, évêque d'Hereford, et
« Renaud. Il posséda intégralement et sans contestation les terres ci-
« dessus désignées. Toute la vie du roi Henri II, du roi Richard, et du
« roi Jean. Dans un mouvement de colère, ce dernier le chassa d'An-
« gleterre sans jugement, s'empara de ses terres et de ses châteaux, au
« mois de mai 1208, et fit jeter en prison sa femme Mathilde, et son
« fils aîné Guillaume, dans le château de Corf, où ils moururent tous
« deux. — Matthieu Paris, racontant à l'année 1208 les motifs de la co-
« lère du roi, dit que la femme de Guillaume avait reproché au roi,
« avec l'insolence d'une femme, le meurtre d'Arthur. A l'année 1210,
« il dit encore : En ce même temps Guillaume de Brause, qui avait fui
« de devant la face de Jean, roi des Anglais, d'Irlande dans le pays
« de France, mourut la veille de la Saint-Laurent. Son corps fut
« transporté à Paris, et honorablement enseveli dans l'abbaye de
« Saint-Victor. »

yeux, c'est qu'un fleuve si grand, si large et si profond, qui coule en une telle masse, venant d'un pays si éloigné par un chemin incliné, soit ainsi forcé à des heures si fréquentes, et tandis que la mer s'élève, de marcher en sens contraire, et de se porter en arrière sur une longueur de terrain telle qu'un homme quelconque pourrait à peine la franchir en courant durant trois jours. On demande, et non sans raison, par quelle puissance la bizarre amertume de l'eau de mer contraint ainsi l'eau douce à se retirer en arrière; ou bien l'eau salée est plus forte que le fleuve d'eau douce, ou bien l'eau douce, indignée contre cette eau trop amère, la déteste et refuse de s'unir aux ondes déplaisantes de Thétis; ou bien encore, comme la mer est mère de ces eaux qui se portent en arrière, le fleuve de condition inférieure rend hommage à son supérieur, et s'humilie devant l'auteur de sa vie, fuyant respectueusement devant lui lorsqu'il s'élève, et le suivant lorsqu'il s'abaisse, toujours empressé à faire honneur à sa mère. Laquelle de ces opinions peut le mieux expliquer de si grands mouvemens, ou bien aucune d'elles n'est-elle conforme à la vérité? recherchez cela, vous qui avez le pouvoir de connaître les secrets de la nature, qui, lorsque les cœurs des mortels se bornent à être saisis d'étonnement, portez en vous un esprit divin, et avez su soumettre tous les faits à des causes certaines, disant qu'il vous est évidemment démontré par l'art de la physique quel concours de circonstances agit, quel enchaînement de faits produit ce phénomène merveilleux de la fontaine de Breceil, dont l'eau, s'il arrive que quelqu'un la mette en mouvement le plus légèrement possible, en y jetant la première pierre qu'il trouve sous sa main, dont l'eau, dis-je, se dissipe tout-à-coup en grands nuages chargés de grêle, de telle sorte que l'atmosphère est en même temps forcée à retentir de coups de tonnerre subits et à s'envelopper d'épaisses ténèbres, et que ceux qui sont présens, qui ont le plus vivement desiré d'être témoins de ce fait, aimeraient mieux alors l'avoir à jamais ignoré, comme ils l'ignoraient auparavant, tant leurs cœurs sont saisis de stupeur, tant leurs membres sont pénétrés d'une sorte d'extase! Chose étonnante sans doute, mais parfaitement vraie, et dont beaucoup de gens ont l'expérience! Heureux celui qui a pu connaître les causes de pareils faits, causes que Dieu a voulu laisser ignorer aux hommes; heureux si toutefois il est permis d'appeler ainsi du nom d'homme celui que tant de science élève si fort au-dessus des choses de l'humanité! Quant à nous qui vivons ici-bas d'une vie toute humaine, il nous suffit de savoir le fait, qu'on nous permette d'en ignorer la cause.

Le roi donc étant arrivé sur le port que les eaux avaient rempli, selon leur usage, se tenant debout sur le haut de la poupe de sa barque, ordonna que son neveu sortît de la tour et lui fût amené par un page; puis l'ayant placé avec lui dans sa barque, et s'étant un peu éloigné, il se retira enfin tout-à-fait. Alors l'illustre enfant, déjà placé près de la porte par où l'on sort de la vie, s'écriait, pour que du moins un crime si détestable fût signalé par son nom : « Mon oncle, « prends pitié de ton jeune neveu; épargne, mon on- « cle, mon bon oncle, épargne ton neveu, épargne

« ta race, épargne le fils de ton frère. » Tandis qu'il se lamentait ainsi, l'impie le saisissant par les cheveux au dessus du front, lui enfonce son épée dans le ventre jusqu'à la garde, et la retirant encore humectée de ce sang précieux, la lui plonge de nouveau dans la tête et lui perce les deux tempes; puis s'éloignant encore et se portant à trois milles environ, il jette son corps, privé de vie, dans les eaux qui coulent à ses pieds.

Voilà bien une œuvre digne de ce Néron, qui après l'illustre trépas de tant d'hommes nobles, après avoir fait périr par toutes sortes de tourmens ses amis et ses proches, afin de demeurer seul à la tête de l'empire, osa bien percer le sein de sa mère, le sein dans lequel il avait été conçu, qui s'ouvrit devant lui lorsqu'il vint au monde, de ce Néron qui enfin se frappa lui-même de sa propre épée, redoutant de mourir de la mort des savetiers, en se perçant avec une alène.

Voilà bien un nouveau Judas, le second de cet Hérode, qui pour chercher à perdre le Messie au milieu de tant d'enfans, afin de ne pas perdre un royaume, ne craignit pas de mettre à mort ses propres fils, et perdit son royaume ainsi que lui-même, en se coupant la gorge, de peur de ses autres enfans. Ainsi le Juif résolut de crucifier le Christ, par le conseil de Caïphe, craignant de perdre sa race et une place; mais le Christ ayant été crucifié, il perdit tout ce qu'il avait craint de perdre, et fut transporté dans les royaumes étrangers et livré à la servitude; et Vespasien le dispersa à tous les vents, le privant des honneurs de roi et de pontife, ce que l'homme des regrets [1], et Moïse, tous deux prophètes, avaient prédit jadis devoir arriver ainsi.

De même Jean, t'en arrivera-t-il par la mort d'Arthur. Tu as craint de perdre ton royaume par sa vie, et par sa mort tu seras dépouillé de la vie et du royaume. Avant que tu fusses devenu monarque par un caprice de la fortune, tu avais reçu de ton père le nom de *Sans-Terre*, et afin que ton père n'ait pas été menteur en te donnant ce nom, ta mort justifiera par le fait et le nom et le présage, car ton heure fatale arrive, et elle n'est pas éloignée de toi, où devenu odieux à tous à cause de cette mort, tu deviendras et vivras sans terre pendant plusieurs années; et dépouillé de ton royaume, tu seras ensuite dépouillé de la vie. Avant ta mort cependant tu feras encore beaucoup de fraudes, tu feras périr beaucoup d'hommes, tu en condamneras beaucoup injustement, afin que tu deviennes plus digne d'être frappé de plus rudes châtimens, ne cessant d'ajouter de nouvelles fautes à des fautes, en sorte que tu ne mérites plus jamais aucune grâce.

Mais, Calliope, d'ordinaire quelques momens de repos te plaisent et sont pour toi l'antidote agréable d'un trop long travail. Fais donc qu'une sixième pause te soulage de cette rude fatigue, afin que tu puisses mieux te souvenir des choses qui te restent à raconter.

[1] Daniel.

CHANT SEPTIÈME.

ARGUMENT.

Description du siége de Château-Gaillard. — D'abord le roi assiége le château d'Andely, autrement dit de l'Ile. — Jean n'obtient aucun succès ni sur l'eau ni sur terre. — Gaubert*, nageant sous les eaux, va mettre le feu aux retranchemens. — Ensuite l'île est prise, et le roi, quoique absent, assiége pendant six mois la citadelle, défendue par ses fossés et ses tours. — Roger** en fait sortir le peuple, pour ménager ses vivres, et ceux qu'il a chassés périssent de l'horrible supplice de la faim, au milieu des rochers et dans les cavernes. — Au retour du printemps, le roi revient pour recommencer le siége; il s'empare de Château-Gaillard par les plus grands efforts, et après y avoir employé beaucoup de temps, il expulse enfin le roi Jean de toute la contrée.

CEPENDANT l'année avait roulé sur son axe rapide, entraînant les astres dans son mouvement circulaire; déjà le Scorpion annonçait la prochaine arrivée des brouillards; déjà la terre commençait à blanchir sous les gelées et était toute couverte de la chevelure des arbres, dont les pluies froides et le souffle violent de Borée avaient secoué les feuilles, suspendues aux branches élevées. La guerre était interrompue et languissante pour quelques courts instans; le chevalier,

---

* De Mantes.
** Roger de Lascy, que Matthieu Pâris appelle le connétable de Chester.

déposant les armes, retournait dans ses domaines; les hommes de pied, marchant par bandes, se réjouissaient de revoir leurs champs; leur retour réjouissait aussi leurs parens, et ils confondaient leurs transports d'allégresse, en attendant que les horribles frimats de Borée se retirassent par degrés, et que la belle saison rappelât à la guerre les hommes d'armes.

Déjà la terre s'était revêtue de fleurs [1], les champs déployaient le luxe de leurs plantes; déjà plus de la moitié du printemps s'était écoulée, quand le roi, rempli de colère, appelle de nouveau ses troupes à la guerre, pressé de rendre enfin à Jean la juste peine du talion et de le punir de l'assassinat de son neveu, de tant de crimes, de tant d'actes de fureur, dont ce misérable ne savait jamais s'abstenir. Jean, cependant, employant sans cesse des éclaireurs, se tenant toujours sur ses gardes pour éviter les périls de la mort, s'appliquait particulièrement à se tenir loin de la face du roi, et, fuyant des lieux vers lesquels celui-ci devait se rendre, savait toujours se cacher dans des retraites sûres. Le roi ayant reconnu ces manœuvres, tourna contre les terres de Jean ses escadrons armés de fer, qu'il eût mieux aimé diriger contre Jean lui-même, si celui-ci eût voulu renoncer à la fuite, se préparer au combat, et marcher à sa rencontre.

Il est à Andely un lieu que l'on nomme maintenant l'Ile, où la Seine féconde se divise en deux branches, qui se rejoignent non loin de là pour ne plus former qu'un seul lit, enfermant ainsi de tous côtés la terre qui les sépare : celle-ci cependant forme une

[1] En 1003.

plaine saillante et tellement exhaussée qu'elle n'a point à redouter d'être couverte par les eaux qui l'environnent. La surface bien unie de cette plaine se développe de tous côtés en rond, sans s'élargir sur aucun point; et, se contenant dans ses limites, elle ne perd sa forme d'aucun côté, et ne présente aucun angle. Jadis le roi Richard avait fortifié cette position d'une tour, qu'il avait environnée de retranchemens et de murailles élevées. A l'intérieur, il avait construit une demeure royale, digne d'être habitée par les plus grands princes, et fait élever des ponts, par lesquels on arrivait à l'une et à l'autre rive. De là, à la distance où une fronde, tournant avec force, pourrait lancer une pierre en trois coups, est une roche élevée qui s'élance au loin dans les airs, et dont le sommet échappe à la vue des hommes, tant il forme une bosse saillante! Du côté qui plonge sur les eaux du fleuve, si quelqu'un porte ses regards sur ce rocher, il croit ne voir autre chose qu'une tour très-élevée, habilement construite en ciment et en pierres quarrées, tant cette face est unie, tant elle s'élève en droite ligne dans les airs, comme pour atteindre jusqu'aux astres. Mais de l'autre côté, qui fait face au levant, à l'extrémité moins élevée de la roche, et cependant à une hauteur convenable, s'étend une belle plaine, plus longue que large, bordée des deux côtés par des vallées horriblement profondes : cette plaine se prolonge ainsi, en se rétrécissant en forme de coin, jusqu'au pied d'une montagne voisine qui la domine, tout en en demeurant séparée par une vallée, qui empêche d'y aborder.

Ce lieu donc avait été déjà suffisamment fortifié

par la nature; mais Richard employa beaucoup d'art à le rendre encore plus inexpugnable. Il ferma les extrémités d'une double muraille, et fit élever sur toute la circonférence de hautes tours, qui furent placées à égale distance l'une de l'autre. De plus, il fit enlever les décombres des deux côtés des murailles, afin que nul ne pût y monter, ou y arriver en rampant du fond de la vallée. Au milieu de la plaine, on éleva une muraille transversale; à force de travail, la pierre elle-même fut creusée et s'ouvrit en un fossé profond et large, qui formait comme une vallée : ainsi se trouva tout-à-coup pratiquée une double fortification, qui était en même temps un seul ouvrage, doublé par les murailles qui le divisaient, en sorte que si l'un des deux venait à souffrir quelque dommage, l'autre pût encore se protéger et protéger les habitans. Ensuite il fit arrondir le rocher qui, élevé au dessus de toute la plaine, s'élançait au loin dans les airs : sur le sommet de ce rocher, il fit garnir les bords de fortes murailles ; et, nettoyant l'intérieur, tout couvert de pierres et de cailloux, il aplanit toute cette enceinte, y fit construire beaucoup de petites habitations et des maisons capables de contenir beaucoup de monde, ne réservant que le point central, sur lequel il fit bâtir une citadelle. Cette position, la beauté du lieu, et toutes ces fortifications ont porté dans le monde entier la renommée de la roche de Gaillard.

Le descendant de Charles, desirant donc conquérir pour les Français un si noble château, conduisit ses troupes vers le château inférieur, au point où la Seine l'enferme en son sein, et dressa ses tentes le long des rives du fleuve. Les habitans cependant publient qu'ils veulent faire les plus grands efforts pour se défendre; et, afin de n'être pas subitement envahis par l'ennemi, ils rompent d'abord, et précipitent leur pont dans les eaux du fleuve. Tout-à-coup s'élèvent plusieurs pierriers, qui ne cessent de lancer des pierres. Une triple digue, construite en dessous des remparts de Château-Gaillard, et formée de pieux carrés et de chêne très-dur, se prolongeait jusque vers la rive opposée du fleuve, destinée à interdire toute navigation à nos vaisseaux. Mais les jeunes gens français, à qui l'art de la nage n'est point demeuré inconnu, vont arracher cette digue, la renversent à coups de hache; et, tandis qu'ils travaillent ainsi, des pierres et des dards, lancés du haut du rocher, tombent sur eux comme la grêle : plusieurs s'en défendent avec leurs boucliers ou des pièces de bois; plusieurs aussi reçoivent une mort honorable, en combattant pour la gloire de la patrie et pour l'honneur du roi. Enfin ils ne cessèrent de travailler qu'après avoir ouvert un libre chemin, pour que la flotte pût venir apporter des vivres et toutes les choses dont peuvent avoir besoin ceux qui marchent à la suite d'un camp. Aussitôt après, le roi ordonna d'amener de larges navires, tels que nous en voyons voguer sur le cours de la Seine, et qui transportent ordinairement les quadrupèdes et les chariots le long du fleuve. Le roi les fit enfoncer dans le milieu du fleuve, en les couchant sur le flanc, et les posant immédiatement l'un à la suite de l'autre, un peu au dessous des remparts du château : et, afin que le courant rapide des eaux ne pût les entraîner, on les arrêta, à l'aide de pieux enfoncés en terre et unis par des cordes et des crochets.

Les pieux ainsi dressés, le roi fit établir un pont sur des poutres soigneusement travaillées, et désormais, n'ayant plus besoin de rames, il put, à l'image de Xerxès, marcher à pied sec sur les ondes qui se répandaient de toutes parts, divisées par ce grand ouvrage, de telle sorte que les rives mêmes ne pouvaient plus les contenir, et que dans cet état on eût pu les comparer avec vérité aux ondes même de la mer, lorsqu'elles sont soulevées par les vents. Puis le roi fit élever sur quatre larges navires deux tours, construites avec des troncs d'arbre et de fortes pièces de chêne-vert, liés ensemble par du fer et des chaînes bien tendues, pour en faire en même temps un point de défense pour le pont et un moyen d'attaque contre le château. Puis les travaux, dirigés avec habileté sur ces navires, élevèrent les deux tours à une si grande hauteur, que du haut de ces tours les chevaliers pouvaient faire plonger leurs traits légers sur les murailles ennemies. Ainsi le roi accablait de diverses manières les assiégés, et les attaquait en même temps de tous côtés.

Cependant les champs du Vexin demeurent ouverts aux coureurs, et l'on en rapporte sans cesse du butin et une telle quantité de vivres, que tous ceux qui habitent dans le camp ne manquent absolument de rien. Aucun lieu n'est respecté, on dépouille et les maisons et les champs; par là, ceux qui combattent en dehors reçoivent sans cesse de nouvelles denrées, tandis que ceux qui font tous leurs efforts pour défendre leur vie et le château voient diminuer

de plus en plus leurs provisions. Aucun chemin n'est ouvert par où qui que ce soit puisse apporter à ceux-ci des secours ou des vivres d'aucune espèce.

Pendant ce temps, agité en son cœur de toutes sortes de sollicitudes, Jean cherche en mendiant des secours dans les artifices qui lui sont connus, et, ce qu'il n'ose entreprendre en plein jour, à la face du soleil, savoir de faire irruption dans le camp, il veut l'oser à la faveur de la nuit obscure. Alors révélant à son maréchal les secrets de son cœur : « O toi, « Guillaume, lui dit-il, très-fidèle dépositaire de mes « pensées, prends avec toi trois cents chevaliers d'é- « lite et trois mille serviteurs à cheval, prends en ou- « tre quatre mille hommes de pied parmi mes vas- « saux ; fais que la bande de Lupicar marche avec toi. « Allez ensemble, à l'ombre de la nuit ténébreuse, et, « lorsque la lune dorée aura caché sa face, jetant su- « bitement le désordre dans le camp du roi, faites « une attaque vers cette partie du fleuve, d'où na- « guère le roi a passé de ce côté-ci, en traversant son « pont. Presque tous les chevaliers l'ont traversé avec « lui, le chevalier des Barres, ceux que la Champa- « gne a envoyés, et tous les hommes de guerre dont « le courage est le plus grand. De l'autre côté, sont « demeurés le comte Robert [1]; Hugues, héritier de « Neufchâtel; Simon [2] et la bande de Cadoc : ils « se sont enfermés tout près de la rive du fleuve, et « le roi leur a laissé le soin de défendre les travaux « d'art et le pont. Dans la plaine sont couchés les ri- « bauds et les pique-chiens, et tous ceux qui mar- « chent à la suite des camps pour vendre toutes sortes

---

[1] Robert de Dreux. — [2] Simon de Montfort.

« de choses, gens sur lesquels il nous sera [...]
« d'assouvir notre fureur, en épuisant leur sang à
« notre gré. Brandin [1], que Martin d'Arques soit ton
« compagnon. Qu'Alain, qui sillonne la mer avec
« ses navires à éperon, prenne avec lui les pirates
« qu'il emploie, lorsqu'il se plaît à aller piller tout ce
« qu'il peut trouver dans les îles de Guernesey ou
« d'Ouessant. Prenez encore avec les autres trois mille
« des hommes que la Flandre m'a tout récemment
« envoyés; portez secours à vos compagnons qui,
« vous le savez, ont grand besoin et de secours et de
« vivres : remplissez de toutes les choses qui leur
« manquent, aussi bien que de provisions de bouche,
« les soixante et dix bâtimens que l'on nomme cou-
« reurs, et que Richard a fait construire pour le ser-
« vice de la mer et du fleuve; chargez en outre tous
« les autres, quels qu'ils soient, dont vous pourrez
« disposer. Allez, conduits par les rames, vers la rive
« opposée du fleuve, précipitez promptement dans
« les eaux le pont du roi, et fournissez à mon châ-
« teau toutes les choses dont il manque. Que s'il
« vous était trop difficile de couper le pont, attachez-
« vous, en combattant, à empêcher que le roi ne
« puisse transporter des troupes de l'autre côté, pour
« secourir ceux des siens qui occupent la rive oppo-
« sée. Ce que je veux bien graver dans vos esprits et
« vous répéter souvent, à vous, qui arriverez par le
« fleuve, et à vous aussi, qui vous avancerez par la
« plaine, ce que je veux bien fixer dans votre mé-
« moire, c'est que chacun des deux corps attaque
« en un seul et même moment. Si la fortune vous

[1] Brandin était un chef de routiers.

« ...de d'un œil favorable, je vous suivrai de-
« main, afin de mettre un terme aux travaux de cette
« guerre. »

Ainsi le grossier paysan avait jadis coutume de donner ses ordres à ses serviteurs lorsque le loup lui avait enlevé une brebis au milieu des buissons épineux : « Va, criait-il à son serviteur, va au buisson ; et toi « aussi, berger, précipite-toi dans les ronces touffues ; « et toi encore, bouvier, pénètre dans cette caverne ; « moi, j'occuperai un poste de sûreté avec mon chien. » De même Jean envoie ses hommes d'armes affronter les plus grands périls, et lui, cependant, n'ose marcher avec eux. On obéit à ce roi, et nul délai ne retient ceux qui doivent partir. Les guerriers prennent les armes, la flotte abandonne le port ; ceux qui appartiennent à chacune des deux expéditions sortent du camp en toute hâte. Les uns partent par eau, les autres s'en vont par terre, et tous, renonçant au sommeil, mettent à profit le silence de la nuit ténébreuse, empressés de consacrer aux œuvres de la guerre le temps qui devrait être donné au repos.

Déjà, ayant mesuré la marche du temps avec certitude, l'oiseau qui de sa voix perçante annonce l'approche de l'aube bienfaisante, s'était battu trois fois de ses aîles ; tout-à-coup, et par une nuit épaisse, il se fait une irruption dans le camp des nôtres, car le maréchal avait conduit ses troupes de terre en toute hâte et par le plus court chemin, tandis que les infinies sinuosités de la Seine retardaient la marche de la flotte, s'avançant le long de son cours. Les ribauds, les marchands et les gens du peuple sans armes, ivres après s'être rassasiés de la boisson de Bacchus, et déjà à demi-morts, sont massacrés et succombent sous le glaive, semblables à des moutons. Un grand nombre d'hommes tombent d'une mort inattendue, la vie s'échappe de leurs corps avant même que leurs corps aient senti le coup qui les frappe, tant ils sont accablés sous le poids excessif du vin et du sommeil !

Tout aussitôt une clameur terrible s'élève dans les tentes. A peine ceux qu'elles enferment sont-ils éveillés, la mort les entraîne vers le fleuve qu'ils cherchent à traverser à la nage, car le pont ne pouvait suffire pour donner passage à tant de milliers d'hommes du peuple se précipitant à la fois. Cependant le chevalier des Barres, faisant briller son glaive, s'oppose à leur fuite, et avec lui sont le comte de Boulogne[1], Gaucher, Gui, Matthieu, et tous ceux encore qui tiendraient à déshonneur de ne pas être les premiers : « Où fuyez-vous, s'écrie-t-il ; pourquoi « donc montrez-vous le dos ? c'est votre fuite qui « rend vos ennemis vainqueurs ; c'est votre lâcheté « qui donne de l'audace aux lâches, lorsque vous « cédez devant l'ennemi, que vous lui permettez de « vous frapper d'une mort qui n'est point vengée, « et que celui qui porte les coups ne reçoit point de « coups qui tendent à le repousser. »

Disant ces mots, ils ramènent au combat les hommes effrayés, leur inspirent un nouveau courage, et tous, d'un commun accord, se portent contre l'ennemi. Leurs bras vigoureux forcent à se replier vaincu celui qui naguère était vainqueur ; l'épée s'agite avec fureur et accomplit l'œuvre que la colère

---

[1] Renaud.

inspire à des cœurs invincibles. En même temps ils rassemblent des flambeaux en toute hâte sur la rive du fleuve et dans les lieux plus éloignés, substituant ainsi le jour à la nuit; les uns allument des lampes, les autres réunissent en monceaux des bois tels qu'on en brûle sur les bûchers; ceux-ci y ajoutent des bottes de paille, ceux-là des fagots de bruyère; l'un apporte de la graisse de lard, l'autre verse de l'huile sur la flamme, et ainsi la lumière est entretenue et sans cesse augmentée; toute apparence de nuit s'évanouit complétement, et les ombres ténébreuses se dissipent.

A la suite des premiers chevaliers, et lorsque la lumière se trouve ainsi multipliée sur tous les points, les troupes s'avancent en hâte, et suivent les bannières du chevalier des Barres. Mais tandis que les hommes et les armes passent en foule sur le pont, ce pont se brise, surchargé d'un poids qu'il ne peut supporter. On le répare cependant, sans aucun retard, sur le point même où il s'est rompu, et bientôt, comme naguère, il prête de nouveau son secours à ceux qui se montrent si zélés. Le chevalier des Barres, et l'illustre escadron au courage invincible, aussitôt qu'il leur fut permis de reconnaître, à l'aide des flambeaux, les visages de leurs ennemis, accomplissent avec ardeur les œuvres de Mars, et, repoussant vigoureusement cet ennemi, ils renversent, font des prisonniers, massacrent, font payer par un juste retour le prix d'une trahison nocturne, et renvoient tous les maux qu'ils devaient souffrir à ceux qui les leur avaient destinés dans la méchanceté de leurs cœurs remplis d'artifice.

Déjà l'armée se reposait, mais sans s'être livrée de nouveau au sommeil ; déjà la première lueur du jour avait rougi l'horizon, et réfléchissait ses rayons sur les ondes légèrement agitées; mais voici, la flotte armée en course, et chargée d'hommes et d'armes, s'avançant brusquement, sillonnait les flots de la Seine de ses proues aiguës. Une seconde fois on crie aux armes : « Guerriers, prenez les armes, répandez-vous « sur les bords du fleuve; mais surtout défendez le « pont, élancez-vous au sommet des tours. »

Animés par de telles clameurs, les combattans se rassemblent aussitôt, et remplis d'une bouillante ardeur, rivalisant de zèle, ils ont tous saisi leurs armes. Jourdan, Eldon de Rader, Pavins, Périgas, Tatin, s'élancent sur les tours de bois, et avec eux, tous ceux qui connaissent par un long exercice l'art de se servir des arbalètes, et ceux encore que leur courage seul excite à se porter sur ce point, afin de pouvoir lancer sur les ennemis des blocs informes de pierre, de grosses pièces de fer, des globes de feu, des marmites remplies de poix bouillante, de gros troncs d'arbres grossièrement coupés, des tisons, des pieux et d'autres pièces de bois. Sur le pont sont des guerriers décorés de l'ordre de la chevalerie, et parmi eux se trouvent le chevalier des Barres, Simon, Gui, les frères Malvoisin, le seigneur de Morens, et d'autres, dont la valeur portera les noms à la postérité, qui n'ont aucune crainte ni de la mort, ni de la captivité, dans le cœur desquels le courage a tellement fixé sa demeure qu'aucun de ces cœurs ne se détourne jamais de lui, car il s'est emparé de leur ame et de tous leurs mouvemens, et s'indignerait de les accompagner dans toute autre course vagabonde. En même temps, une troupe d'hommes bien armés et munis de leurs boucliers, s'avance d'une marche rapide vers les rives du fleuve : ils occupent tous les abords, et ne cessent de lancer des pierres et toutes sortes de traits. Celui-ci combat avec sa fronde, celui-là avec des javelots, un autre avec des flèches ; mais leurs traits peuvent à peine parvenir à la flotte, pour blesser, soit les matelots, soit ceux qui viennent faire la guerre sur leurs navires, tant ceux-ci suivent droit leur chemin, tant leurs habiles pilotes demeurent toujours au milieu du fleuve, évitant d'appuyer sur l'une ou l'autre rive.

Déjà cependant les ennemis s'approchaient du pont, et, tenant en main leurs fers tout préparés, osaient entreprendre de couper les pieux et les bateaux qui supportaient les poutres. Mais ils ne purent soutenir long-temps les traits qui pleuvaient sur eux comme la grêle, les pierres, les troncs d'arbres coupés en poutres, les marmites remplies de poix bouillante et les grosses pièces de fer qui tombaient sur eux du haut des tours élevées. Guillaume en effet [1], et les autres chevaliers qui étaient avec lui, ne cessaient, du haut du pont, d'accabler leurs ennemis de diverses sortes de morts, les frappant de leurs piques ou de leurs pieux, de leurs glaives ou de leurs lances. L'un, tombant dans le fleuve, se livre à Thétis pour être inhumé, et implore les chœurs des Néréides pour en obtenir les honneurs de la sépulture ; l'autre, déjà mort, tombe sur son compagnon mourant au milieu du navire, lui donne le dernier baiser, et se réjouit

[1] Le chevalier des Barres.

d'aller avec un compagnon visiter les ombres de l'enfer. Celui-ci a le pied coupé, celui-là perd les yeux, un autre les oreilles : l'un succombe en voyant ses entrailles répandues hors de son corps, l'autre en ayant la gorge coupée ; à celui-ci, un pieu vient casser la cuisse ; à celui-là, une massue écrase le cerveau : à l'un, un glaive coupe une main ; à l'autre, une hache brise les deux genoux, et cependant il ne se refuse point encore à combattre, jusqu'à ce que la poix, répandue sur lui, le force enfin à la retraite. Celui-là gémit, expirant sous le fer qui l'a frappé à la gorge, de ne pouvoir plus respirer par les voies ordinaires : celui-ci tombe, les deux tempes brisées d'un coup de pierre qui lui a traversé le front, semblable à la poule, aux narines percées de plusieurs trous, que la vieille servante chasse devant elle, au moment où elle veut couver dans son nid.

Il y avait sur l'un des rebords du pont une énorme poutre de chêne, bien écarrie et d'un poids immense, tellement que vingt taureaux avaient eu grand'peine à la transporter sur un chariot : précipitée du haut du pont sur les assaillans, cette poutre écrasa les deux bâtimens, brisa les deux proues, et frappa sur les hommes qui s'occupaient à couper les pieux et les grosses pièces de charpente. Alors seulement les ennemis firent un mouvement rétrograde, et, ramenant leurs proues, présentèrent leurs poupes, et battirent les flots avec leurs rames. Vaincus, ils ne songent plus qu'à la fuite ; et parmi tous ces combattans, il n'en est pas un seul qui n'emporte en son corps quelque blessure, sans compter ceux que la mort a déjà atteints et violemment accablés. Empêchés par le fleuve, les nôtres n'eurent pas la possibilité de les poursuivre ; mais du moins, tant qu'il leur fut permis, ils firent tous leurs efforts pour les atteindre de loin, à coups de javelots, de pierres et de flèches. Galbert cependant [1], Lodulus Galiot [2], Thomas et Jean, que l'on a surnommé en langue latine le *Noir*[3], ayant rencontré par hasard deux bateaux, bons coureurs, s'en emparèrent, et prirent avec eux des guerriers exercés aux combats sur l'eau. Ces quatre hommes, poursuivant vivement ceux qui fuyaient sur la rivière, leur faisaient en même temps la guerre ; et, s'étant enfin rapprochés davantage, ils parvinrent à leur enlever deux barques, avec des matelots, des combattans, des effets et des vivres.

Ce Galbert était tellement habile dans l'art de nager qu'il pouvait aller sous l'eau à une distance de mille pas. Cet homme, donc ayant rempli des vases avec des charbons ardens, les ferma et les frotta de bitume à l'extérieur avec une telle adresse, qu'il devenait impossible à l'eau de les pénétrer. Alors il attache autour de son corps la corde qui tenait aussi à ces vases, et, plongeant dans l'eau, sans être vu de personne, il va secrètement aborder aux palissades élevées en bois et en chêne, qui enveloppaient d'une double enceinte les murailles du château. Puis, sortant de l'eau, il va mettre le feu aux palissades, vers le côté de la roche Gaillard qui fait face au château, côté qui n'était défendu par personne, les en-

---

[1] Habile marin, né à Mantes, et dont le poëte parle encore dans le onzième chant.

[2] Appelé Louis Galiot dans le neuvième chant.

[3] Jean de Nivelle.

nemis n'ayant nullement redouté qu'on pût leur faire aucun mal vers cet endroit, en sorte qu'ils mettaient tous leurs soins à se défendre seulement sur les points par où les assiégeans les attaquaient plus vivement. Tout aussitôt le feu s'attache aux pièces de bois qui forment les retranchemens et aux murailles qui enveloppent l'intérieur du château, et s'élève dans les airs en tourbillons tout chargés d'étincelles, trouvant un nouveau secours dans les rayons du soleil et dans le souffle du vent de l'est, que l'orient poussait avec force, et qui, athlète vigoureux, secondait parfaitement les artifices de Galbert. Ainsi qu'Encelade, à la gorge embrasée, vomit sur l'Etna des vapeurs brûlantes et des rochers calcinés par le feu, telle la flamme dévorante, allumée furtivement par l'habileté du fidèle Galbert, dépouillait les murailles de tout ce qui servait à les défendre, et consumait les palissades, les retranchemens, les maisons, les tours à trois étages et les claies en bois doublées en cuir, qui concouraient pareillement à la plus grande sûreté des remparts.

Témoignages d'allégresse, des cris s'élèvent aussitôt dans le camp et retentissent joyeusement jusque dans les cieux. Témoignages de tristesse, on entend dans l'intérieur des remparts des cris de douleur; tous les cœurs y étaient saisis de consternation, car ils ne pouvaient se prêter à eux-mêmes aucun secours, et ne voyaient point de sûreté, ni à demeurer cachés dans l'intérieur, ni à monter sur les remparts, tellement l'époux de Cythérée avait réduit tout en cendres, incendiant à la fois et les boucliers, et les portes, et les machines, recouvertes de claies, et les palissades, et les échelles. Une petite troupe se sauva sur des navires; mais la plupart de ceux qui les montaient, cherchant ainsi à éviter le feu, furent étouffés par la violence ennemie de l'élément contraire. Les uns se cachèrent dans des grottes, d'autres entrèrent dans des guérites creuses, d'autres cherchèrent un asile sous des voûtes, ou dans quelque autre lieu, se cachant misérablement, jusqu'à ce que la violence de l'incendie se fût apaisée. Mais les Français, dont l'ardeur ne s'était point ralentie, arrivent bientôt sur leurs bateaux, et se saisissent des hommes cachés en divers lieux, et qu'avaient vaincus ou les tourmens de la faim, ou le voisinage des flammes. Enfin le roi, s'étant rendu maître du château, à force de valeur, et à la suite de tant de combats et de nombreux assauts, fit reconstruire tout ce qui avait été détruit par la force des armes ou par le feu, rétablit aussi avec sagesse les ponts que l'ennemi avait rompus, et remplit le fort d'armes et de guerriers d'élite.

Entre ce château et les remparts de la roche, qui n'en étaient pas éloignés, se trouvait une grande rue, environnée de murailles de toutes parts et remplie d'une nombreuse population : celle-ci donc, aussitôt que l'île eut été prise, abandonna ses propriétés, et, se retirant au dessus, se mit à l'abri derrière les fortifications de la tour. Mais le roi, voyant la rue, et ses fortes murailles délaissées volontairement par leurs propres habitans, y fit entrer tout d'abord ses satellites et ses chevaliers, et distribua toutes les maisons à de nouveaux citoyens, qui se trouvèrent bien défendus des ennemis, leurs voisins, par la légion de Gautier et par la bande nombreuse de Cadoc à laquelle seule le roi donnait tous les jours mille livres pour lui et les siens, en récompense de ses services, tandis que le fisc acquittait envers les autres la solde qui leur était assignée.

De là, le roi, étant allé assiéger le château de Radepont avec une grande valeur, s'en empara au bout d'un mois, et y prit un grand nombre de guerriers remplis de courage et illustrés dans les combats : ces guerriers défendaient, de la part de Jean, ce château, dont les eaux limpides de la rivière d'Andelle baignent le pied, fécondent les champs, les prairies et les jardins qui l'embellissent, et vont non loin de là se perdre dans le fleuve de la Seine.

La roche de Gaillard cependant n'avait point à redouter d'être prise à la suite d'un siége, tant à cause de ses remparts, que parce qu'elle est environnée de toutes parts de vallons, de rochers taillés à pic, de collines, dont les pentes sont rapides et couvertes de pierres, en sorte que quand même elle n'aurait aucune autre espèce de fortifications, sa position naturelle suffirait seule pour la défendre. Les habitans du voisinage s'étaient donc réfugiés en ce lieu, avec tous leurs effets, afin d'être plus en sûreté. Le roi, voyant bien que toutes les machines de guerre et tous les assauts ne pourraient le mettre en état de renverser d'une manière quelconque les murailles bâties sur le sommet du rocher, appliqua toute la force de son esprit à chercher d'autres artifices pour parvenir, à quelque prix que ce fût, et quelque peine qu'il dût lui en coûter, à s'emparer de ce nid, dont toute la Normandie est si fière.

Alors donc le roi donne l'ordre de creuser en terre

un double fossé sur les pentes des collines et à travers les vallons, de telle sorte que toute l'enceinte de son camp soit comme enveloppée d'une barrière qui ne puisse être franchie, faisant, à l'aide de plus grands travaux, conduire ces fossés depuis le fleuve jusques au sommet de la montagne, qui s'élève vers les cieux, comme en mépris des remparts abaissés sous elle, et plaçant ces fossés à une assez grande distance des murailles pour qu'une flèche, lancée vigoureusement d'une double arbalète, ne puisse y atteindre qu'avec peine. Puis, entre ces deux fossés, le roi fait élever une tour en bois et quatorze autres ouvrages du même genre, tous tellement bien construits et d'une telle beauté que chacun d'eux pouvait servir d'ornement à une ville, et dispersés en outre de telle sorte; qu'autant il y a de pieds de distance entre la première et la seconde tour, autant on en retrouve encore de la seconde à la troisième. Toutes les autres tours sont également faites dans les mêmes dimensions, et des intervalles égaux les séparent l'une de l'autre.

Après avoir rempli toutes ces tours de serviteurs et de nombreux chevaliers, le roi fait en outre occuper tous les espaces vides par ses troupes, et, sur toute la circonférence, disposant les sentinelles de telle sorte qu'elles veillent toujours, en alternant d'une station à l'autre : ceux qui se trouvaient ainsi en dehors s'appliquèrent alors, selon l'usage des camps, à se construire des cabanes avec des branches d'arbres et de la paille sèche, afin de se mettre à l'abri de la pluie, des frimas et du froid, puisqu'ils devaient demeurer long-temps en ces lieux. Et, comme il n'y avait qu'un seul point par où l'on pût arriver vers les murailles, en suivant un sentier tracé obliquement, et qui formait diverses sinuosités, le roi voulut qu'une double garde veillât nuit et jour et avec le plus grand soin à la défense de ce point, afin que nul ne pût pénétrer du dehors dans le camp, et que personne n'osât faire ouvrir les portes du château et en sortir, sans être aussitôt, ou frappé de mort, ou fait prisonnier.

C'est ainsi que l'auguste roi sut entourer l'ennemi d'une ceinture, et fournir au peuple un sujet de proverbes, de plaisanteries et de chants joyeux, car il se divertissait de tous ces milliers d'hommes enfermés sous une seule enveloppe et de ce nid tout gonflé d'une abondante semence, qui devait enfin être forcée à en sortir dans la saison du printemps. En même temps que les gens du peuple s'amusent de ces propos et d'autres semblables, ils suscitent aux ennemis des sujets de deuil et de lamentation. On lit dans l'histoire que Jules fit, avec un succès tout pareil, murer les environs montagneux et les plaines ouvertes de Durazzo, faisant revêtir de ciment une muraille qui s'étendait jusques aux ports de l'Adriatique, afin d'enlever aux troupes de Pompée et des Romains tout moyen de fuir loin de la guerre civile. En ces mêmes lieux, Scæva, les membres tout couverts de blessures, dispersa les forces de Pompée, sauva à lui seul les citadelles, et mérita d'être à jamais célébré par la renommée [1].

Cependant Roger [2] et ceux qui s'occupaient avec

---

[1] Voyez Jules César, *de Bello civili*, liv. III.

[2] Roger de Lascy, qui défendait le château de la Roche-Gaillard pour le roi Jean.

plus de sollicitude du soin de conserver des vivres et de défendre le château, voyant qu'il leur serait difficile de nourrir tant de milliers d'hommes du peuple, attendu qu'ils ne pouvaient espérer d'avoir d'autres provisions de bouche que celles qu'ils possédaient en ce moment, ouvrirent les portes, et firent sortir cinq cents individus des deux sexes, leur disant d'aller devant eux où le sort pourrait les conduire. Peu de jours après, ils en firent de nouveau sortir un pareil nombre; et les ennemis, en ayant pris pitié, ne voulurent ni les arrêter, ni les faire mourir, car ils étaient tous mendians, misérables, et incapables d'aucun service de guerre. Le roi cependant l'ayant appris, défendit qu'on laissât désormais sortir du château ni pauvre, ni riche, et prescrivit qu'autant on enverrait d'hommes de l'intérieur aux portes de la citadelle, autant on eût à en repousser à coups de flèches et de javelots, afin qu'ils travaillassent tous ensemble à consommer leurs vivres, et que, lorsque les provisions commenceraient à s'épuiser, lorsqu'ils en viendraient à éprouver toutes les rigueurs de la famine, ils déposassent enfin les armes, et se vinssent livrer volontairement aux fers, ne pouvant plus se défendre, ni défendre leur château.

Roger, redoutant aussi cet événement, compta et choisit tous les hommes capables de faire la guerre, que leur bravoure et leur âge rendaient plus vigoureux, afin de les retenir dans le fort, estimant que les vivres qu'il possédait en ce moment pourraient suffire à leur entretien pour tout le reste de l'année : quant à tous les autres, plus faibles par leur âge ou par leur sexe, ou qui étaient atteints d'une infirmité quelconque, il les mit à part, leur donna leur congé, afin qu'ils pussent tous s'en aller; et cette fois, il en fit sortir douze cents en même temps, sachant bien qu'il envoyait ces malheureux à une mort certaine, mais ne s'inquiétant nullement de leur destinée, et songeant uniquement à se maintenir un peu plus de temps dans le château. Cependant cette troupe, ignorant les maux qu'elle devait bientôt éprouver, et sortant en désordre, se réjouit de laisser les portes derrière elle; et des lieux même où elle croit voir l'espoir du salut, elle se précipite tout aussitôt dans les plus affreuses calamités. Tel, sous les rayons ardens du soleil, un essaim s'élance hors du vase antique et profond qui l'enfermait, lorsqu'un roi nouveau, abandonnant sa mère, entraîne les abeilles à chercher ailleurs de nouveaux pénates; innombrables, elles sortent en bataillon serré, et volent en cercle, semblables à la neige que les vents font tourbillonner dans le vide de l'espace.

Aussitôt que nos troupes virent sortir de l'intérieur du château et se diriger vers le fond de la vallée, en suivant le flanc d'une colline, ces hommes, portant des visages pâles et défaits, et tout couverts de haillons, elles les attaquèrent de loin à coups de flèches, et les forcèrent bientôt à s'arrêter et à se porter en arrière. Ils retournent donc en hâte vers les portes, mais celles-ci étaient déjà fermées, et le portier leur répond aussitôt d'une voix effroyable : « Je ne vous connais pas; allez chercher d'autres de-
« meures; il n'est plus permis de vous ouvrir ces
« portes. » En même temps, ceux qui sont sur les murailles lancent sur eux des pierres et des traits,

les repoussent, et les frappent de consternation, les invitant aussi à aller loin des remparts, dans des vallées éloignées, où leurs traits ne pourront plus les atteindre.

Que feront ces malheureux, ainsi repoussés de çà et de là, que feront-ils, ne voyant aucun chemin ouvert au travers de leurs ennemis, n'ayant plus la permission de demeurer au milieu de leurs amis, ne connaissant aucun lieu où ils puissent se réfugier, en se sauvant à travers les camps? Voilà, le parent est plus méchant et plus cruel que l'ennemi, ou pour mieux dire, l'ennemi est plus parent et plus ami que l'ami même. Certes, je ne m'étonne pas si l'ennemi n'accorde aucun passage à ceux envers qui il n'est lié par aucun sentiment d'affection, qu'il lui serait permis de frapper de mort ou de charger de fers, puisqu'il n'y a aucune loi qui commande d'épargner ses ennemis; mais aussi je ne saurais trouver aucune expression pour dire à quel point est inhumain celui qui avait déjà accueilli ces mêmes hommes, qui, depuis long-temps déjà, s'était fait leur concitoyen, et qui maintenant les rejette, leur retire tout appui, leur enlève même ce qui leur appartenait, ce qu'ils avaient apporté, alors qu'une crainte pleine d'angoisse les avait poussés à s'enfermer dans le château avec leurs vivres et leurs effets. Ils errent maintenant dans les vallons et les cavernes, privés de tout espoir de trouver quelque nourriture, et n'ayant, durant de longs jours, pour se soutenir (ô déplorable extrémité!) que l'eau qu'ils vont puiser au fleuve voisin.

Il arriva qu'une femme mit un enfant au monde;

et cet enfant, encore souillé du sang de sa mère, fut déchiré par les ongles des hommes, et, à peine sorti du sein qui le porta, rentre en un moment dans le ventre de plusieurs hommes. De la même manière, une poule qui volait, et tomba au milieu d'eux, fut aussitôt saisie et avalée par quelques-uns, avec ses plumes, les os et un œuf tout chaud qu'elle portait en son corps. Tout ce qui peut céder sous la dent est aussitôt englouti dans les estomacs, et ils en viennent enfin à se nourrir de la chair des chiens, car Roger, n'oubliant aucune précaution, avait aussi ordonné de chasser tous les chiens du château, afin de ménager les vivres; ceux qu'il avait condamnés à la mort les mangeaient avec voracité, enlevant d'abord la peau avec les ongles, et finissant bientôt par avaler aussi jusques à la peau de ces animaux. Nul n'est plus arrêté par aucun sentiment de honte, nul n'évite de manger tout ce qu'il peut mettre sous la dent, sollicité qu'il est par la faim cruelle, qui seule triomphe de ceux qui sont invincibles, et seule fait succomber les villes. Jadis la famine de Pérouse, ni le siége de Modène [1], ni toutes les blessures reçues sous les fourches Caudines n'affligèrent de tant de maux ceux qui assistèrent à ces événemens. Jadis encore Pétréius et son compagnon Afranius, et la phalange des Romains qui marchaient sous leurs étendards, enfermés, par les armes de César, sous les murs de Lérida, entre les eaux de la Sègre et celles de l'Ebre, dont le

---

[1] Allusion au vers de Lucain :

Perusiana fames, *Mutinæque labores.*

cours est si lent, n'eurent pas tant à souffrir de la soif, quoique ce tourment insupportable les poussât jusqu'à sucer la fiente des chevaux [1].

Déjà la lune, plus éloignée que la terre de son frère le soleil, avait quatre fois brillé en son plein, et s'était quatre fois cachée devant la face de son frère; une cinquième fois elle avait rallumé ses feux, et les malheureux étaient encore, et sans aucun espoir de salut, tourmentés par la faim infatigable, et qui ne sait point finir, horrible fléau qui les mettait au supplice, les pressant de son aiguillon, sans leur laisser un moment de repos. Dans cette étrange situation, ils ne vivaient ni ne mouraient; ne pouvant retenir la vie, ils ne pouvaient non plus la perdre; seulement les eaux du fleuve, vers lequel la faim les poussait sans cesse, retenaient encore en eux un reste d'existence.

En ce même temps le roi, parti de Gaillon, se rendait à Andely pour visiter le château et ceux qui veillaient sévèrement tout autour des remparts de la Roche-Gaillard. Comme il passait sur le pont, suivi de beaucoup de monde, les malheureux proscrits s'écrièrent tout d'une voix, autant du moins que la faim leur permettait de crier : « Sois-nous propice, prends
« pitié des malheureux; roi très-bon, si tu n'as com-
« passion de nous, nous périssons d'une mort injuste.
« Ici l'odieuse faim se repaît depuis long-temps de
« nos membres; plus cruel qu'un ennemi, notre con-
« citoyen nous a livrés à cet affreux supplice; il nous
« a chassés, sans aucun motif, au nombre de douze
« cents, et à peine aujourd'hui en reste-t-il la moi-

[1] Voyez César, *de Bello civili*, liv. 1.

« tié. » Le roi, toujours facile pour les supplians, car il était né pour avoir compassion des malheureux et les épargner toujours, le roi, touché de ces lamentations, dit à ceux qui l'entouraient : « Laissez-les sor-
« tir, et qu'après s'être rassasié de nourriture, chacun
« d'eux puisse se rendre sans rien craindre où sa vo-
« lonté le portera. Loin de nous que l'affliction des
« affligés s'accroisse jamais par nous ! Il ne convient
« point que l'on puisse nous imputer la mort de ceux
« qui, déjà trop punis, ne peuvent plus faire de mal
« à personne. »

Il dit, et commande de les faire tous sortir, et de leur donner à manger. Ceux-ci donc ayant reçu cette permission, et étant sortis de leurs cavernes, nous vîmes parmi eux un certain homme (spectacle déplorable!) qui s'obstinait à emporter encore la cuisse d'un chien : et, comme on lui disait de la jeter, cet homme dit : « Je ne renoncerai à cette cuisse,
« qui m'a fait vivre long-temps, que lorsque je serai
« rassasié de pain. » Alors un autre la lui enleva, et lui donna du pain ; il le porta tout de suite à sa bouche, mais à peine pouvait-il mâcher : cependant, et quoique les morceaux de pain fussent mal broyés entre ses dents, il les avalait avec une extrême voracité, tant ses longues souffrances l'avaient à la fois affaibli et affamé.

Mais déjà l'hiver était fini, et la terre, imprégnée d'une chaleur toute nouvelle, produisait des plantes et des fleurs, que Flore soignait, les recommandant à Zéphire son époux, et suppliant celui-ci de vouloir bien, de son souffle bienfaisant, colorer de pourpre, dans les jardins, les fleurs dont cette déesse tresse des couronnes pour parer la chevelure des amans. Voyant la lenteur de ce siége, et pensant qu'il ne pourrait s'emparer de la Roche qu'au bout d'un très-long-temps, le roi, impatient en son cœur, et ne pouvant supporter de retard dans toute entreprise où le pousse son courage, qui, toutes les fois qu'il se met en devoir de mener à bien une œuvre quelconque, la commence avec vigueur et la termine avec plus de vigueur encore, ardent à commencer, et plus intraitable encore pour arriver à ses fins, le roi, dis-je, dès l'entrée du printemps, rassemble ses cohortes armées, établit son camp sur le sommet de la montagne, et le prolonge des deux côtés jusques à la rive du fleuve, à travers les pentes escarpées de la colline, afin de tenter un moyen quelconque de parvenir jusques aux murailles et de s'emparer de la citadelle le plus promptement qu'il sera possible. Quel obstacle ne s'aplanirait devant le courage? Quel lieu résisterait à l'art ou au génie de l'homme, dont l'esprit se dresse toujours contre les plus grandes difficultés? Voici donc, du sommet de la montagne, jusqu'au fond de la vallée, et au bord des premiers fossés, la terre est enlevée, à l'aide de petits hoyaux, et reçoit l'ordre de se défaire de ses aspérités rocailleuses, afin que l'on puisse descendre du haut jusques en bas. Aussitôt un chemin suffisamment large et promptement tracé à force de coups de hache, se forme, à l'aide de poutres posées les unes à côtés des autres et soutenues des deux côtés par de nombreux poteaux en chêne, plantés en terre pour faire une palissade. Le long de ce chemin, les hommes, marchant en sûreté, transportent des pierres, des branches, des troncs d'arbres, de lourdes mottes de terre, garnies d'un gazon verdoyant, et les rassemblent en monceaux, pour travailler à combler le fossé. Ensuite les serpettes et les hoyaux, s'employant sur plusieurs points à arracher les buissons, les ronces et tous les arbrisseaux, forcent les plans inclinés des collines à s'adoucir sous leurs coups; et bientôt ce qui était une pente, se trouvant converti en plaine, toutes les aspérités trop rudes disparaissent successivement. Le sol de la campagne se réjouit de se voir ainsi aplani, et bientôt, par l'effet du zèle vigilant des ouvriers, s'élèvent sur divers points (résultat que nul n'eût osé espérer) de nombreux pierriers et des mangonneaux, dont les bois ont été en peu de temps coupés et dressés, et qui lancent contre les murailles des pierres et des quartiers de rocs, roulans dans les airs. Et afin que les dards, les traits et les flèches, lancés avec force du haut de ces murailles, ne viennent pas blesser sans cesse les ouvriers et ceux qui, transportant des projectiles, sont exposés à l'atteinte de ceux des ennemis, on construit entre ceux-ci et les remparts une palissade de moyenne hauteur, formée de claies et de pieux, unis par l'osier flexible, afin que cette palissade, protégeant les travailleurs, reçoive les premiers coups, et repousse les traits, trompés dans leur direction. D'un autre côté, on fabrique des tours, que l'on nomme aussi beffrois, à l'aide de beaucoup d'arbres et de chênes tout verts, que la doloire n'a point travaillés, et dont la hache seule a grossièrement enlevé les branchages; et ces tours, construites avec les plus grands efforts, s'élèvent dans les airs à une telle hauteur que la muraille opposée s'afflige de se trouver fort au dessous d'elles.

Là était Périgas Blondel, et avec lui d'autres hommes, que leur talent d'archers avait rendus précieux au roi, qui les enrichissait de terres, d'effets mobiliers et d'argent. Ces hommes ne cessaient de lancer contre les assiégés des traits qui leur faisaient de nombreuses blessures et portaient la mort de tous côtés. D'autres, se répandant çà et là, cherchaient des positions convenables d'où leurs frondes, qui font entendre un léger sifflement, leurs arbalètes ou leurs arcs, pussent lancer incessamment de petites pierres, des dards et des flèches, dont les assiégés eussent cherché vainement à se défendre sur tous les points où se trouvaient des créneaux ou des fenêtres.

Dans l'intérieur du château il y avait aussi un pierrier qui vomissait sans relâche de grosses pierres, un mangonneau qui en lançait de plus petites, et les bras des assiégés s'employaient avec autant d'ardeur à jeter aussi des pierres. Leurs arbalètes, leurs frondes et leurs arcs ne demeuraient pas non plus en repos : nul homme, dans toute l'enceinte du château, n'était oisif, et chacun remplissait son office sans aucune interruption, afin que l'on combattît à armes égales au dedans ainsi qu'au dehors.

De son côté, et pour animer de plus en plus les autres, le roi couvert de son casque était sans cesse au milieu des combattans, se portant tous les jours aux premiers rangs, encourageant de ses vives paroles tantôt ceux-ci, tantôt ceux-là, s'avançant jusque sur les fossés, et opposant son bouclier aux flèches et aux traits qui venaient sans cesse siffler autour de sa tête, et s'enfonçaient dans l'armure qui le protégeait.

A l'extrémité de la Roche et dans la direction de

l'est était une tour élevée, flanquée des deux côtés par un mur qui se terminait par un angle saillant, au point de sa jonction. Cette muraille se prolongeait sur une double ligne depuis le plus grand des ouvrages avancés et enveloppait les deux flancs de l'ouvrage le moins élevé. Or voici par quel coup de vigueur nos gens parvinrent à se rendre d'abord maîtres de cette tour. Lorsqu'ils virent le fossé à peu près comblé, ils y établirent leurs échelles et y descendirent promptement. Impatiens de tout retard, ils transportèrent alors leurs échelles vers l'autre bord du fossé, au-dessus duquel se trouvait la tour fondée sur le roc. Mais nulle échelle, quoiqu'elles fussent assez longues, ne se trouva suffisante pour atteindre au pied de la muraille, non plus qu'au sommet du rocher, d'où partait le pied de la tour. Remplis d'audace, nos gens se mirent alors à percer dans le roc avec leurs poignards ou leurs épées, pour y faire des trous où ils pussent poser leurs pieds et leurs mains, et se glissant ainsi le long des aspérités du rocher, ils se trouvèrent tout-à-coup arrivés au point où commençaient les fondations de la tour. Là, tendant les mains à ceux de leurs compagnons qui se traînaient sur leurs traces, ils les appellent à participer à leur entreprise; et, employant des moyens qui leur sont connus, ils travaillent alors à miner les flancs et les fondations de la tour, se couvrant toujours de leurs boucliers, de peur que les traits lancés sur eux sans relâche ne les forcent à reculer, et se mettant ainsi à l'abri, jusqu'à ce qu'il leur soit possible de se cacher dans les entrailles même de la muraille, après avoir creusé en dessous. Alors ils remplissent ces creux de troncs d'arbres, de peur que cette partie du mur ainsi suspendue en l'air ne croule sur eux et ne leur fasse beaucoup de mal en s'affaissant ; puis, aussitôt qu'ils ont assez agrandi cette ouverture, ils mettent le feu aux arbres et se retirent en un lieu de sûreté. Cet immense Ilion tombe alors, et fait en tombant un horrible fracas, semblable à celui dont fut jadis épouvanté, lorsqu'on enleva des bras d'Andromaque éplorée, le jeune enfant fils d'Hector, que le fils d'Achille, encore tout couvert du sang de Priam, fit rentrer dans la terre, après avoir brisé ses membres délicats. Alors s'élève dans les airs en tourbillon tortueux un nuage formé de flammes, de fumée et d'autant de poussière qu'il peut s'en exhaler du sein d'une si grande destruction.

A cette heure même Roger fit aussi embraser dans cette même enceinte tout ce que la flamme pouvait atteindre, afin qu'aucun de ces matériaux ne pût servir aux Français. Tout brûlait donc, la violence du feu n'était point encore apaisée, et déjà les Français se précipitant au milieu des flammes et des torrens de fumée, animés qu'ils étaient par les cris des combattans et le retentissement des trompettes, inondent les retranchemens et les murailles de leurs nombreux bataillons. Avant tous les autres, Cadoc planta sa bannière sur la tour à demi renversée et au point le plus élevé. Mais comme ils se trouvaient arrêtés de nouveau par un fossé très-large, qui séparait cette partie du château de l'enceinte suivante, et par une muraille qui se présentait encore et s'élevait garnie de tours, il devenait difficile de pénétrer dans la seconde enceinte, où l'ennemi tout effrayé venait de s'enfermer, après s'être sauvé. Alors les servans d'armes, dont c'est l'office de combattre avec le glaive ou les lances, Bogis, Eustache, Manassé, Auricus, Grenier, et toute la troupe fidèle, se mettent à rôder autour de la muraille, cherchant partout si le hasard leur ferait découvrir quelque issue, par laquelle on pût s'avancer dans les retranchemens et combattre de près les ennemis.

Sur le sommet de la colline, Jean avait fait construire l'année précédente une certaine maison, contigüe à la muraille et placée sur le côté droit du château, en face du midi. La partie inférieure de cette maison était destinée à un service qui veut toujours être fait dans le mystère du cabinet[1], et la partie supérieure, servant de chapelle, était consacrée à la célébration de la messe : là il n'y avait point de porte au dehors, mais en dedans il y en avait une, par où l'on arrivait à l'étage supérieur, et une autre qui conduisait à l'étage inférieur. Dans cette dernière partie de la maison était une fenêtre prenant jour sur le dehors, et par laquelle le flambeau doré du soleil éclairait le cabinet. Bogis et ses fidèles compagnons ayant vu cette fenêtre, et rassemblant aussitôt toutes les forces de leur corps et de leur cœur, se glissent avec une adresse merveilleuse le long des fossés, puis s'accrochant des pieds et des mains pour grimper au sommet de la colline, arrivent enfin secrètement au pied des remparts. Alors s'élevant sur les épaules de ses compagnons avec une légèreté admirable, Bogis s'élance de tout son corps par la fenêtre ouverte devant lui, puis tendant une corde à ses compagnons,

---

[1] *Dans son histoire en prose l'auteur dit que c'était des latrines, quod quidem religioni contrarium videbatur, ce qui paraissait bien contraire à la religion, ajoute-t-il, attendu le voisinage de la chapelle.*

il les tire à lui l'un après l'autre, et lorsqu'ils se trouvent tous enfermés dans le même cabinet, il les excite à en faire sauter les portes avec le feu, afin que tous puissent s'élancer au plus tôt sur l'ennemi et porter le désordre dans ses rangs. Alors il se fait un grand bruit, les portes brisées tombent avec fracas; remplis d'ardeur, les jeunes gens s'empressent pour se jeter en avant; mais bientôt, et dès que tout ce bruit a frappé les oreilles des assiégés, ceux-ci se dirigent vers ce côté, et ramassant des bois de toutes parts, ils y mettent aussitôt le feu, afin de brûler tout l'intérieur du bâtiment ou d'empêcher du moins ceux qui l'occupent de trouver un chemin pour parvenir jusqu'à eux.

Mais nul incendie ne peut arrêter l'œuvre de la valeur, nulle force ne peut suffire pour ralentir les exploits des grands courages. A peine les portes sont-elles abattues, les jeunes gens s'élancent, l'épée nue, à travers les flammes; déjà le cabinet est embrasé, et avec lui toutes les maisons et le château sont également en feu. L'ennemi fuit alors devant l'incendie et les armes inattendues des guerriers, et se retire dans la citadelle, qu'il croyait pouvoir défendre encore pendant long-temps, à raison de son élévation et de sa position sur la roche entourée de murailles. A peine cependant, de tous ceux que Roger avait naguère avec lui, lui restait-il encore cent quatre-vingts hommes en état de combattre, tant il y avait étendus çà et là sur la terre de corps privés de vie, tant il s'en trouvait d'autres atteints de mortelles blessures et pour la vie desquels leurs amis ne conservaient aucune espérance! De plus, tout ce qui faisait le plus bel ornement du château était réduit en cendres; les murailles et toutes les fortications avaient péri, il ne restait plus rien de tout ce qui faisait l'honneur de ce beau lieu. Et nous, pendant ce temps, nous pensions que Bogis et tous ses compagnons avaient été également enveloppés dans ce grand désastre; mais ils s'étaient mis en sûreté dans les profonds replis d'une caverne, dans laquelle les assiégés enfermaient naguère leurs pierres et leurs traits.

A peine cependant la fumée a-t-elle un peu diminué, à peine le feu s'est-il apaisé, que Bogis sortant de son antre, et courant à travers les charbons ardens, aidé de ses compagnons, coupe les cordes, et abat, en le faisant rouler sur son axe, le pont mobile qui était encore relevé, afin d'ouvrir un chemin aux Français pour sortir par la porte. Les Français donc s'avancent en hâte et se préparent à assaillir la haute citadelle dans laquelle l'ennemi venait de se retirer en fuyant devant Bogis.

Au pied du rocher par lequel on arrivait à cette citadelle, était un pont taillé dans le roc vif, que Richard avait fait ainsi couper autrefois, en même temps qu'il fit creuser plus profondément les fossés. Ayant fait glisser une machine sur ce pont, les nôtres vont sous sa protection creuser au pied de la muraille. De son côté l'ennemi travaille aussi à pratiquer une mine, et ayant fait une ouverture, il lance des traits contre nos mineurs et les force ainsi à se retirer. Les assiégés cependant n'avaient pas tellement entaillé leur muraille, qu'elle fût menacée d'une chute; mais bientôt une catapulte lance contre elle d'énormes blocs de pierre. Ne pouvant résister à ce choc, la muraille se fend de toutes parts, et crevant bientôt par le milieu, une partie du mur s'écroule, une autre portion demeure encore debout, mais une large brèche se trouve ouverte, et les travaux que l'ennemi avait faits intérieurement se tournent contre lui-même. A cette vue, nos Français s'élancent à travers les décombres, et, s'accrochant de leurs mains, arrivent bientôt par la brèche sur la muraille. Ils s'emparent alors de vive force de tous ceux qu'ils rencontrent, car aucun des ennemis ne se rendait de plein gré au vainqueur; chacun d'eux au contraire se débattait encore et résistait, autant qu'il lui était possible, à celui qui voulait le prendre.

Enfin le roi s'étant emparé de Château-Gaillard, à la suite de tant de combats, fit réparer tout ce qui avait été renversé par lui-même, et tout ce qu'un ennemi acharné avait détruit par le feu; et dans cette triple enceinte, à l'intérieur aussi bien qu'au dehors, les murailles et tous les autres édifices furent relevés, remis en meilleur état, et rebâtis plus solidement qu'ils n'avaient jamais été.

Cependant le roi des Anglais, désespéré et couvert de confusion, voyant bien qu'il ne pourrait plus désormais défendre aucun château, après avoir perdu un château plus fort que tout autre, et qu'il regardait comme absolument inexpugnable, méditait en secret d'abandonner les champs de Normandie, pensant qu'il ne pourrait plus y demeurer en sûreté, et redoutant d'être trompé par ses propres amis, car il était bien fondé à craindre tous les hommes, les ayant tous offensés. Ainsi tourmenté par les remords de sa conscience, le malheureux détruit lui-même ses propres biens et renverse le pont que l'on appelle de l'Arche, le Moulineaux et les remparts de Montfort-sur-Rille, afin d'enlever à sa patrie les forces qu'elle possède encore. De là, prêt à se retirer, et ayant fait préparer furtivement sa flotte, il livra tout son royaume aux bandes des routiers, particulièrement à Martin d'Arque et à Lupicar, et disant un dernier adieu à ce pays, il se rendit dans son royaume d'Angleterre pour ne plus aborder désormais sur les côtes de Normandie.

Mais déjà fatigué et sourd aux coups de la férule, il est temps, Guillaume, que tu détèles ta mule et que tu répares par quelques instans de repos tes forces épuisées par un long travail. Il te reste encore trois chants à ajouter à ceux-ci, afin que ton ouvrage se complète au nombre de dix chants, car si tu te reconnais inférieur en voix à Gautier[1], montre-toi du moins égal à lui par le nombre de tes chants, à moins cependant qu'il ne survienne inopinément quelque nouvel accident qui te forcera peut-être à les prolonger encore.

[1] Gautier de Châtillon.

CHANT HUITIÈME.

ARGUMENT.

Dans ce huitième chant, toute la Normandie se soumet au roi Philippe, et ce roi triomphe aussi des Tourangeaux et des Poitevins, après avoir vaincu Gui[*]. — La foule des fidèles se croise et prend les armes pour marcher contre les hérétiques. — Les Français en tuent d'innombrables milliers. — Pierre l'Ecuyer tue le roi d'Aragon. — Le roi Jean s'afflige de ne pouvoir secourir les hérétiques, et tourne contre Dieu et contre ses serviteurs la colère dont Dieu même l'a frappé en punition de ses crimes. — Le farouche Othon[**] arrête ceux qui se rendent à Rome et les serviteurs de la croix.

Cependant l'agréable température du printemps avait affranchi l'année des frimas de l'hiver, et ramené de plus doux zéphirs[1]; la terre s'était déjà rajeunie et revêtue de verdure; Rhée, remplie de joie, souriait aux doux embrassemens de Jupiter : déjà, laissant derrière elles la constellation du bélier, les roues du char du soleil pressaient les flancs du taureau d'Agénor, quand le roi rappela son armée à la guerre, afin de faire passer cette fois toute la Normandie sous le joug des enfans de la France.

Il y avait un bourg entouré de toutes parts de ro-

---

[*] Comte d'Auvergne.
[**] Othon IV, empereur d'Allemagne.
[1] En 1204.

chers escarpés, et nommé Falaise, à raison même de l'aspérité de son site. Il était au milieu des pays de Normandie. Sur le sommet de ce rocher étaient des tours et des remparts tellement élevés, que nul ne pouvait croire que l'on pût y atteindre, quelques traits qu'on y lançât. Le roi enveloppa ces rochers de ses innombrables bannières, et fit durant sept jours préparer toutes sortes d'instrumens de guerre, pour renverser les murailles et s'emparer de la ville et de la citadelle; mais les bourgeois, et principalement Lupicar, à qui le roi anglais avait confié tout le gouvernement de ce pays, aimèrent mieux livrer le château dans son intégrité, en sauvant tous leurs effets et se maintenant dans une honorable liberté, que tenter les chances de la guerre et succomber en dernier résultat.

De là, le roi se dirigea vers la ville de Caen, qui lui fit offrir de se rendre trois jours avant qu'il y fût arrivé. Cette ville puissante, opulente, embellie par des rivières et des prés et des champs fertiles, reçoit dans son port de mer des navires qui y apportent toutes sortes de marchandises, et est tellement riche en églises, en maisons et en habitans, qu'elle se reconnaît à peine pour inférieure à Paris. Elle fut jadis fondée par Caius, porte-mets d'Arthur, qui en conséquence l'appela gracieusement la maison de Caius. Elle se soumit donc volontairement à notre joug, et s'assura à jamais par une telle conduite l'affection du roi, se laissant prendre librement, sans contestation ni combat, et procurant en même temps au roi la possession de tous ses beaux environs. La ville de Bayeux, imitant cet exemple, se soumit aussi au roi ; tout son diocèse en fit autant, et avec lui trois autres diocèses et leurs siéges très-renommés firent également leur soumission volontaire, savoir les diocèses de Séez, de Coutances et de Lisieux.

Pendant ce temps, Gui, duc des Bretons, suivi d'une troupe nombreuse d'hommes de la Bretagne, envahit le territoire d'Avranches, vers les limites où les eaux du Coesnon marquent les confins de la Bretagne. Là est un lieu situé au milieu de la mer, de telle sorte cependant que ses flots ne le baignent pas toujours, mais le couvrent tantôt et tantôt l'abandonnent à diverses reprises tous les jours, selon que la sœur de Phœbus croît et décroît à ses heures accoutumées, recevant de celle-ci un mouvement d'élévation plus ou moins prononcé; ainsi tantôt ce lieu se trouve recouvert par les flots de la mer et tantôt son rivage demeure à sec. La cause de ce fait nous est inconnue, et nous demeurera de tous temps inconnue, à nous qui habitons ici-bas dans des vases de boue.

Examine cependant, sage lecteur, et veuille observer que, lorsque en un jour quelconque nous distribuons les heures dans l'ordre où les planètes se présentent elles-mêmes chaque jour, la lune tombe en concordance avec trois au moins de ces planètes, sans que la mer cependant se soulève autant de fois : dans tout le cours d'une journée, ses flots ne demeurent jamais que deux fois en repos; pendant sept heures elle va toujours croissant, et décroît ensuite pendant autant de temps; et, ainsi, dans cette marche constante la mer presque toute entière ne peut se mettre en mouvement pour s'élever ou s'abaisser ainsi, que sous l'influence de la lune. Mais d'où vient que la lune possède cette faculté, quelle est la cause qui lui donne un pouvoir tel que la mer s'élève davantage au temps où elle brille en son plein, ou renaît pour notre monde, tandis qu'aux autres époques ses flots sont moins soulevés, comme si elle s'accommodait aux mouvemens et aux diverses vicissitudes de la lune, dont elle semble recevoir tour à tour et sa croissance et sa décroissance; pourquoi encore elle a tous les ans de plus fortes crues; pourquoi elle s'enfle tous les ans deux fois plus qu'à l'ordinaire, dans les saisons de l'automne et du printemps, lorsque l'intervalle de la nuit se trouve égal à celui du jour; cette élévation de la mer vient-elle de la lune, ou plutôt les variations de la lune proviennent-elles de la mer, attendu qu'il est certain que la mer a été créée avant la lune, que ce qui est postérieur ne peut jamais être cause de ce qui l'a précédé, et que nulle chose ne peut tenir l'être ou le mouvement de ce qui n'existe pas; ou bien encore l'une n'est-elle point à l'autre une cause de mouvement, en sorte que les mouvemens qui s'opèrent dans le même temps n'aient rien de commun entre eux et que celui-ci ne doive rien à celui-là, celui-là rien à celui-ci?..... Examinez toutes ces questions, vous qui vous embarrassez dans l'étude des choses de ce monde : quant à nous, notre foi nous défend de les rechercher; aucun esprit humain ne peut prétendre à comprendre ces choses, soit par le raisonnement, soit par la science. Celui qui a fait toutes choses et les causes de toutes choses, qui seul a su leur donner leur arrangement, est aussi celui qui seul les connaît; à celui-là seul qui a tout créé, toutes choses sont manifestes. Homme! ne cherche point à franchir les limites qui ont été imposées à l'homme, ne t'épuise point en vaines recherches sur ce que tu ne peux connaître. La bête qui veut toucher à la montagne périt écrasée sous les pierres : c'est assez de savoir le fait, qu'on nous permette d'en ignorer la cause. Quant à nous, après avoir reconnu que nous ne savons rien sur ce point, nous poursuivons notre tâche, de façon à ne pas laisser du moins sans les indiquer les choses qui sont devenues le texte des débats de ceux qui ont le mieux parlé. Ceux-là étant mortels ont voulu examiner les choses du ciel avec l'esprit de l'homme ; croyant témérairement que les secrets des cieux voudraient bien se révéler à eux, en dépit de Dieu. Pour nous, qu'il nous suffise de confesser que nous savons à peine les choses qui arrivent à notre cœur par l'organe de nos sens corporels, et qui se passent tout près de nous dans cette région sublunaire.

Sur l'extrême sommet du rocher dont j'ai parlé, la dévotion des serviteurs du Christ fonda avec un art admirable une église, que l'archange Michel consacra à jamais en son honneur, de sa voix angélique, afin qu'une sainte réunion de moines y célébrât sans relâche le service du Christ. On arrive à grand'peine à cette église à l'aide d'un escalier : en dessous, la ville est comme suspendue et contient un grand nombre de maisons, parmi lesquelles il y en a de belles; elle peut enfermer dans son enceinte assez vaste une nombreuse population. Ce lieu s'élance tellement vers les cieux, que ceux qui le contemplent de loin, croient n'y voir autre chose qu'une tour très-haute, construite de la main des hommes, tandis que la puissance divine l'a fait pour elle seule, et qu'il a lieu de se réjouir d'être placé en sûreté, sous la protection des anges, n'ayant en aucun temps souffert aucune sorte de dommage. Élevant cependant des murailles, dans sa sollicitude, Jean prétendit préférer les forces humaines aux armes célestes, et environna d'une fortification humaine cette montagne sacrée, que le Christ défendait avec un chevalier céleste. Cela devint une cause de mort pour ce lieu consacré. Les enfans de la Bretagne, animés d'une fureur sauvage, ne sachant ni quand les flots devaient s'élever, ni à quel moment ils laissaient le rivage à nu, ni en quel jour on pouvait gravir sur la montagne par un chemin sec, lorsque les flots se retirent selon les divers intervalles lunaires, ayant brisé les portes de la ville, y entrèrent de vive force et y mirent le feu. Les maisons furent consumées par les flammes, celles-ci s'élevèrent avec violence au-dessus des habitations, et la belle église, et le lieu consacré, et tous les effets du monastère devinrent la proie de cet incendie insatiable.

De là Gui, partant avec les bandes de Bretons qui portaient ses bannières, alla dans le voisinage assiéger la ville d'Avranches, située sur le penchant d'une colline, entre la Sée et la Sélune, rivières poissonneuses, où l'on trouve surtout beaucoup de saumons, et soumit à la domination du roi cette ville et tous ses environs. Étant parti de ce lieu, subjuguant devant lui tous les châteaux, incendiant les bourgs et les campagnes jusqu'à la maison de Caius[1], Gui ar-

---

[1] Caen.

riva enfin en cette ville, où le roi l'attendait, donnant à ses peuples de nouvelles lois et de nouveaux maîtres. Après avoir reçu du roi d'abondantes actions de grâce et des éloges, Gui et les siens ayant heureusement terminé leur expédition, et chargés de dépouilles, se réjouirent de retourner vers les rives du Coesnon.

Le roi très-auguste, dès qu'il apprit l'incendie de la sainte montagne et la destruction des maisons sacrées et de tous les effets du monastère réduits en cendres, fut touché d'une pieuse compassion pour la ruine de l'église et de toutes ses possessions; et afin qu'on ne pût plus à l'avenir leur faire une pareille injure, il ordonna de détruire toute la forteresse de Jean : puis restituant à la milice céleste le soin de son château, il rétablit dans sa bonté les lieux saints sous la surveillance d'une garde humaine, et d'une main largement généreuse, il aida les moines à refaire leurs maisons, et les livres, et toutes les autres choses que la fureur du feu avait réduites en cendres, telles que nous les voyons maintenant entièrement réparées et en meilleur état qu'elles n'avaient été auparavant. Ainsi Dieu change le mal en bien; ainsi il prend compassion alors même que nous le croyons plus vivement irrité contre nous; ainsi il frappe ceux qu'il aime d'une verge amie, à raison de leurs péchés, afin qu'ils travaillent à renoncer à leurs mauvaises œuvres; ainsi il frappe pour guérir, il blesse pour porter remède.

De là le roi auguste, ayant soumis toute la contrée, dirigea sa marche victorieuse vers la ville de Rouen, dont il ne s'empara que quatre-vingts jours après, et non sans peine; car des murailles doubles, de triples fossés, creusés à une grande profondeur, une nombreuse population et les abîmes d'un beau fleuve dont les eaux s'étendaient sur un vaste espace, rendirent difficile à nos troupes la prise de cette ville. De plus, la commune de Rouen, au cœur superbe, et qui portait une haine éternelle à notre prince, aima mieux se laisser vaincre que se soumettre volontairement à son empire, ou lui montrer la moindre bonne volonté. Elle succomba enfin, et son orgueil étant abattu, elle fut contrainte d'abattre elle-même ses murailles, et de raser de fond en comble, et à ses frais, son antique citadelle. Sa plus grande consolation fut que la ville de Verneuil subit aussi le même sort, afin que Rouen ne s'affligeât pas d'être seule à s'affliger, que ces deux villes, également dépouillées de leurs remparts, se désolassent avec moins d'amertume, qu'un même châtiment pesât sur ceux qui s'étaient souillés de la même faute, afin encore que désormais ces villes ne pussent en aucun cas résister au roi, ou que, si elles tentaient de résister, elles ne pussent du moins secouer notre joug.

Ainsi la Normandie se trouva entièrement soumise au roi des Français, événement que l'on n'eût jamais cru possible en aucune circonstance; et tous les Normands, subjugués à la suite d'un grand nombre de combats, après avoir souffert toutes sortes de maux pour celui qui n'était pas leur roi, furent enfin forcés de servir leur véritable roi.

Au temps où Charles le Simple portait le sceptre [1],

---

[1] En 912.

la Norwége envoya dans ce pays les Normands, qui y arrivèrent dans de grands vaisseaux, sous la conduite de Rollon, qui était païen, mais habile, vaillant à la guerre, et qui brûlait du desir de s'abreuver du sang des serviteurs du Christ. Après avoir immolé de son glaive un grand nombre d'hommes et dévasté les bourgs et les villes avec une violence que rien ne pouvait arrêter, cet homme, portant dans plusieurs royaumes ses fureurs pernicieuses, voulut enfin renverser les murailles de la ville de Chartres. Mais la Vierge, mère de Dieu, qui a daigné se nommer la Dame de Chartres, enleva à Rollon l'usage de la vue, et l'exposa à être vaincu par le peuple qui la chérit, afin qu'aveuglé ainsi pour quelque temps à l'extérieur, il devînt digne par là de voir le Christ d'une lumière intérieure. Rollon donc étant vaincu et ayant pris la fuite, après avoir perdu la majeure partie des siens, s'humilia, crut enfin au Christ, et mérita de renaître dans la fontaine de vie. Réjoui de cet événement, le roi Charles l'honora, en lui donnant sa fille [1] en mariage, et il y ajouta la Normandie, à titre de dot, en concluant avec Rollon un solide traité de paix. Déjà, il est vrai, Rollon avait conquis ce pays par ses armes ; mais l'envieuse Junon refusa à Gisèle les enfans qu'elle desirait vivement, et la fit sortir de la vie sans laisser de postérité. Alors Rollon, s'unissant à une autre femme [2] par la loi de l'hymen, conserva solidement sa nouvelle patrie, sans se laisser jamais vaincre, et tous ses successeurs l'occupèrent après lui jusqu'à ce qu'au bout de trois

---

[1] Gisèle.
[2] Popa, fille de Gui, comte de Senlis.

cents ans, la puissance divine la restitua à Philippe, à la suite d'un grand nombre de combats, et maintenant Philippe l'a possédée, la possède, et la possédera long-temps. Ce pays, qui fut d'abord et anciennement appelé la Neustrie, reçut ensuite des Normands le nom de Normandie, nom par lequel les habitans se plaisent à se rappeler la langue de leurs pères, et dans lequel on trouve les mots *north*, nord, et *man*, homme. Ainsi appelé, le Normand se souvient de son antique patrie et de sa race.

Après que le Normand eut succombé sous le Français, et que toute la Neustrie eut reconnu les lois de Philippe, elle porta long-temps avec indignation le joug léger de ce roi, ne pouvant oublier ses anciens seigneurs, quoiqu'elle fût dans une condition beaucoup plus dure lorsque l'étranger l'écrasait sous ses lois rigoureuses. Mais le roi, aimant mieux être bon pour les méchans, afin que le peuple s'accoutumât peu à peu à l'aimer, et ne pût se plaindre d'être gêné par des coutumes étrangères, n'abrogea ni les juridictions, ni les lois ; voulant au contraire tout maintenir, il confirma généralement toutes les coutumes jusques alors observées, qui n'étaient pas manifestement contraires à la justice, ou ne mettaient pas en péril les libertés des églises. Changeant en mieux certains usages trop contraires au bon droit, il voulut que dans tout procès qui amenait un combat sanglant, la loi du talion infligeât des peines égales, en sorte que l'appelant, s'il venait à être vaincu, fût soumis, aussi bien que l'appelé, à une seule et même loi, savoir, ou d'être mutilé, ou de perdre la vie. Jusques alors il était d'usage chez les Normands que l'appelant, s'il était vaincu dans un combat judiciaire, payât un écu et soixante sous, et demeurât ainsi impuni, tout en perdant sa cause, tandis que s'il arrivait à l'appelé d'être vaincu, il perdait tous ses biens, et périssait en outre d'une mort honteuse [1]. Le roi, dans sa justice, réforma très-justement cette injustice, et voulut qu'en ce point les Normands fussent soumis à la même loi que les Français.

En outre, de son propre mouvement, et sans que personne l'en suppliât, le roi accorda aux moines et au clergé que désormais l'élection de leurs pasteurs fût faite par eux, selon les règles canoniques. Le roi des Anglais avait usurpé ce droit sur eux, à ce point que lui seul nommait les pasteurs. Toutes les fois qu'un siége épiscopal venait à être privé de son pasteur, mort, soit dans la guerre civile, soit d'une mort naturelle, aussitôt tous les biens de l'église ainsi vacante étaient usurpés par le roi et employés à son service; et par là, rendant veuve l'épouse de Dieu, aussi longtemps qu'il le voulait, il la forçait enfin à s'unir à l'époux qu'il lui plaisait à lui-même de désigner; ce fut là entre autres le principal motif qui porta le cruel roi [2] à assassiner de son glaive le bienheureux Thomas, qui voulait faire abolir une si odieuse coutume.

Notre roi, ami de la justice et fils de l'Eglise, révoqua cet usage, comme contraire à la justice, et par amour pour sa mère. « A moi, dit-il hautement, à moi ap-

---

[1] Le roi Richard avait un peu réformé cette coutume par un décret publié en 1190.
[2] Henri II.

« partient le soin de ce qui concerne le glaive, soin
« suffisamment importun pour le gouvernement du
« royaume. Je laisse aux hommes de Dieu à traiter
« les choses du service divin. C'est assez pour un laï-
« que de s'occuper des choses du monde ; je ne veux
« point m'exposer à abuser de ce qui concerne la
« charge des ames immortelles. Qu'ils président aux
« églises, qu'ils président aux assemblées, ceux qu'une
« élection unanime aura appelés à cette présidence,
« ainsi que l'ordonnent les très-saintes décisions des
« saints pères. »

Il dit ; et, après avoir confirmé ses paroles par le fait, il dirigea ses cohortes armées loin de ce pays et vers d'autres contrées, désignant précisément à chaque corps les lieux où il devait se rendre, afin de faire simultanément la guerre sur plusieurs points, et de soumettre à ses armes les gens du Poitou, de la Touraine et de l'Anjou, hommes d'une foi toujours vacillante, changeant souvent de parti, et accoutumés à tromper tantôt un roi, tantôt un autre roi.

Tout aussitôt Guillaume surnommé des Roches, homme fort de corps et plus fort à la guerre, et Cadoc, marchant à la tête de sa bande de routiers impitoyables, s'élancent contre la ville d'Angers, et, s'en étant emparés avec vigueur, la soumettent, ainsi que tout son territoire, à la domination du roi. Ayant pris en considération les exploits et la fidélité de ce Guillaume, le roi, dans sa munificence, lui ordonna de gouverner cette ville et tout le pays environnant, à titre de vicomte. Et, quoique le roi lui eût donné tout ce comté, Guillaume, loin d'usurper et de porter le nom de comte, sembla au contraire vouloir réduire son titre, en prenant celui de sénéchal [1].

Or Henri [2], homme petit de corps, mais grand par ses forces, et qui n'était inférieur à nul autre en courage et à la guerre, dont c'était l'office de porter au combat la première lance, car il était honoré de l'éclatante fonction de maréchal, s'étant rendu à Tron avec le corps d'armée qu'il avait reçu du roi, s'empara de vive force de ce château, à la suite d'un long siége. Il réduisit la ville en cendres, et renversa les murailles et la citadelle. Partant de là en vainqueur, il se disposa dans son ardeur à marcher contre les Poitevins qui, étant entrés sur les terres du roi, dévastaient les bourgs et les champs, et ruinaient les gens de la campagne. Et, quoiqu'il y eût parmi ceux-ci Aimeri [3], Hugues, Guillaume, Savari [4], Portaclée [5], et d'autres chevaliers encore, tels que les produit le Poitou, hommes dont la renommée célèbre les noms dans le monde entier, Henri cependant ne redoutait nullement leurs forces, ni leur nombre, quoiqu'il fût lui-même en forces inférieures, et brûlait d'autant plus d'en venir aux mains avec eux, qu'il savait qu'ils comptaient dans leurs rangs des hommes grands et remplis de valeur.

[1] Par des lettres en date du mois de janvier 1207, le roi concéda à Guillaume la sénéchaussée d'Angers, sous condition, s'il voulait la reprendre en sa main, de rendre à Guillaume la sénéchaussée qu'il tenait auparavant. Voyez un *Registre du roi Philippe-Auguste,* déposé à la Bibliothèque du Roi, manuscrit n° 9852, A, fol. 94, verso.

[2] Henri Clément. — [3] De Lusignan. — [4] De Mauléon.
[5] Portaclée, appelé Jean de Porcelin par Thomas Rymer, et plus loin, par notre auteur, Porteclin de Mauzy.

Déjà les Poitevins revenaient, chargés de dépouilles et de toute sorte de butin, et se disposaient à traverser un gué tout fangeux, en un lieu tout couvert d'aunes qui rendaient le chemin encore plus difficile, comptant bien cependant rentrer tranquillement dans leur pays par des passages qu'ils croyaient sûrs. Mais Henri les attendait avec courage en ce même lieu, et les voulait provoquer au combat au milieu même de leur patrie. Ayant vu la plupart d'entre eux sortir de leurs eaux fangeuses et s'avancer dans la plaine, tandis que les autres étaient encore embarrassés dans les boues, Henri tressaille de joie : « Voici,
« s'écrie-t-il, ô mes compagnons, voici le moment et
« l'occasion favorables où votre valeur dans les com-
« bats doit se manifester et produire par des actions
« l'ardeur belliqueuse que chacun de vous porte en
« son cœur. Maintenant, je vous en prie, que votre
« courage et vos bras fassent voir par leurs actes l'a-
« mour que vous avez pour Philippe. Déjà je vois
« trembler ces hommes, je les vois préparer leurs dos;
« la victoire semble devancer pour vous l'heure du
« combat, et vient se présenter volontairement devant
« vos bras. Et, afin que vous n'ayez pas une moin-
« dre gloire en ne triomphant que d'un petit nombre
« d'hommes, la fortune a pris soin en cette occasion
« de vous accorder ses faveurs. Car voici, après qu'ils
« ont vu se déployer vos forces, ils ont réuni en un
« seul corps tous leurs escadrons, afin que tous en-
« semble puissent être vaincus plus facilement et en
« un seul combat, afin que tous aient à s'affliger de
« succomber sous vos coups. Voilà donc, ils arrivent
« déjà, fatigués et chargés de dépouilles. Ne vous

« laissez point troubler en les voyant lever ainsi
« leurs bannières et affecter de vouloir se défen-
« dre : ils espèrent par là vous détourner de les at-
« taquer, et vous enlever vos forces en vous inspi-
« rant une fausse terreur. Toutefois, si vos intentions
« leur étaient bien connues, s'ils pouvaient lire plei-
« nement dans le fond de vos cœurs, déjà vous les
« eussiez vus vous montrer leurs dos et chercher à
« s'enfuir de divers côtés, après avoir rompu leurs
« rangs. Que la lâcheté se retire, que l'audace se
« porte en avant; voici, tout ce qui, dans cette con-
« trée, peut avoir quelque valeur, vous pouvez vous
« en rendre maîtres en quelques instans. Triomphez
« de ces hommes déjà vaincus, serrez de près ceux
« qui tremblent, et votre victoire soumettra tous les
« Poitevins à Philippe, et tout le Poitou subira spon-
« tanément ses lois; un seul combat de quelques
« momens vaudra pour vous de nombreux triom-
« phes. »

Il dit, et volant comme l'éclair de la foudre, il s'é-
lance au milieu des Poitevins et renverse Porteclée
du premier coup, le forçant à se séparer de sa selle
et à marquer la terre du sceau de son corps. Les autres compagnons de Henri se jettent dans la mêlée avec
non moins de valeur, renversent les guerriers, et les
livrent à leurs écuyers pour être enchaînés, tandis
qu'eux-mêmes pressent vigoureusement tous les autres. Savary cependant, et ceux dont le courage est
le plus grand, voyant leurs compagnons honteusement chargés de chaînes, rappellent ceux qui se dispersent, ramènent les fuyards au combat, relèvent
ceux qui sont tombés, après les avoir soulevés de

terre les remettent sur leur chevaux, recommencent le combat et résistent avec la plus grande vigueur. Des deux côtés on se bat avec un égal courage ; les lances n'agissent plus, le glaive seul et le poignard meurtrier portent tour à tour des blessures dans tous les rangs, tant les combattans sont serrés les uns contre les autres, tellement chacun trouve tout près de lui un ennemi à frapper, ou par qui il puisse être frappé. Mais déjà le gros de la troupe des Poitevins, qui occupaient encore les aunaies, lorsqu'ils avaient vu leurs compagnons d'armes s'élancer contre les Français, n'ose plus se porter en avant ; et se rejetant en arrière, ils aiment mieux se sauver seuls par un mouvement de retraite, que porter secours à leurs amis, en bravant les chances incertaines d'un combat. Alors la plupart d'entre eux évacuant le champ de bataille, et ne pouvant résister aux bouillans Français, se reconnaissent vaincus. Tous s'enfuient ; Savary lui-même n'a plus honte de suivre ce chemin, et fuyant aussi, il laisse derrière lui beaucoup de ses compagnons. Nul ne s'inquiète plus du nombre d'amis qu'il abandonne, chacun ayant grand'peine à se sauver seul pour échapper à la mort. Le vainqueur ayant ainsi vaincu et chassé les Poitevins du champ de bataille [1], Henri envoya au roi cinquante-deux chevaliers et cent vassaux chargés de chaînes, enleva en outre aux ennemis toutes leurs dépouilles, et rapporta le butin qu'ils avaient pris ; puis, après avoir restitué à nos gens de la campagne tout ce qu'ils avaient perdu,

---

[1] Rigord rapporte à l'an 1208 cette victoire de Henri le maréchal, et à l'an 1207 l'expédition du roi dans le Poitou.

il distribua le reste aux corps victorieux et en prit aussi sa part.

Pendant ce temps, le roi avait aussi soumis à sa domination la ville de Poitiers et tout le territoire qui en dépend, Loudun, fertile en grains, Niort, riche en vins, Montreuil et la rebelle Parthenay. Puis ayant placé dans chacun de ces châteaux des hommes d'armes chargés de garantir en son nom la sûreté du pays, il ramena ses escadrons bardés de fer vers les citadelles de Chinon.

Cette ville a reçu son nom du nom du sénéchal Chaius, lequel l'ayant fondée le premier, voulut consacrer sa fondation et de fait et de nom. Le roi Pendragoridas avait donné à Chaius tout le territoire de la Neustrie et de l'Anjou, afin qu'il fût duc de l'une et comte de l'autre[1]. Remplie de richesses et entourée de fortes murailles, la ville de Chinon est en outre embellie par un site très-agréable, entre l'eau et la montagne. La citadelle, établie sur le sommet des rochers qui l'enveloppent de toutes parts, est bornée d'un côté par les eaux rougeâtres du fleuve de la Vienne, d'un autre côté par une vallée située au fond d'un horrible précipice : par un don de la nature, la pente de la montagne s'élève en droite ligne vers les cieux, en sorte que le château de Chinon se vante de n'être point inférieur à celui de Gaillard, tant à raison de sa position naturelle et de ses remparts élevés, que par le nombre de ses défenseurs et la fertilité de son sol. Là se trouvaient l'évêque de Beauvais, enchaîné dans une étroite prison, et Conan

---

[1] Traditions fabuleuses empruntées à Geoffroi de Monmouth.

le Bref, qui maintenant commande aux belliqueux Bretons que nourrit le territoire de Saint-Paul-de-Léon. Avant lui Guidomarche avait aussi tenu ce pays, et était uni par un traité d'amitié aux Français et au roi Philippe. Ce Guidomarche était tellement fort de corps, que d'un coup de poing il cassa la tête d'un cheval, et tua aussi d'un seul coup un monstre énorme qui se présenta devant lui, ayant brisé d'un coup de poing les os de sa tête dure. Le roi était d'autant plus empressé de parvenir à s'emparer de ce château, qu'il desirait délivrer ses deux amis de la prison où ils étaient retenus.

A neuf fois cinq stades de ce château était le noble château que l'on nomme Loche, envers lequel la terre n'est point avare de grains, ni la vigne de vin. L'Indre prête à cette place une grande beauté et de grands avantages : cette rivière arrose par des canaux ses jardins et ses prairies; elle est agréable à la vue, elle féconde le sol, et rend ainsi au pays qu'elle arrose toutes sortes de bons offices. Ce château pouvait se dire en tout point égal à celui de Chinon, et pareillement bien doté sous le rapport des armes en habitans, pour les dons de la nature par son site, pour les travaux de l'art par la main des hommes. Tout le pays était gouverné par ce farouche Girard, serf issu de père et de mère également serfs, et qui avait pris naissance dans le village assez obscur que l'on nomme Athie. Ce Girard avait dévasté tout le pays de Tours et d'Amboise, ainsi que tout le pays et tous les villages au milieu desquels il avait été nourri et élevé sous les plus sinistres auspices, étant le serf de Supplicius d'Amboise. Il n'y a pas en effet de pire ennemi qu'un ennemi domestique, surtout lorsqu'il foule des têtes libres sous ses pieds d'esclave.

Le roi assiégea à la fois Loche et Chinon[1] et les conquit, non sans peine, au bout d'une année et à la suite de longs combats, tant il était difficile de renverser de telles citadelles! Il fit prisonniers un grand nombre de chevaliers et beaucoup de vassaux qui avaient défendu les deux places avec une grande vigueur, et ayant pris le serf Girard, il le chargea de plus fortes chaînes et le retint fort long-temps dans la prison de Compiègne, lui infligeant un supplice proportionné à ses crimes.

Ici, si de plus grandes choses ne m'appelaient, je devrais rapporter en peu de mots l'arrivée du roi Jean, qui étant venu par mer avec des milliers d'hommes de la nation anglaise, voulut tenter d'enlever à Philippe le territoire du Poitou. Tout aussitôt les Poitevins inconstans lui rendirent leur amitié et s'unirent même à lui pour combattre. Mais Philippe étant survenu avec une extrême promptitude, à peine Jean eut-il le temps de retourner en fuyant vers sa flotte, et de sauver sa vie par une prompte retraite, laissant beaucoup d'hommes exposés à la mort, tandis que lui-même, ayant fait préparer ses vaisseaux, se rembarquait dans le port de la Rochelle et traversait la mer en fugitif, pour rentrer dans ce pays d'Angleterre, dont il était sorti depuis peu de temps. Bientôt notre roi fit rentrer toute cette contrée sous ses lois, et

---

[1] Rigord rapporte que Loche et Chinon furent assiégées par Philippe en 1205; par où l'on voit que le poëte breton n'observe point l'ordre chronologique dans ses récits, ce qu'on a pu remarquer déjà plusieurs fois.

attacha les Poitevins à des chaînes d'autant plus fortes, qu'il savait que leurs cœurs étaient plus disposés à l'inconstance. Mais quelles chaînes sont assez fortes pour enchaîner un Protée? Ni l'affection n'attache les Poitevins, ni les chaînes ne lient Protée.

Je devrais également en ce lieu, si j'en avais le temps, raconter sommairement la guerre par laquelle Gui, comte du pays d'Auvergne, perdit à la fois son fils et son petit-fils. Tandis qu'il osait dépouiller les saints couvens de leurs biens, sans songer même à ménager les vierges consacrées, tandis que dans sa cruauté il confisquait à son profit tous les ornemens d'un monastère, les livres et tous les biens qui faisaient vivre cette sainte communauté, sans vouloir même se radoucir et céder aux remontrances du roi, le roi envoya contre lui des chevaliers et beaucoup d'hommes de pied; et Gui, vaincu enfin dans cette guerre, eut à déplorer la perte d'un grand nombre de châteaux et de son comté. Ainsi le roi vengeait par ses puissantes armes les maux que souffraient les églises, et réprimait si bien, dans les rigueurs de sa colère, les brigands qui vexaient le clergé, que ceux qui n'obéissaient pas à ses avertissemens étaient contraints de se soumettre à ses vengeances, apprenant à se radoucir du moins pour un temps, et ayant ensuite moins de moyens de commettre de nouveaux péchés. Quoique le châtiment ne pût entièrement changer leur cœur, la perte de leurs biens leur était cependant un grand obstacle et les empêchait de réaliser leurs projets. En effet, on prévient beaucoup d'actions en enlevant aux hommes les ressources dont ils disposent; la faute qui n'est commise que d'intention a beaucoup moins de conséquences, et l'on doit un moindre châtiment à un moindre péché.

Que l'on ne pense pas cependant que le roi fît de telles choses pour son profit; il consacrait toutes ses œuvres au Seigneur et aux ministres du Seigneur. Il fit donc restituer aux monastères toutes les choses qu'ils avaient perdues : ensuite, dans son extrême générosité, et ne réservant rien pour lui, il donna tout le reste à Gui de Dampierre. Gui tint longtemps ce qu'il avait reçu en don; puis, lorsqu'il satisfit par la mort à la loi du destin, il laissa pour son héritier Archambaud, qui occupe maintenant, en vertu des droits de son père, toutes les terres que le misérable Gui d'Auvergne avait justement perdues, pour prix de ses fautes. Celui-ci, menant depuis lors, et selon le cours du temps, la vie d'un simple particulier, s'afflige maintenant de voir tout ce qui auparavant était à lui livré à des étrangers qui s'engraissent de ses biens, tandis que lui-même et ses successeurs sont travaillés de la faim, n'ayant d'autre consolation à sa misérable existence que de voir tomber par l'effet d'un crime semblable le comte Raimond, que l'on appelle encore comte de Saint-Gilles et de Toulouse, et qui a perdu aussi ses villes et ses châteaux. Autant il y a de jours dans l'année, autant ce comte, célèbre par son nom et par sa renommée, tenait, dit-on, de villes du roi des Français, dont il était sujet par féodalité, et à qui il était de plus uni au second degré par les liens de la chair [1]. Mais dès qu'il eut commencé à se montrer ennemi de l'Eglise,

---

[1] Comme fils de Constance, sœur du roi Louis VII.

méchant défenseur des ennemis de la foi catholique, fauteur des hérétiques, ne redoutant nullement de se déclarer contre le peuple fidèle et le clergé, le roi ne daigna plus le traiter en cousin et en fidèle, et entreprit de lui faire la guerre. Et afin qu'il lui fût mieux permis de le punir en toute assurance, quoiqu'il sût très-bien qu'il le pouvait parfaitement en vertu de son propre droit, le roi travailla à obtenir du souverain pontife de saints écrits[1], par lesquels des indulgences donnassent l'espoir du pardon à tous ceux qui feraient la guerre aux hérétiques, par l'influence desquels la Provence méprisait les lois du Christ et se souillait d'un poison mortel et empesté.

Dès lors, et comme ce comte farouche ne voulait ni obéir aux exhortations du pape, ni céder aux remontrances amicales du roi, ni livrer les réprouvés à un vengeur quelconque, ni les punir lui-même, selon que la justice le demandait; comme au contraire il les défendait, donnant de la force à cette secte perverse, et ne faisant qu'un avec elle tant qu'il ne l'interdisait pas, le roi et le pape l'abandonnèrent à tous les hommes, lui et tous ses biens, et tout le pays qui obéit à ses lois, afin que chacun pût légitimement employer à son profit particulier tout ce qu'il parviendrait à lui enlever par les armes, ou à force ouverte, et devenir le seigneur de tous les domaines dont il pourrait s'emparer. Le roi éprouvant le premier en son cœur rempli de piété les mouvemens d'un zèle ardent pour le ciel, et donnant l'exemple aux autres, envoya à la guerre pour le Christ

[1] Lettres du pape Innocent III, du mois de novembre 1207.

quinze mille hommes, qu'il leva à ses propres frais, et qu'il approvisionna d'armes et de munitions. Les autres grands seigneurs, les chevaliers, les comtes, les ducs, les prélats des églises, et même le noble peuple, enfin presque tous les hommes en état de porter un glaive, entraînés par l'espoir du pardon, prirent sur leurs poitrines le signe du Christ, afin de faire briller au dehors ce qui brûlait dans leurs cœurs, et se préparèrent à se mettre en marche pour ce pays.

Les champions de Dieu, s'avançant en troupes nombreuses, se rendirent d'abord en toute hâte devant la ville de Béziers, où s'étaient réfugiés un grand nombre d'hérétiques. C'était une ville très-forte, très-riche et très-peuplée, qui se reposait sur l'appui d'un grand nombre d'hommes d'armes et de chevaliers, mais qui de plus était infectée du poison albigeois. En peu de temps la valeur des catholiques brisa ses portes, et y étant entrés ils massacrèrent trente mille individus de l'un et de l'autre sexe, que la fureur immodérée du peuple et l'emportement des ribauds livrèrent à la mort (sans que les grands y eussent donné leur consentement), frappant pêle-mêle et le fidèle et celui qui ne croyait point, et ne s'arrêtant point à rechercher qui était digne de la mort, ou digne de conserver la vie [1].

Partis de ce lieu, les catholiques allèrent investir de leurs nombreux bataillons la ville de Carcassonne, dont ils s'emparèrent vigoureusement en peu de temps [2], la forçant à se rendre, sous la condition

[1] La ville de Béziers fut prise le 22 juillet 1209.
[2] Au mois d'août de la même année.

que, sans rien emporter hors de la ville, les combattans et les citoyens de tout âge et de tout sexe, se contentant de recevoir la vie, sortiraient l'un à la suite de l'autre, par une porte tellement étroite qu'à peine un homme y pouvait passer, laissant à la disposition des catholiques tous leurs biens, leurs champs, leurs armes, leurs troupeaux, leurs trésors, leurs vignobles, leurs pénates, enfin tout ce que pouvait enfermer cette célèbre ville. Cela fait, les guerriers catholiques remplirent de fidèles les deux villes et travaillèrent à y rétablir, selon la bonne règle, les sacremens et le service de Dieu, qui avaient été corrompus dans tout le pays par ces pernicieuses erreurs.

Ils repartirent ensuite, et chacun se réjouit d'aller revoir sa patrie, ne laissant derrière eux que le seul Simon, qui commandait dans le château de Montfort. Cet illustre comte, au cœur fidèle, au bras vigoureux, accomplissant les ordres du pape, et subissant volontairement le fardeau qui lui était imposé, afin de ne pas porter vainement un si grand nom, chassa de tout le pays les hérétiques que le sort l'empêcha de prendre ou de tuer. Il n'y avait ni château, ni ville, ni forteresse qui pût résister à ses attaques et qui ne succombât promptement devant lui. Quoiqu'il ne fût suivi à la guerre que d'une faible troupe, son immense valeur et sa foi suppléaient au nombre; et ainsi, avec l'assistance du Seigneur, la Provence presque toute entière fut ramenée par lui à la loi du Christ.

Le comte Raimond cependant se réfugia auprès du roi d'Arragon pour implorer son secours, et celui-ci rassembla des troupes autant qu'il en put lever dans tout son royaume. Il rallia aussi le comte de Foix, une troupe nombreuse de gens de Toulouse, des hommes de Marseille, d'autres hommes que lui envoyèrent les villes d'Avignon, d'Alby, de Nîmes, les Navarrins, et ceux qu'avaient nourris les comtes de Carcassonne et de Bigorre [1]. Ils se réunirent donc au nombre de deux cent mille hommes, animés d'un même esprit, tous desireux de vaincre Simon et les Français, et de leur donner la mort ou de les expulser de tout le pays. De plus ils étaient bien pourvus d'armes et ne manquaient pas de valeur, car leur courage s'était très-souvent exercé dans les combats, et leur férocité était accoutumée au carnage et consacrée au massacre. Ils allèrent donc attaquer Simon avec de si grandes forces que celui-ci aurait eu grand'peine à se défendre, lui et ses compagnons, car il n'avait que deux cent quarante chevaliers, soixante et dix [2] hommes d'armes à cheval et trois cents hommes de pied, avec lesquels, se retirant volontairement et cédant à la fortune, il alla s'enfermer et se mettre en sûreté dans la citadelle de Muret. Mais le Christ veille sur ses saints, de telle sorte qu'un homme de bien fuyant d'une ville se sauve en entrant dans une autre; et il est sage souvent d'éviter les violences des méchans, afin qu'ils ne puissent mener à effet ce qu'ils méditent dans leurs cœurs. Bien plus, très-souvent la fuite est ce qui convient le mieux aux

[1] Gaston de Béarn.
[2] Le manuscrit porte *septuaginta* : il y a lieu de croire qu'il faut lire *septingenta*, sept cents, pour que l'auteur soit d'accord avec lui-même, puisqu'il dit quelques pages plus loin, en parlant encore de l'armée de Simon, qu'elle comptait *mille ducentos*, à peine douze cents hommes.

saints, comme nous pouvons l'apprendre par l'exemple du Christ, qui passa en Egypte pour fuir la colère d'Hérode, de peur qu'une audace imprudente ne nous entraîne volontairement à la mort, lorsque notre prudence doit nous faire reconnaître que le retard de notre mort nous est plus utile que la mort même.

Cependant le roi d'Arragon et toute son armée plantent leurs bannières autour de Muret, et l'investissent de toutes parts, jurant qu'ils ne se retireront qu'après avoir pris Simon et tous les hommes catholiques qui marchent sous ses drapeaux. Avec Simon, des hommes de premier rang s'étaient enfermés dans le château de Muret, ainsi qu'un plus grand nombre d'hommes du second rang et une foule très-nombreuse de membres du clergé inférieur, auxquels la loi de l'Eglise défend de porter les armes. Ces hommes, répandant comme la pluie les paroles sacrées de la doctrine céleste, prêtent leurs conseils à ceux qui font la guerre, et triomphent des ennemis par un combat spirituel, à l'exemple de Moïse, qui priait pour les Hébreux lorsqu'ils se battaient; en sorte que quand il élevait les mains au ciel, l'Hébreu remportait la victoire; mais lorsque, abaissant ses bras, Moïse demeurait en silence, Amalech, devenu vainqueur, triomphait de l'Hébreu naguère victorieux. Et afin qu'ils n'eussent pas plus d'avantages que de charges, et que leur présence dans le camp ne fût pas onéreuse aux autres, ces hommes du clergé s'employaient avec une activité infatigable à tous les travaux nécessaires pour la garde assidue d'un château, et ils travaillaient de leurs mains plus que tout le peuple, évitant seulement les travaux qui pouvaient donner la mort.

Tous ces hommes, d'un commun accord, frappèrent d'anathème le roi d'Arragon, et ceux qui en l'assistant dans cette guerre s'efforçaient de pervertir la loi du Christ, et voulaient secourir les corrupteurs de la loi; cet anathème avait lieu afin que, frappés d'abord par le glaive du Seigneur, ils pussent être plus promptement frappés et mis à mort par nos chevaliers. Simon lui-même, lorsqu'il se vit ainsi enveloppé par tant de milliers d'hommes, n'ayant pas auprès de lui assez d'individus pour en opposer un seulement à chaque centaine d'ennemis, ouvrit une conférence, et adressa ces paroles aux Français:

« Magnanimes seigneurs, issus de la race troyenne,
« illustre peuple des Francs, et héritiers de Charles
« le puissant, de Rolland et du vaillant Oger, qui
« avez quitté, pour défendre la loi du Christ, le sol
« si doux de la patrie, tant de châteaux, tant de
« champs, tant de lieux tout remplis de délices et de
« richesses, tant d'amis, tant de gages précieux de
« vos mariages, ayez toujours le Christ devant les
« yeux de votre esprit, et confiez-vous à celui-là seul
« pour l'amour et la foi duquel nous avons livré
« tant de combats, vaincu tant de fois les ennemis,
« qui seul a le pouvoir de nous donner le salut, qui
« seul nous a soustraits à mille dangers, et seul
« nous sauvera maintenant du péril de ce moment.
« L'homme en effet doit se confier à Dieu seul dans
« la pureté de son cœur, lorsqu'il ne découvre point
« par lui-même comment il doit se conduire, et
« que les conseils que donne la nature ou l'expé-
« rience sont dépourvus de toute efficacité. Une foule
« innombrable nous assiége et brûle en son cœur

« cruel de nous frapper de mort. Après avoir ren-
« versé ces remparts, elle fera irruption dans le châ-
« teau; en peu de temps, elle nous prendra, nous
« livrera à la mort, et dispersera nos cadavres pour
« être dévorés par les bêtes des forêts et les oiseaux
« de proie, nous forçant à nous contenter de ces hon-
« neurs funèbres, et voulant que nos membres soient
« ensevelis dans ces brillans sépulcres. Alors aussi la
« Provence entière rentrera dans l'erreur, et la foi
« des saints et les sacremens périront. Pensez-vous
« qu'il soit plus convenable et plus honorable pour
« nous d'être pris ainsi, de voir la ruine de la foi et
« de la loi sainte, que de mourir en combattant?
« Du moins une telle mort ne nous laissera pas
« tous sans vengeance, et nous diminuerons le nom-
« bre de ceux qui déjà ont mérité d'être frappés du
« glaive du Seigneur, ce qui doit les faire succom-
« ber bien plus promptement sous les coups de nos
« glaives.

« Maintenant donc, je vous le demande, souvenez-
« vous de ces saints hommes, de Simon, de Jonathas
« et de Judas Mathatias, de leur père très-saint, de
« leurs frères, qui les avaient devancés, à qui les sain-
« tes pages ont donné le nom de Macchabées, dont les
« louanges sont chantées, et les fêtes célébrées en
« tous lieux, qui chassèrent tant et de si redoutables
« tyrans, et expulsèrent de toute la contrée tous les
« idolâtres, brisant les idoles, reconstruisant les lieux
« saints, dans lesquels le culte de Dieu était aupara-
« vant célébré, et sanctifiant tout ce qu'Antiochus
« avait souillé. Toi, Guillaume, que le noble seigneur
« des Barres m'a donné pour frère, lorsque ma mère

« s'est unie à lui en mariage [1], pour que tu devinsses
« ainsi mon frère utérin, maintenant, je t'en supplie,
« que ton cœur et ta main te montrent digne d'une
« telle origine et noble émule de ton père. Et toi,
« comte Gui [2], que le pays de Sidon et la terre des
« Philistins se réjouissent d'avoir pour prince, qui es
« véritablement mon frère et de père et de mère, que
« le courage de l'un et l'autre de tes parens s'imprime
« dans ton cœur, afin que tu paraisses égal en valeur
« à tes aïeux. Toi aussi, je t'adresse les mêmes aver-
« tissemens, Alain [3], seigneur de Roucy, toi qui as
« remporté tant de triomphes sous notre roi, lequel
« t'a envoyé à cette guerre avec tous les autres. Et
« vous autres, seigneurs, veuillez tous ensemble
« vous souvenir et de vos pères, et de votre patrie,
« de qui vous tenez votre origine, afin que ni vos
« pères, ni votre douce patrie, n'aient à s'affliger
« d'avoir donné le jour à des enfans qui ne leur res-
« semblent point, à des nourrissons dégénérés, de
« quoi puissions-nous être préservés! Sur toutes cho-
« ses, travaillez pour l'honneur du roi suprême, dont
« vous irez demain combattre les ennemis. Que lui-
« même daigne être le guide et le prince de ceux qui
« combattent pour lui, et qu'ainsi il soit fait selon la
« volonté divine! »

[1] Amicie, comtesse de Leicester, fille de Robert III, comte de Leicester, avait épousé en premières noces Simon de Montfort, comte
d'Evreux, et se maria ensuite à Guillaume des Barres, illustre chevalier, dont il a été souvent question dans ce poëme.

[2] Gui de Montfort, à qui son frère Simon, alors comte de Toulouse,
avait donné le comté de Castres.

[3] Alain de Roucy, vaillant chevalier dont parle Pierre de Vaulx-Cer-
nay, dans son *Histoire des Albigeois*, chap. 58.

Il dit, et toute l'assemblée témoigne son assentiment d'une voix unanime, et nul ne lui refuse son approbation. Après avoir donné la nuit au sommeil, au point du jour Simon consacre au Seigneur les prémices de ses œuvres : il se rend à l'église de grand matin, afin d'assister, à l'heure solennelle, à l'office par lequel la Passion, figurée mystiquement sous la forme des choses de ce monde, reproduit indubitablement le miracle de notre salut. Bientôt après il passe en revue toute son armée, et d'un seul corps il en forme trois. Aussitôt les portes sont ouvertes, et, tous revêtus de leurs armes, les croisés sortent d'une marche rapide, et se dirigent vers les bataillons ennemis, semblables au lion qui se bat les flancs avec sa queue pour animer sa fureur, lorsqu'il s'élance, portant le trouble, au milieu d'un troupeau de vaches qu'il voit au loin dans les vallons herbageux de l'Ida, et qui oublient leurs pâturages aussitôt qu'elles l'ont reconnu.

Avec non moins de légèreté et tout autant d'impétuosité, les champions du Seigneur, marchant le glaive nu, s'élancent contre les ennemis qu'ils voient devant eux. A cette vue, les Aragonais se réjouissent, pensant qu'ils sont saisis d'un véritable transport de folie, et reçoivent d'autant plus volontiers ceux qui leur semblent se précipiter volontairement à la mort. Ils frappent donc avec courage, de même qu'ils sont frappés : dès les premiers coups ils résistent avec une égale valeur, et, resserrant de tous côtés leurs bataillons, ils forment un cercle, afin de ne laisser échapper par la fuite aucun de ceux qu'ils espèrent pouvoir détruire en un instant, pensant qu'il faudra bien peu de temps à une armée de cent mille hommes pour envelopper un corps de douze cents hommes tout au plus. Déjà ce corps est caché, déjà l'on ne peut plus apercevoir cette poignée de Français, perdus au milieu des nombreux escadrons qui les environnent. Le combat devient plus rude, les coups sont redoublés, les lances n'agissent plus, les glaives nus pénètrent dans les entrailles. Mais déjà le courage n'est plus égal au courage, les coups sont inférieurs aux coups, les poings aux poings, les forces aux forces. Tout ennemi que frappe le Français tombe aussitôt, et rend dans l'air le dernier souffle de sa vie. Si quelqu'un tombe de cheval encore vivant, soudain les hommes de pied le déchirent, et lui arrachent les entrailles, tandis que les chevaliers s'empressent d'en renverser d'autres, afin que les hommes de pied puissent de leurs mains couper la gorge à ceux qui seront tombés, ou bien encore ils les tuent sur leurs chevaux mêmes, en les couvrant de blessures.

Le roi d'Aragon cependant est furieux de voir ainsi massacrer sous ses yeux mêmes ses chers amis, sans pouvoir leur porter secours. Il s'afflige et veut essayer ses forces contre Simon, dédaignant de se mesurer avec d'autres, et jugeant tous les guerriers moindres que celui-ci indignes des coups de son bras royal. Simon, plus prudent et plus habile au combat, se porte à sa rencontre, et faisant un mouvement de côté, évite la lance du roi, qui s'avançait sur lui pour lui transpercer les côtes. Alors il saisit promptement la lance du roi et l'enlève à son bras, en même temps que la bannière royale suspendue à l'extrémité de la lance, et maintenant cette bannière flotte sur la citadelle de Rome avec le drapeau, pour rappeler au peuple un si grand triomphe. Le roi, tirant alors son épée, en frappe le comte; mais le comte se relevant plus fort, et faisant sauter le cimier qui flotte au-dessus du casque du roi, le soulève avec vigueur de dessus son cheval, le rabat sur le cou de cet animal, et le serrant fortement dans ses bras vigoureux, cherche à emporter le roi, voulant lui conserver la vie, car il ne pense point qu'il soit permis de donner la mort à un tel homme, et il desire que tout le peuple puisse le célébrer comme compatissant envers un ennemi et bon envers un méchant. Le roi cependant fait effort pour échapper au comte; il parvient, non sans beaucoup de peine, à se soustraire à ses rudes embrassemens, et tandis qu'il veut se redresser sur l'herbe verdoyante, il tombe de tout le poids de son corps et est renversé sur le sable jaunâtre. Alors les Aragonais enveloppent le comte de tous côtés, cherchant à le dompter bien plus qu'à relever leur roi; mais le comte demeure ferme comme une tour, et agitant son épée en tout sens, il disperse ceux qui le pressent, engraisse la plaine de leur sang et accumule les cadavres autour de lui.

Il y avait auprès du comte un écuyer, nommé Pierre, qui n'eût point été indigne d'être fait chevalier, à raison de sa naissance et de sa valeur dans les combats. Cet homme ayant eu son cheval tué marchait à pied, et déjà il avait donné la mort à deux cents hommes peut-être. Ayant écarté la cuirasse du roi, déjà l'écuyer approchait le fer de sa gorge, lorsque le roi s'écria : « Je suis le roi, éloigne-toi, retiens « ton bras, garde-toi de tuer le roi, mais plutôt sauve-

« lui la vie, et pour prix de cette vie il te donnera de
« nombreux milliers de marcs. » Pierre lui répondit :
« Tout-à-l'heure, n'étant pas loin d'ici, je t'ai vu
« cherchant avec ton glaive à percer le cœur de Si-
« mon : tu m'aurais également tué et tous les Fran-
« çais à la fois, si la fortune t'eût regardé d'un œil
« favorable. Tu mérites donc de succomber sous ma
« main, toi qui voulais donner la mort à moi, au
« comte, à tous les Français. En toi l'homme seul
« mourra, mais ta mort fera le salut de nous tous et
« de tous les nôtres. Tu es roi, et je desire être connu
« pour l'homicide d'un roi ; que ma droite donc brise
« maintenant cette gorge royale, ma droite qui déjà
« a mutilé les membres de deux cents hommes de
« ton peuple. Combien dirais-tu qu'il en est tombé
« sous les coups de mes compagnons, puisque le
« Seigneur, dont tu t'es fait imprudemment l'ennemi,
« m'a donné à moi seul le pouvoir d'en tuer autant?
« Maintenant donc il est convenable que tu accom-
« pagnes les tiens vers les ombres, afin qu'ils n'aient
« point peur de se présenter sans leur roi devant
« Pluton, et si le hasard fait que tu puisses triom-
« pher de celui-ci par la force, tu seras seul roi en ce
« lieu. Si tu veux toutefois que le destin plus favora-
« ble t'accorde la victoire, il faut nécessairement que
« tu combattes pour une meilleure cause. Va donc et
« n'oublie pas le présent qu'exige Caron ; car il ne
« laissera point passer le Styx à toi ni aux tiens,
« si ton ombre ne lui paie d'abord le passage et ne
« lui présente de sa bouche la pièce de monnaie,
« attendu que tous sont devant lui de la même con-
« dition; le serf ne diffère point du seigneur, ni le

« roi du chevalier; ni les forces ne servent à l'homme
« fort, ni les richesses au riche, ni la pourpre au roi :
« le pauvre et le riche boivent à la même coupe, et
« la même boisson est donnée à tous. »

En disant ces mots, il avait déjà plongé son fer
pour le teindre dans le sang du roi, et frappé deux
fois pour mieux assurer ses coups. Aussitôt les Aragonais, ayant perdu leur roi, se dispersent à travers les
champs et les vallons. Déjà les comtes de Foix et de
Toulouse ont aussi montré le dos aux Français; quiconque peut se soustraire à la mort travaille de ses
pieds à sauver sa vie en fuyant, aimant mieux devoir
son salut à sa légèreté qu'à son glaive.

Cependant l'armée de Toulouse était encore debout
sur la rive du fleuve, enfermée sous quarante mille
tentes élevées, observant sur le côté gauche les avenues du château, afin que personne ne se rendît auprès des assiégés ou ne sortît de chez eux, pour leur
porter ou aller chercher quelque secours. Bernard,
leur évêque[1], qui était alors enfermé avec les autres
dans la tour de Muret, ayant vu les Toulousains attendre ainsi sous leurs tentes, comme pour recommencer la bataille, leur commanda qu'ils eussent à se
convertir à la bonne et véritable foi, à se donner de
cœur à leur comte fidèle[2], et à mettre un terme à
la guerre. Mais eux n'eurent pas de honte de frapper
de la verge des Teutons le serviteur qui était allé
leur porter ces paroles de piété, et celui-ci, après
avoir reçu des coups et toutes sortes d'insultes, eut
grand'peine à s'en retourner, en conservant encore

---

[1] L'évêque de Toulouse était Foulques, et non Bernard.
[2] Simon de Montfort.

quelques-unes de ses dents. Les Toulousains ne craignirent pas non plus de déchirer en mille pièces l'étole que leur saint évêque leur avait envoyée en signe de paix. A peine le comte, qui était revenu couvert de gloire de la bataille livrée pour le Seigneur, eut-il acquis la certitude de ce dernier événement, quoi qu'il fût déjà très-fatigué du carnage des Aragonais, et que ses guerriers harassés demandassent à se reposer après le combat bien plus qu'à aller se battre de nouveau, le comte cependant sortit des portes, et, animée d'un courage aussi ardent que si elle n'eût point combattu de toute la journée, sa troupe invincible sortit avec lui pour se porter vers le camp des ennemis.

L'armée toulousaine n'osa sortir pour marcher à la rencontre des Français remplis de fureur ; mais se confiant en son nombre et pensant qu'il lui serait facile de résister dans son camp à cette faible troupe, elle barricada toutes les avenues, et voulut tenter de se défendre. Mais au bout de peu de temps, privée de la protection du Seigneur, elle tourna le dos, et, ne pouvant soutenir un choc si violent, se laissa massacrer et céda honteusement à ses ennemis. Comme un loup, qui ayant brisé les barrières et étant entré de nuit dans une bergerie, ne cherche point à assouvir sa soif ou à avaler d'une dent avide la chair de ses victimes, se bornant à saisir à la gorge les moutons chargés de laine, ajoutant des morts à des morts, léchant le sang avec délices de sa langue toujours sèche, et rassasiant son estomac de cette chaude boisson ; de même la troupe consacrée au Seigneur s'élance au milieu de ses ennemis, massacrant de tous côtés, et de son glaive vengeur elle satisfait à la colère du Seigneur, qu'avait doublement excitée contre lui-même ce peuple déserteur de la foi, et qui s'était fait compagnon des hérétiques. Nul ne s'occupe à les dépouiller ou à faire des prisonniers; seulement ils rougissent leurs glaives à force de frapper, et enlèvent la vie aux vaincus en répandant tout leur sang. En ce jour la valeur des Français brilla d'un si grand éclat que cette seule journée envoya dans les marais du Styx trois fois cinq mille hommes et deux mille hommes de plus, et le bras du Seigneur les couvrit tellement de sa protection, que, sur toute l'armée des Français, il ne périt que huit pèlerins, que les ennemis avaient rencontrés sans armes. Le Christ accorda les joies de la vie éternelle aux ames de ces pèlerins, ainsi dégagées des chaînes de la matière, puisque leur sang avait été répandu pour son nom.

Vers le même temps, les Français remportèrent de nouveau un triomphe non moins grand, lorsqu'ils combattirent de leurs armes victorieuses contre les gens de Saintes, de Bordeaux, de Blaye, contre les Poitevins et les Anglais, et d'autres innombrables ennemis que Jean avait envoyés de divers lieux pour attaquer les catholiques. Ils furent vaincus par la valeur de Simon et par le noble corps de la race française, faible en nombre, mais immense par sa force, et qui mérita d'être célébré dans le monde entier, en faisant succomber des milliers d'hommes sous son fer, fécond en triomphes. A la suite de cette bataille, un petit nombre d'ennemis, fuyant avec Savary, que le roi des Anglais leur avait donné pour chef dans sa témérité, eurent grand'peine à sauver leur vie au prix d'une fuite honteuse. Lorsqu'il apprit ces nouvelles, Jean, le cœur rempli de fureur, et irrité de ne pouvoir triompher ni par ses fraudes, ni par la guerre, dirigea contre le Christ et contre ses serviteurs ses armes, inutiles dans ses mains lorsqu'il les employait contre les Français, et reprocha à tous les siens leur lâcheté, qui ne pouvait opposer de résistance aux Français ; et, comme si Dieu le frappait injustement de tous ces maux, il s'appliqua, en son ame féroce, à combattre uniquement contre le Seigneur et contre ses serviteurs.

Alors, se vengeant sur les membres du Christ d'avoir été tant de fois vaincu et mis en fuite par Philippe sur terre et sur mer, et de n'avoir vu tourner à son honneur aucune de ses entreprises, Jean dépouille les églises, enlève les biens du clergé, bannit des terres de leurs aïeux tous les habitans de la campagne et les citoyens, et, tout couvert de crimes, le misérable se précipite encore dans des crimes nouveaux. Il se livre à tous les desirs de la bouche, et souille son corps des taches de la débauche. L'avidité s'empare de toutes les avenues de son cœur, et il entasse des trésors, sans pouvoir apaiser la soif qui le dévore ; plus il brûle de satisfaire ce besoin à force d'accumuler, et plus son cœur est consumé de l'ardent desir d'amasser et le porte à inventer, dans sa méchanceté, toutes sortes d'artifices pour enlever l'or et l'argent à tous ceux qui lui sont soumis. Ceux qu'il ne peut dépouiller, ou il les fait périr par le glaive, ou il les charge de fers pesans, pour les faire mourir d'une mort lente, et la faim, qui amène le désespoir, les détruit dans leur prison même. En outre, il expulse tous les prélats de leurs siéges sacrés, et les bannit de toute la contrée d'Angleterre, afin de pouvoir, après avoir enlevé leurs patrons au peuple et au clergé, dépouiller ceux-ci de leurs biens avec plus de facilité. Il ne ménage pas davantage les moines et ceux de l'ordre de Cîteaux, qui portent le vêtement blanc, et ceux de Cluny, qui portent l'habit noir, afin que l'on découvre manifestement le sens des paroles problématiques du poète Merlin, qui a dit, à ce qu'on rapporte : « Il régnera sur les Anglais, « celui qui dépouillera de leur argent et les orties et « les lis ; » désignant par ces paroles les moines blancs et les moines noirs. Jean interdit aussi la musique des instrumens d'église : en tous lieux la voix du clergé demeure en silence et s'abstient de chanter les louanges de Dieu; l'Eglise n'administre plus les sacremens, ne célèbre plus aucun office, et pendant sept années l'Angleterre toute entière se souille du culte du paganisme. Durant ce même temps la France nourrissait les saints pères expulsés de leurs propres siéges : touché d'une magnanime pitié, le magnanime Philippe leur donnait asile en toute sûreté; et, afin qu'ils supportassent plus patiemment le fardeau de l'exil, il les entretenait, dans sa compassion, des trésors de l'Eglise et du fisc.

Vers le temps de la même Pentecôte [1], le neveu du roi Jean, Othon de Saxe, que le sort avait élevé, sous de funestes auspices, aux suprêmes honneurs, afin que l'empire eût à s'affliger d'être souillé par un nouveau Néron, dévastait le territoire de la ville de Rome, les propriétés du bienheureux Pierre, le patri-

[1] En 1210.

moine direct du serviteur des serviteurs du Christ, et cependant il savait bien que ce qu'il enlevait ainsi pour lui de vive force et à main armée était bien réellement la propriété du siége apostolique. Ceux qui se rendaient à Rome, et ceux qui, pour accomplir leurs vœux, s'en allaient porter secours à la Terre-Sainte, et que la croix qu'ils avaient prise eût dû protéger et tenir à l'abri de tout ennemi, dans la malice de son cœur, il les soumettait à toutes sortes de supplices, dépouillant les uns, tuant les autres; à ceux-ci, faisant couper quelque membre, en enfermant d'autres dans une obscure prison, afin de pouvoir leur extorquer de plus grosses sommes d'argent. Celui qui croyait pouvoir marcher tranquillement, à raison de sa pauvreté, était accablé de coups, et recevait l'ordre de retourner dans sa patrie, sans pouvoir arriver jusqu'au siége apostolique. Othon bloquait les avenues des villes, les voies publiques n'étaient plus ouvertes à personne, nul sentier ne présentait d'issue où l'on pût trouver sûreté. Le brigand armé investissait les vallées et les passages les plus escarpés, afin que nul voyageur ne pût aller de côté ou d'autre; les ponts étaient hérissés de glaives et de vagabonds, qui dépouillaient de vive force tous ceux qui se présentaient. On n'avait donc plus aucun moyen d'aller visiter Rome, ou le sépulcre du Seigneur. La renommée instruisait la plupart des voyageurs à retourner en arrière, au milieu de leur marche, et à rentrer dans leur patrie sans avoir accompli leurs vœux, afin qu'ils n'allassent pas témérairement se jeter dans des périls trop certains, puisqu'aussi bien ils ne pouvaient s'acquitter de leurs vœux sans en recevoir de dommage. Car nul ne doit se précipiter vers sa ruine pour l'accomplissement d'un vœu, lorsqu'il peut attendre un meilleur temps pour s'en dégager.

Mais, afin que je ne succombe pas aux soins d'un travail trop assidu, il convient que j'interrompe mon ouvrage, et que je prenne du moins quelques momens de repos, pour respirer plus librement.

CHANT NEUVIÈME.

ARGUMENT.

Dans le neuvième chant Philippe se dispose à exterminer les schismatiques ; mais le comte de Boulogne excite des troubles dans le royaume, et, transfuge, va jurer fidélité à Jean et à Othon, ayant pour complice Ferrand*. — Les Français tiennent une assemblée à Soissons avec le roi, et se déclarent d'un commun accord ennemis des schismatiques ; puis, comme ils étaient déjà tout prêts à passer en Angleterre, Jean soumet sa personne et son sceptre aux descendans d'Énée**. — La ville de Dam fait beaucoup de mal à la flotte, et cette ville et le pays environnant sont livrés aux flammes. — Toute la Flandre, dévastée par le fer des Français, expie la trahison de Ferrand ; mais la perfide ville de Lille succombe plus misérablement que toutes les autres. — Les gens de la Flandre tiennent dans Tournai pendant sept jours.

Tandis que le roi Jean sévit ainsi contre les membres du Christ, et qu'animé d'une semblable fureur, le cruel Othon tourmente l'Eglise, celui-là vexant horriblement les Anglais, celui-ci persécutant ceux qui se rendent à Rome, le roi Philippe en apprenant ces nouvelles, touché de la pitié naturelle à son cœur, prend compassion des maux de l'Eglise, de la ruine du peuple et du clergé, et s'afflige de voir dé-

* Comte de Flandre.
** L'Eglise romaine.

CHANT NEUVIÈME. 253

périr ainsi le culte du Christ. Il apprend ces nouvelles, et promet qu'il sera le fidèle vengeur du Seigneur et de l'Eglise. S'étant engagé par ses vœux, il fait de grands préparatifs d'armes contre les schismatiques, et bientôt une insulte qui lui est personnelle vient le lier plus fortement à la cause commune.

Déjà le comte de Boulogne [1] s'était soustrait à son obéissance et avait pris parti pour Othon le réprouvé et pour les Anglais, ne craignant point de se couvrir d'ignominie une troisième fois, afin qu'une troisième trahison le rendît encore plus infâme aux yeux de tous, et que ce triple fait de perfidie attirât sur lui de plus sévères châtimens, et lui fît mériter la peine d'une prison éternelle.

Ainsi, ne sachant pas qu'il prépare lui-même ses malheurs, ne prévoyant point en son cœur quels désastres le malheureux appelle sur lui et sur les siens par sa conduite présente, il se rend auprès d'Othon. Le méchant Othon, rempli de joie, l'accueille avec les plus grands honneurs, se lie avec lui par un traité, et afin qu'aucune incertitude n'empoisonne leurs pensées, ce traité d'une injuste alliance est confirmé par le serment de se confier l'un à l'autre, chacun comme à soi-même; l'un et l'autre jurent donc de se prêter mutuellement secours contre les Français, de marcher dans un même esprit contre les serviteurs de Dieu; ils jurent de les expulser du royaume de France, si toutefois la fortune se montre favorable à leurs vœux.

De là passant chez les peuples à la blonde chevelure, et traversant le pays fertile que l'Escaut et la

[1] Renaud.

Lys fécondent de leurs eaux, le comte de Boulogne arrive sur le rivage de la Flandre, et y ayant trouvé un vaisseau, se rend vers le roi des Anglais et lui adresse ce discours :

« Jean, si tu voulais par hasard me rendre le digne
« prix de ma conduite passée, et me traiter en cou-
« pable, selon toute la rigueur de la justice, et en re-
« nonçant à toute pitié, ce discours, quoique bref,
« n'arriverait pas à sa fin sans que tes ordres m'eus-
« sent fait frapper du glaive, sans que tu eusses com-
« mandé de séparer au plus tôt ma tête de mon corps.
« Je sais en effet que j'ai perdu ta bienveillance à
« juste titre, car ni les Français, ni leur roi, ni les
« guerres des Français, ne t'eussent rien enlevé, si
« mon bouclier n'eût été l'un des premiers parmi
« eux. Aussi ne serais-je point étonné si tu me haïs-
« sais, et si ta colère te portait à me faire très-promp-
« tement sortir du milieu de ce monde. Mais comme
« ma mort ne peut te rapporter aucun profit, et qu'au
« contraire ma vie te peut être infiniment utile,
« permets plutôt que je vive, et, si tu es sage, or-
« donne que le glaive s'éloigne de dessus ma tête. Si
« le roi, en effet, s'est déclaré ouvertement mon en-
« nemi, s'il a condamné ma tête à l'exil, s'il m'a dé-
« pouillé sans fondement de tous mes honneurs et de
« mes terres, cela n'a pu être fait par une disposition
« irrévocable du destin, et réglé d'avance par la juste
« volonté du Père éternel, qu'afin de me donner une
« occasion légitime de me soustraire aux Français, en
« apportant à ta fortune des consolations inattendues;
« or je te le promets, et j'en atteste les divinités du
« ciel, ou Philippe te rendra sans guerre tous tes

« domaines, ou ce bras te livrera la tête de Philippe.
« Et même ce ne sera pas difficile, puisque nous
« avons pour nous la Flandre, le comte Ferrand, le
« peuple de Louvain et le Saxon, les Poitevins, race
« invincible dans les combats, les fureurs des Teu-
« tons, ton neveu Othon, célèbre par les armes, qui
« seul préside au monde, ayant conquis l'empire ro-
« main avec puissance et par ses succès à la guerre,
« lui qui a gouverné si bien le comté de Poitou, et
« qui tient le duché de Saxe en vertu des droits de
« ses pères. Quant à toi, bon roi, demeure en paix, te
« bornant à nous fournir des chevaliers et de l'argent,
« dont tu as en grande abondance. Moi cependant,
« et Guillaume de Salisbury, que la nature bienveil-
« lante t'a donné autrefois pour frère, afin que tu ne
« fusses pas entièrement privé de frère après la mort
« de Richard, nous prendrons soin de tout le reste
« avec une extrême sollicitude; et afin qu'aucune in-
« certitude ne demeure cachée sous nos paroles, que
« mon frère Simon me serve de garant en qualité
« d'otage, et avec lui sa femme, fille du comte de
« Ponthieu[1] et nièce du roi des Français, et avec
« eux encore ma femme, qui, étant fille de Matthieu,
« fils du roi Etienne, est unie avec toi au quatrième
« degré par le sang de son aïeul[2]. Que par là toute
« fraude soit écartée, et que notre alliance soit so-
« lide. »

[1] Marie, fille de Guillaume III, comte de Ponthieu et d'Alix, et sœur de Philippe-Auguste, mariée à Simon de Dammartin, frère de Renaud.

[2] Ida, fille de Matthieu d'Alsace, comte de Boulogne, et de Marie fille d'Etienne, roi d'Angleterre, par laquelle Renaud avait obtenu le comté de Boulogne.

Jean agréa ces paroles et y ajouta quelques mots :
« En outre, moi et mes Poitevins, nous porterons
« subitement la terreur de nos armes dans les cam-
« pagnes de Nantes et dans tout l'Anjou, tandis que
« vous et le comte Ferrand vous fournirez des armes
« aux gens du Vermandois. Othon, mon neveu, atta-
« quera la ville de Rheims et ces pays riches en ar-
« mes qu'arrosent de leurs eaux l'Aube et la Marne,
« qui promène sa marche vagabonde au milieu de
« vastes plaines. Le comte Hervey [1] aussi est lié en-
« vers nous par les lois du serment, mais d'une ma-
« nière secrète [2], jusqu'à ce qu'il se présente un
« moment et une occasion favorables pour qu'il
« puisse, avec le reste de ses compagnons, se jeter
« sur le Gatinais et le pays de Sens. Ainsi il sera
« de tous côtés enveloppé de troupes ennemies,
« de telle sorte qu'il ne puisse s'échapper de nos
« mains, cet impie qui t'a dépouillé de tes honneurs,
« qui m'a ravi les droits antiques de mes pères, et
« qui a soulevé contre toi ses Robert [3], afin que ceux-
« ci fussent censés t'avoir expulsé plutôt que lui-
« même. »

Il dit, et ouvrant ses bras, il presse le comte sur son sein, et le comte s'unit fortement au roi par ses em-brassemens. Tous deux confirment réciproquement leur alliance par des baisers; ils se jurent l'un à l'au-tre de se demeurer fidèles et d'expulser du royaume

---

[1] Hervey de Donzi, comte de Nevers.
[2] Il y a dans le manuscrit *et non occulte*, et non secrètement. — L'éditeur a cru devoir rétablir *tamen occulte*, et cependant en secret, attendu la phrase suivante.
[3] Robert II, comte de Dreux, et ses fils.

de France les serviteurs de Dieu, après avoir vaincu les Français et donné la mort au roi Philippe. Mais la puissance divine changea en mieux tous ces projets, et permit que les sacriléges fussent enlacés dans leurs propres filets, afin que la fraude ait toujours à s'affliger d'être à bon droit retournée contre elle-même.

Combien il eût été plus sage et plus convenable pour toi, ô Renaud, que tu fusses parti pour le service de la croix et pour t'acquitter envers le Christ des vœux que tu lui avais depuis long-temps offerts en prenant la croix, et que tu te fusses montré fidèle, de parole comme de fait, à ce roi à qui tu avais prêté serment, qui t'avait conféré à toi et aux tiens tant de présens, tant de terres, tant de richesses, tant d'honneurs, de qui tu tenais en don cinq comtés, et qui avait bien voulu permettre que tu devinsses le beau-père de son fils, au lieu de marcher ainsi contre ton seigneur, de troubler par ces nouvelles agitations la paix du royaume, et de te susciter ainsi dans le monde entier des sujets de deuil et des motifs de douleur! Si le roi t'a enlevé Mortain et Andelot[1], parce que tu as refusé de te soumettre au jugement que sa cour a sanctionné, tu devrais cependant ne pas exciter si promptement la guerre contre ton seigneur, mais plutôt le supplier d'un regard timide, afin qu'il t'accorde ton pardon et te rétablisse dans tes droits. Si tu reviens humble et suppliant, et renonçant à ton orgueil, si ta fierté naturelle te permet de demander la paix, il te restituera sur-le-champ tous tes biens, il te fera même de plus beaux dons; avec la douce paix

[1] Non pas *Andelot*, mais la forêt d'Andenne, près de Domfront.

il te rendra sa bienveillance accoutumée, et il serait digne de toi de te confier en sa bonté; car tu sais combien de fois déjà il t'a remis sa colère, combien plus de fois encore tes offenses l'ont blessé, et combien cependant il t'a chéri, même après ces offenses. Maintenant, puisque tu ne veux pas céder à de salutaires conseils, puisqu'ayant endurci ton cœur, tu te précipites sciemment vers ta ruine, va, prépare toi-même les verges dont tu seras frappé, envoie dans les fers et à la mort les rois et les ducs qui sont avec toi, dont tu as séduit les cœurs par le poison de ta langue, et dont tu as tellement troublé l'esprit par tes artifices, qu'eux-mêmes ne voient pas dans leur aveuglement les périls où tu les entraînes, et les malheurs qui sont près de tomber sur eux à l'improviste.

Au milieu d'un territoire fertile se trouve une ville antique peuplée d'hommes belliqueux et ornée de belles rues, par laquelle la France se montre à toutes les villes qui l'environnent plus belle encore et plus riche en plaines fécondes. Du côté du midi elle touche aux plaines riantes de Meaux, le territoire de Senlis se prolonge jusque vers elle; elle se plaît à être du côté du couchant limitrophe du pays de Beauvais, dont elle est séparée par Compiègne, tandis qu'elle serre de près les champs du diocèse de Senlis, et ose encore prolonger ses limites au-delà de l'Oise, voisine de la ville de Laon et du territoire agréable de Rheims, touchant à Noyon vers le nord, à Troyes vers le levant, et n'étant séparée par aucune autre frontière de la ville de Châlons. Et comme, selon que le rapporte la renommée, cette ville fut fondée par des Suèves exilés, elle a justement mérité de recevoir le nom de Soissons. Elle est de plus enrichie et embellie par les eaux de l'Atax poissonneuse, qui coule si doucement, qui s'affligea de transporter les bateaux des Romains, lorsque Jules porta chez les Gaulois les armes de l'Italie, de cet Atax auquel les modernes donnent vulgairement le nom d'Aisne, qui enlève à la Vesle le nom qu'elle porte à son origine, et qui perd de même son nom en se jetant dans l'Oise, plus grande qu'elle.

Là, comme il est facile de réunir promptement sur ce point les peuples répandus tout à l'entour dans les villes diverses, le chef des enfans de la France rassembla tous les prélats des églises et tous les grands de son royaume. S'étant placé au milieu d'eux, il prend la parole d'une voix calme, s'appliquant, selon son usage, à renfermer ses discours en peu de mots :

« Citoyens, que les liens de l'ordre ecclésiastique
« rapprochent du ciel, patrie des saints, et vous, vé-
« nérable assemblée, dont les armes nous ont tant de
« fois aidé à triompher des ennemis, votre sagesse
« sait parfaitement combien de maux ont été faits à
« l'Eglise par le roi Othon et par Jean. C'est pourquoi
« l'un et l'autre, justement frappés de la verge de
« Pierre, ont aussi mérité d'être frappés du glaive maté-
« riel, puisque les réprimandes spirituelles ne suffisent
« pas à les contenir, puisqu'ils sont devenus plus mau-
« vais et plus audacieux dans le mal, par l'anathème
« lancé contre eux. Aussi quiconque demeure sciem-
« ment en communion avec eux est-il livré à Satan,
« et s'associe au fait ainsi qu'au châtiment. Si donc le
« Seigneur me conserve votre affection, résolu dans
« mon esprit d'envahir le royaume des Anglais, afin

« que Jean reçoive de cette vengeance un juste châ-
« timent, ou qu'il abandonne ce royaume, accom-
« pagné par l'infamie, et qu'enfin on puisse rétablir
« en ce pays le culte de Dieu, dont l'Angleterre est
« privée depuis sept ans et bien plus encore. La
« France doit subjuguer les schismatiques, les enne-
« mis quelconques de l'Eglise, et châtier les rebelles,
« quels qu'ils soient, qui refusent de se soumettre
« aux commandemens de l'Eglise. De notre temps, ce
« soin n'a point été négligé, et jusqu'à ce jour vous
« ne nous avez point refusé le concours de vos armes
« pour de telles œuvres. Maintenant, ô vous, com-
« pagnons de nos guerres, maintenant, je vous le
« demande, que chacun de vous prête au Seigneur
« les forces que le Seigneur lui a prêtées : nul de
« vous ne peut hésiter à croire que la grâce d'en-
« haut viendra assister ceux qui combattront pour
« elle. »

Il avait dit, et les grands et les vénérables membres de cette sainte assemblée, levant vers le ciel
leurs mains joyeuses, et répétant d'une voix unanime les mêmes acclamations, approuvent les projets du roi, projets sacrés et dignes des plus grands
éloges, promettent eux-mêmes de marcher tous ensemble à cette entreprise, et confirment leurs promesses par leurs sermens. Le premier de tous, Louis [1] et
après lui Eudes l'Allobroge [2], le comte Hervey [3] et
Guichard de Beaujeu prêtent ce serment; Savary [4]
jure de même, Savary qui, selon l'habitude des Poitevins, change de parti suivant l'occasion; avec eux

[1] Fils du roi. — [2] Duc de Bourgogne. — [3] Comte de Nevers. — [4] De Mauléon.

étaient encore le duc de Louvain [1], gendre du roi; les comtes de Namur [2] et de Bar [3], Gui de Dampierre [4], le comte de Vendôme [5], la comtesse de Troyes [6], les fils de Robert [7], le duc des Bretons, nommé Pierre [8], Robert à qui l'on avait donné dès son enfance le surnom de Gâtebled [9], et Jean, frère des deux précédens [10], né à Brienne, et qui en portait le nom, tous trois avec leur père Robert, déjà avancé en âge, mais qui avait encore beaucoup de force d'ame et de vigueur de corps, et se disait heureux d'avoir donné la vie à de tels fils. Il était accompagné de l'évêque de Beauvais [11], son frère, et tous deux en outre étaient cousins du roi. Une haine plus grande, provenue d'un motif particulier, leur inspirait une plus vive ardeur à armer leurs troupes pour le fracas de la guerre, car avant même que Renaud fût devenu l'ennemi public du royaume, il portait aux Robert une haine implacable et leur faisait la guerre [12]. Et comme le roi ne défendait pas Renaud

---

[1] Henri, duc de Brabant, comte de Louvain, qui avait épousé Marie, fille de Philippe-Auguste.

[2] Pierre de Courtenai. — [3] Henri II. — [4] Seigneur de Bourbon. — [5] Jean III. — [6] Blanche. — [7] Robert II, comte de Dreux. — [8] Pierre Mauléon. — [9] Robert III, qui fut comte de Dreux après son père.

[10] Il épousa Alix, et devint plus tard comte de Mâcon.

[11] Philippe.

[12] On trouve le récit de ces querelles dans l'histoire en prose du même auteur : « Renaud, comte de Boulogne, détruisit une certaine
« petite forteresse que Philippe, évêque de Beauvais, avait construite
« dans les champs de Beauvais, et d'où il espérait pouvoir faire du
« mal à la comtesse de Clermont, cousine de ce comte. En revanche
« l'évêque détruisit une autre petite forteresse que le comte avait bâtie
« récemment dans la forêt de Halmes. De là naquirent les querelles
« entre le comte Renaud d'une part, et le susdit évêque et ses neveux,
« fils du comte Robert, d'autre part. »

contre les Robert, pensant qu'il y aurait plus de justice à ne prêter son assistance à aucun d'eux, qu'à se mettre mal avec l'un s'il portait secours à l'autre, et se tenant ainsi en parfaite équité au milieu des deux partis, Renaud osa irriter son seigneur, et lui adresser des menaces en présence de plusieurs témoins ; et comme il ne voulut pas lui obéir lorsqu'il fut appelé en justice à ce sujet, ce fut là le seul motif pour lequel Renaud se condamna lui-même à l'exil. Tous les barons, comtes, ducs, chefs, évêques et abbés, et les autres chefs du royaume, conclurent volontairement un solide traité d'alliance avec le roi, et se lièrent envers lui par la promesse de lui fournir l'appui de leurs forces.

Le roi ayant vu les enfans de la France consentir à cette guerre avec tant d'empressement, renvoya les grands dans leurs domaines, afin qu'ils missent ordre à leurs affaires particulières, et qu'après les avoir réglées ils revinssent auprès de lui à une époque fixe. Il leur désigna le dixième jour avant les calendes de mai [1], jour auquel la flotte devait se réunir sur le rivage de Boulogne, pour transporter les guerriers, toute pourvue d'armes et des autres choses nécessaires à une si grande entreprise. Le roi et toute l'armée se rendirent en effet en ce lieu, et la flotte étant approvisionnée de tout point, on n'attendait plus qu'un bon vent et un temps favorable pour le départ. Le seul Ferrand, né en Portugal, manquait à cette réunion, seul il n'avait pas voulu promettre ses forces au roi, ni se lier par serment, comme avaient fait les autres, car il était déjà lié par serment envers Jean et

---

[1] Le 22 avril 1213.

le roi Othon, par l'effet des fraudes criminelles du comte de Boulogne, qui s'était appliqué à le rendre traître et digne de dépérir dans les fers.

Ce Ferrand était né en Espagne, et neveu de cette noble Mathilde de Portugal, qui était fille du roi, et qui avait épousé le comte Philippe. Ce dernier étant mort sans enfans dans la ville de Saint-Jean-d'Acre, eut pour successeur Baudouin, son neveu, fils de sa sœur[1] et du comte de Hainaut, et frère de la reine Elisabeth. Baudouin ayant dans la suite fait la guerre au roi, sortit du royaume, devint monarque, posséda pendant quelque temps l'empire des Grecs, et fut enfin tué dans ce pays par le duc de la Thrace[2]. Baudouin ne laissa point d'enfant mâle, mais il avait deux filles qui brillaient dans sa patrie et étaient le seul espoir de sa postérité[3]. Le roi Philippe, leur tuteur, les fit élever avec beaucoup de tendresse, comme héritières d'un sang illustre. Lorsqu'on eut acquis la certitude de la mort de leur père, le roi, cédant aux supplications et à l'adresse de la tante[4] de Ferrand, et ignorant tous les malheurs qui devaient résulter de cet événement, donna l'aînée en mariage à Ferrand, et y ajouta tout le comté de Flandre, présent magnifique.

Lorsqu'il se vit comte et devenu puissant d'humble qu'il était, grand de petit, riche de pauvre, Ferrand commença à vouloir se soustraire au joug du roi et à

---

[1] Marguerite, sœur de Philippe d'Alsace, comte de Flandre, et mariée à Baudouin v, comte de Hainaut.

[2] Jean ou Joannice, roi des Bulgares.

[3] Jeanne, mariée au comte Ferraud, et Marguerite, qui épousa d'abord Bouchard d'Avesnes, et ensuite Guillaume de Dampierre.

[4] Mathilde, jadis comtesse de Flandre, et tante de Ferrand.

chercher les moyens de s'affranchir de son autorité. En conséquence, il n'eut pas honte de dédaigner les paroles du roi et de désobéir à son seigneur, en ne se présentant pas lorsqu'il fut appelé. Et quoiqu'il eût promis au roi et à ses pairs de se soumettre sans murmurer à tout ce que le roi lui commanderait à ce sujet, il préféra tenir la parole par laquelle il s'était engagé envers les Anglais, afin de pouvoir, lorsque toute l'armée des Français aurait passé en Angleterre pour subjuguer les Anglais et leur roi orgueilleux, disposer, au gré de ses patrons, de la France ouverte devant lui et imprudemment abandonnée par son roi, dévaster lui-même les plus belles contrées du royaume, à la tête de ses peuples de Flandre, et triompher, au gré de ses vœux, du royaume et du roi. Il est hors de doute que Ferrand roulait de telles pensées dans son esprit, et même il avait juré à Jean de les accomplir.

Les inventions de la fraude tourneraient au profit de celui qui les a créées, s'il lui était donné aussi de les connaître seul à l'avance. Mais rien ne demeure tellement caché qu'il n'en transpire quelque chose; rien n'est tellement secret que la renommée ne le révèle, ou que l'homme sage, dont la prudence est toujours éveillée, ne parvienne à le découvrir.

Tant à l'aide d'indices certains que des vagues rumeurs de la renommée, Philippe fut instruit des choses que devait faire Ferrand, et les circonstances étant changées, il changea aussi ses projets, et donna ordre que Savary de Mauléon se hâtât de conduire la flotte vers Dam, suivi de ses Poitevins, qui connaissaient l'art de la piraterie, de Jean de Nivelle, de Louis Galiot et de Cadoc, avec sa bande de routiers impitoyables. La flotte, partant du rivage de Boulogne, se répand sur la mer, et trouve à peine assez de place pour voguer; l'Océan semble trop étroit pour tant de navires; les vents du midi manquent de souffle pour faire glisser à la fois tant de voiles dispersées sur les ondes : si vous vouliez les embrasser toutes ensemble d'un coup d'œil, il faudrait que votre front fût armé des yeux du lynx. Que si par hasard vous cherchiez à les enfermer toutes sous un même nombre, vous auriez à ajouter cinq cent quatorze bâtimens au nombre de ces navires de l'Argolide, que le vent de l'est retint pendant long-temps dans l'Aulide, lorsque Neptune arrêtait la marche des Pélasges, pour prévenir la chute de cette ville de Troie, qu'il avait lui-même élevée [1].

A quoi ne se décide pas la pauvreté, pour ne pas tomber dans le plus absolu dénûment? Quels secours ne mendierait pas, lorsque le péril le presse, celui qui ne trouve pas en lui-même de force suffisante, surtout lorsqu'il se voit menacé par un ennemi plus fort, auquel il se reconnaît inférieur en forces aussi bien que par la cause qu'il défend, et lorsqu'il se souvient qu'il a sciemment offensé ses amis? Il tente donc tous les moyens, il emploie tous les artifices, il cherche à se faire des amis de ses ennemis mêmes, pour échapper aux autres avec le secours de ceux-ci. Les revers instruisent plus souvent les ames perverties; la frayeur et les châtimens des esclaves, tombant sur les méchans, servent plus souvent à les faire renoncer à leurs méchantes actions, que l'amour

[1] Dans son histoire en prose l'auteur dit que la flotte se composait de dix sept cents navires.

de Dieu et les exhortations d'un ami ne peuvent les détourner de leurs crimes accoutumés. Feignant la contrition, Jean déclare dans la fausseté de son cœur qu'il s'est repenti de tous ses crimes : sous le masque de la piété, il ose adresser la parole à ces hommes apostoliques qui ont reçu le nom de cardinaux; et, d'une voix caressante, il supplie le Père des pères d'accorder le pardon à ceux qui ont erré : « Je resti- « tuerai toutes choses au clergé, s'écrie-t-il : je dépose « la couronne de roi, dont je me reconnais indigne. « Pierre, je résigne devant toi le diadême et tous les « droits de la royauté : que désormais Pierre soit « mon roi, et moi, je serai le chevalier de Pierre. »

Le Père des pères, agréant les offres de Jean, se réjouit, et envoie Pandolphe dans ce pays [1]. Jean, ayant confirmé ses promesses par un écrit authentique, et s'étant de plus lié par serment, résigne alors entre les mains de Pandolphe son sceptre royal, et se soumet au pape, lui et son royaume, de telle sorte qu'il devient de roi vassal, de prince chevalier, régnant cependant lui-même au nom de Pierre, et promettant en outre de payer annuellement mille marcs d'argent. Tels furent les honneurs dont Jean embellit le royaume des Anglais, telle fut la brillante distinction qu'il laissa à ses successeurs, que désormais ils devaient être soumis à payer tribut aux Romains, ayant perdu leur sceptre et l'honneur de leur liberté. En conséquence, la sentence fut retirée, un sceau fragile devint la garantie de la restitution de tous les

---

[1] En 1213 Pandolphe, cardinal sous-diacre de l'Église romaine, fut envoyé en Angleterre comme légat du pape, pour mettre un terme aux discordes de Jean et de l'Église.

biens enlevés, garantie qui devait par la suite ne recevoir aucune exécution. Alors Jean rappela le clergé dans son pays; les chants donnèrent le signal de la joie, et le culte de Dieu fut rétabli en tous lieux.

La première station de la flotte fut à Calais, et la seconde dans ton port, ô Gravelines, d'où le roi et son armée continuèrent leur marche par la voie de terre, après que les citoyens leur eurent livré et leurs personnes, et tous les trésors que possédait cette riche cité. Le roi cependant ne voulut pas la piller ; et en étant devenu seigneur, en fit la cession au seigneur Louis [1]. Partie de Gravelines, la flotte, sillonnant les flots de la mer, parcourut successivement les lieux où elle ronge les rivages blanchâtres du pays des Blavotins, ceux où la Flandre se prolonge en plaines marécageuses, et ceux où l'Isengrin, puissant à la guerre, armé de son glaive et de sa lance, parcourt la terre, combattant sans cesse, et ceux encore où les habitans de Furnes, voisins d'un golfe, labourent seuls les champs, et où le Belge montre maintenant ses pénates en ruine, ses maisons à demi renversées, monumens de son antique puissance, lieux où le peuple Nervien fut puissant par ses armes et livra de fréquentes batailles, le Nervien, que toutes les forces de Rome ne purent jamais subjuguer complétement, ni contraindre à payer des tributs fixes. En ces lieux, habite le Belge, inventeur des chariots de guerre appelés *corvins,* selon que tu l'attestes, ô Lucain [2], le Belge,

---

[1] Son fils.

[2] Espèce de chariots dont se servaient les anciens Gaulois et les Bretons, au dire de Pomponius Mela, qui rapporte, en parlant des Bretons : *Dimicant non equitatu modo aut pedite, verum bigis et curribus gallice armatis : corvinos vocant, quorum falcatis axibus utun-*

puissant par ses richesses, par ses armes et par ses forces, jadis grand ennemi des Romains, et tellement illustre dans le monde entier, que la Gaule reçut autrefois de lui le nom de Belgique, qui fut donné au tiers de ce royaume. Partant de ces lieux, et poussée par un vent propice, la flotte entre joyeusement dans le port qui a reçu son nom de Dam [1], port tellement vaste et si bien abrité qu'il pouvait contenir dans son sein tous nos navires. Là aussi est la belle ville nommée Dam, embellie par des eaux qui coulent doucement et par un sol fertile, et fière du voisinage de la mer, de son port, et de l'agrément de son site.

Là, Savary trouve, bien au-delà de ses espérances, des richesses apportées par des navires de toutes les parties du monde, des masses d'argent non encore travaillé, et de ce métal qui brille de rouge; des tissus des Phéniciens, des Sères (Chinois), et de ceux que les Cyclades produisent; des pelleteries variées qu'envoie la Hongrie, de véritables grains destinés à la teinture en écarlate, des radeaux chargés des vins que fournissent la Gascogne ou La Rochelle, du fer et des métaux, des draperies ou d'autres marchandises que l'Angleterre, ainsi que la Flandre, avaient transportées en ce lieu, pour les envoyer de là dans les diverses parties du monde, et pour en rapporter ensuite les bénéfices à leurs maîtres, dont l'espérance est toujours mêlée de quelque crainte, compagne insépa-

---

tur. — Ils appellent corvins les chariots dont les roues sont armées de faulx. Lucain attribue aux Belges l'invention de ces chariots.

Et docilis rector monstrati Belga corvini.

[1] Jeu de mot sur le mot *dam, damnum,* dommage.

rable d'un sort incertain, et qui fait présager avec angoisse des accidens inattendus. L'avide pirate Savary et les hommes qui formaient sa brutale cohorte, secondés en tout point par Cadoc, et aidés en outre par leurs compagnons, enlèvent toutes ces richesses aux habitans de ces lieux, au mépris du traité de paix conclu avec eux, ne craignant point de violer la foi promise et de méconnaître leurs engagemens : et ce furent sans doute ces péchés qui amenèrent le désastre de notre flotte.

Le roi, pendant ce temps, conquérait tout le pays, et ses troupes se dispersaient de tous côtés dans les campagnes, semblables aux sauterelles qui, inondant les plaines de la terre, se chargent de dépouilles, et se plaisent à enlever du butin. Bientôt la terreur seule lui soumet les remparts de Cassel, suspendus au sommet d'une haute montagne. Après avoir solidement garni les murailles de cette ville d'armes et de chevaliers, infatigable, le roi se dirige promptement avec ses troupes vers le territoire d'Ipres, et subjugue cette ville, ainsi que beaucoup de châteaux. Ferrand, qui avait faussement promis au roi de se rendre en ce lieu, ne voulut point se présenter, car sa malheureuse épouse avait déjà reçu les présens de Jean, présens qui ne pouvaient lui tourner à bien. D'autant plus irrité, le roi conduit plus loin son armée, et ne s'arrête que lorsqu'il a reçu la soumission de Bruges et de tous les nobles villages qui l'environnent. Déjà il ordonne au comte de Soissons [1] et à Albert de Hangest de demeurer à Dam, pour protéger la flotte, et leur donne en outre deux cent quarante chevaliers

---

[1] Raoul de Nivelle.

et dix mille servans d'armes, hommes éprouvés dans les combats.

De là, le roi s'avance vers des territoires plus éloignés et jusques aux extrémités du royaume de Flandre. Il se plaît à parcourir les retraites inconnues, à visiter les populations des lieux où la Flandre fait face à l'Ourse glacée, et les points où loin de là elle est limitrophe aux champs du Brabant, et ceux où elle atteindrait aussi aux frontières du royaume des Guilliquins [1], si la mer ne s'était interposée au milieu de ces pays, aux lieux où la Lys, mêlant ses eaux à celles de l'Escaut, et vaincue par ce fleuve, ne peut porter son nom jusques à la mer. Enfin le roi s'arrête en ce lieu avec ses troupes, afin d'abattre l'orgueil des Gantois et de les forcer à courber leurs têtes sous le joug d'un roi, et à se soumettre comme sujets à celui qu'ils voulaient à peine consentir à connaître par son nom. Mais tandis que le roi voulait travailler à renverser les portes qu'ils avaient fermées, et faisait préparer tous les instrumens de guerre dont il avait besoin pour attaquer ces superbes remparts et s'élancer au milieu des tours, voici qu'un messager, apportant des lettres de Dam, arrive au camp, d'une marche rapide, et s'écrie aussitôt d'une voix attristée : « Avant-hier, « ô roi, le héros de Salisbury et le comte de Boulo« gne, suivis de plusieurs milliers de guerriers ve« nus d'Angleterre sur des radeaux et de longues « galères, ont tout-à-coup débarqué près de nous, au

---

[1] Il paraît que l'auteur désigne la Hollande, que gouvernait alors un comte Guillaume. On verra plus bas que l'auteur désigne ce Guillaume sous le nom de Guilliquin, qu'il semble lui donner en dérision de son véritable nom.

« point où les flots de la mer viennent, par un pas-
« sage étroit, se briser sur le rivage de Dam. Déjà
« tous les Blavotins, sortis de leurs cavernes, ont
« dressé leurs bannières : tous les Isengrins, les ha-
« bitans de Furnes, les Belges, ne formant qu'un seul
« corps, se sont réunis au comte Ferrand et au comte
« de Boulogne, et, tous ensemble, serrent de près nos
« navires, imprudemment disposés sur une trop vaste
« plage, et qu'il y aurait beaucoup plus de sûreté à
« réunir en un seul port. »

Le messager voulait ajouter encore beaucoup d'autres paroles, mais voici, un nouveau messager se présente, et donne des nouveaux détails. Il tombe presque en défaillance, à peine peut-il se faire comprendre, tant il reprend péniblement le souffle, tant sa course rapide a épuisé ses forces.

« Déjà ils se sont emparés de quatre cents de nos
« navires, et aucune issue n'est ouverte, par où le
« reste de notre flotte puisse, si elle le voulait, s'avan-
« cer en pleine mer. Les chevaliers anglais observent
« l'entrée du port et enveloppent les deux côtés du ri-
« vage. Le vaisseau lui-même [1] n'est point en sûreté
« au milieu des autres, il manque de défenseurs, et
« pourrait être facilement enlevé. Guillaume le Pe-
« tit n'a aucun moyen de protéger les tonneaux fer-
« rés, qui sont tout remplis de l'argent monnayé qu'il
« a coutume de répandre dans le camp à titre de sol-
« de, distribuant les trésors du fisc de sa main fi-
« dèle, tandis que les Poitevins veillent à la garde des
« dépouilles que naguère, avec l'aide de Cadoc, ils

---

[1] Il faut probablement entendre *le vaisseau royal*, sur lequel était le trésor royal.

« ont enlevées aux habitans de Dam, au mépris de
« leurs traités, et les gardent avec beaucoup plus de
« vigilance qu'ils n'en mettent à garder tes richesses
« et tes vaisseaux. Robert de Poissy, avec un petit
« nombre de guerriers, résiste seul aux attaques et
« défend les portes de la ville, et déjà il a perdu ses
« frères dans un combat. L'armée ennemie cepen-
« dant assiége toutes les portes, et nous aurons bien-
« tôt tout perdu, si tu ne te hâtes de te présenter. »

Il dit, et l'un et l'autre des messagers remettent au roi les lettres revêtues du sceau du comte de Soissons, par lesquelles il devait être prouvé qu'ils n'avaient dit que la vérité.

Lorsqu'on eut vérifié leurs rapports, le roi dit : « Ne
« nous arrêtons point à tenir conseil; hâtons-nous de
« relever nos affaires en désordre : tout ce qu'il y a
« à faire en ce moment doit être l'œuvre de nos bras.
« Je ne tiens pas tellement à triompher des Gantois,
« que je veuille pour eux subir de si grands dom-
« mages et perdre mes compagnons d'armes et ma
« flotte. Mais comme il n'est pas facile de faire mar-
« cher rapidement à travers la Flandre une telle armée,
« qui traîne à sa suite tant de chariots et de bêtes de
« somme, il faut que quelqu'un de nous se porte en
« avant avec des escadrons légèrement armés, afin de
« donner des consolations à ses compagnons, et de
« ranimer leurs espérances, tandis que nous arrive-
« rons sur ses traces. »

Pierre, le duc des Bretons, s'offrit spontanément pour cette entreprise, et l'accepta comme un beau présent. Le soir étant venu, il sortit du camp avec cinq cents chevaliers, et marchant sans prendre un moment de repos, il arriva vers nous le lendemain matin, lorsque la troisième heure du jour n'était pas encore passée, nous apportant la joie et une précieuse assistance. Le roi le suivit, d'aussi près qu'il le put, à raison de la masse qu'il traînait après lui, et arriva à Dam le second jour, et plus vite qu'on ne l'avait espéré. A son arrivée, l'ennemi effrayé s'enfuit de la position d'où il nous avait serrés de près depuis le lever du soleil. Rendant les rênes à leurs chevaux, le duc de Bourgogne, le comte Hervey et ceux que la Champagne avait envoyés, se mirent à sa poursuite. Au coucher du soleil, l'ennemi ayant été mis en fuite, nous en fûmes délivrés par le fils du roi, Louis, et par l'illustre seigneur des Barres, tous deux suivis de plusieurs milliers de jeunes gens, doués d'une force invincible et d'une valeur à toute épreuve.

Cependant le roi sort par la porte du Nord avec ceux qui sont plus spécialement attachés à sa personne et qu'il a choisis lui-même entre tous pour l'accompagner dans les combats. Mais comme les fossés ralentissaient souvent leur marche, ils ne purent rencontrer les ennemis face à face, et n'en prirent et n'en tuèrent qu'un petit nombre : comme ceux-ci fuyaient, ils les poursuivirent cependant jusqu'à leurs vaisseaux, ne cessant de leur tuer du monde, à leur très-grande honte. Bien plus, les ennemis n'osèrent pas même demeurer sur leurs vaisseaux (car la mer s'étant retirée, les navires se trouvaient à sec sur le rivage), et ils s'éloignèrent de la terre sur leurs chaloupes et leurs barques. Mais tandis qu'ils se précipitaient en foule pour y entrer, beaucoup d'entre eux tombèrent frappés de mort, beaucoup d'autres furent faits prisonniers; le seigneur Gautier de Formeselles et le comte de Boulogne furent pris tous deux sur le rivage même. Mais ce dernier étant connu de ses amis et de ses parens, qui redoutaient avec raison que le roi ne le punît justement, comme l'avaient mérité ses fautes, le dépouillèrent des insignes de son rang; il se mêla ainsi parmi les simples chevaliers, afin de n'être pas reconnu et retenu, et malheureusement on lui permit alors de s'en aller en liberté, avec beaucoup d'autres. Son cheval, son bouclier et son casque resplendissant, auquel étaient attachées des lames de baleine formant comme deux aigrettes, furent vus et reconnus par le roi et par toute l'armée, lorsque, déjà vainqueurs, tous rentraient dans leur camp à la suite de la bataille.

Alors, et sans aucun retard, l'incendie se répand avec fureur dans tout le pays, et, en quelques instans, la flamme effrénée se plaît à consumer à la fois des milliers de maisons. Tout ce qu'il y a de remarquable ou de beau sur le riche sol de la Flandre, dans tout le rayon qui se prolonge sur le rivage de la mer des Anglais, les incendiaires ne cessent de le brûler durant toute la nuit.

Déjà le jour avait paru, on était à la fin du printemps, et le cours de l'année avait ramené la bienheureuse Pentecôte, dont les joies doivent être célébrées dans le monde entier par tous les fidèles. A la suite donc des solennités de la messe, et lorsqu'il n'avait encore réparé les forces de son corps par aucun mets ni par la liqueur savoureuse de Bacchus, le roi adressa la parole au jeune Gautier [1], à Barthé-

---

[1] De Nemours.

lemy[1] et à Garin[2], et leur fit part de ses desirs, car c'était à eux seuls qu'il avait coutume, dans toutes les occasions, d'ouvrir son ame en confidence et de révéler ses secrètes pensées.

« Votre sagesse connaît parfaitement bien, et j'en
« prends aussi Dieu à témoin, les intentions qui
« me déterminèrent à aller visiter les plages de l'An-
« gleterre, et vous savez que je n'y fus entraîné
« par aucun vain desir de gloire ou de jouissances
« mondaines. Je n'étais conduit que par le zèle
« de l'amour divin, afin de pouvoir prêter mon se-
« cours à l'Eglise opprimée. Maintenant, puisque
« par la seule crainte de mon arrivée, Jean a soumis
« son sceptre aux Romains, puisqu'il a donné satis-
« faction, selon l'avis de Pandolphe, au clergé relé-
« gué depuis plusieurs années dans notre royaume,
« la fortune plus favorable ayant changé en mieux
« l'état des choses, il convient aussi que nous chan-
« gions nos projets. Les dommages que tu m'as fait
« souffrir en m'enlevant des vaisseaux, ô Ferrand, la
« ville de Bruges les compensera ; et soixante hom-
« mes que je retiens dans les fers, qui sont les plus
« illustres parmi ceux qui se sont engagés pour
« tous leurs concitoyens, et me donneront soixante
« mille marcs d'argent[3], et ceux encore que la ville
« d'Ipres vaincue m'a livrés en otages pour tous ses
« citoyens, et qui me paieront le même poids en ar-
« gent, tous ces hommes s'affligeront également des

---

[1] De Roye. — [2] Evêque de Senlis.

[3] Dans son histoire en prose, le même auteur dit que le roi rendit les otages de Gand, d'Ipres et de Bruges pour trente mille marcs d'argent.

« pertes que j'ai eu à supporter. Mais comme il serait
« difficile de faire sortir le reste de la flotte, at-
« tendu que celle des Anglais observe les avenues
« du port et la mer, et que nos Français ne connais-
« sent pas bien les voies de l'Océan, j'ordonne que
« tous ces vaisseaux, déchargés préalablement de tout
« ce qu'ils contiennent, soient réduits en cendres, et
« qu'il n'y ait aucun retard pour exécuter cet ordre,
« car je veux aujourd'hui même les voir tous à la fois
« consumés par les flammes. Je ne considère point
« ceci comme une perte, puisque nos ennemis m'en
« indemniseront sur leur propre fortune, et qu'il
« m'en reviendra un bénéfice triple. La Flandre
« presque toute entière est déjà soumise à nos armes,
« et ce qui reste encore à vaincre peut être facile-
« ment conquis. Cette expédition ainsi terminée, une
« telle victoire pourra bien nous suffire pour le mo-
« ment présent : c'est pour nous un assez grand
« triomphe d'avoir ainsi forcé le royaume des An-
« glais à se soumettre à Rome. »

Il dit, et dès que ses paroles eurent été réalisées par le fait, il partit, et faisant en toute hâte deux journées de marche, alla de nouveau, avec son armée, investir les murs des Gantois, afin de les réduire. Il les força en effet à se soumettre aux mêmes conditions qu'il avait imposées naguère aux habitans des villes d'Ipres et de Bruges, et enleva ensuite le château d'Oudenarde, qu'Arnoul lui livra promptement et dans son intégrité, sauvant ainsi tous ses biens, et sous la condition d'un traité d'alliance, auquel cependant il ne demeura pas long-temps fidèle.

De là le roi entra dans les murs de Courtrai, dont

il s'était emparé de vive force : là, après avoir entendu les sons inconnus d'une langue barbare, et y avoir souffert long-temps de longs ennuis, nous retrouvâmes enfin les accens de la langue de notre patrie. A la suite de trois jours de siége seulement, la ville de Lille, abaissant sa tête, fut enfin forcée de se soumettre au roi. Après l'avoir bien fortifiée, le roi y plaça beaucoup de chevaliers et d'hommes d'armes, qui furent tous commandés par Hugues d'Athies, chargé de défendre la ville contre les ennemis du voisinage. Il pouvait se faire en effet qu'après le départ du roi, Ferrand revînt tout-à-coup pour s'en emparer de nouveau, et que les citoyens eussent à se réjouir d'avoir à obéir à leur premier seigneur. Le roi redoutant à bon droit un pareil événement, travailla à faire construire le plus promptement possible une nouvelle citadelle dans le bourg voisin nommé Darnel, afin que ses gens pussent y demeurer en sûreté et défendre sa conquête.

Parti de Lille, le roi s'empara le quatrième jour de la ville de Douai, et, l'affranchissant des lois de Ferrand, se l'appropria et la soumit à sa domination. Il l'occupe encore, et les rois de France qui viendront après lui l'occuperont à jamais, afin que cette ville n'ait point à s'affliger d'obéir à un roi moins illustre. Ainsi la Flandre se repentit en recevant un juste châtiment du glaive royal, et reconnut à ses propres dépens qu'il n'est pas permis d'ouvrir son sein à des traîtres, expiant ainsi les dons que Jean avait faits à Ferrand. Les hommes de l'armée, ayant alors obtenu du roi leur congé et de justes éloges, furent renvoyés, et s'en retournèrent joyeusement, chacun dans son pays.

Tout aussitôt, et dès que le roi fut revenu sur les rives de la Seine, le comte de Boulogne et les autres princes conjurés, à qui le roi des Anglais ouvrait sa bourse et donnait de nombreux subsides, aliment de la guerre, rassemblèrent leurs forces pour de nouveaux combats, oubliant qu'ils avaient été vaincus naguère, lorsque, abandonnant leur flotte, ils s'étaient jetés dans des barques légères pour gagner le rivage de Hollande. Maintenant donc ils s'associent avec le comte Guilliquin [1]. Celui-ci se fiant aux présens et aux promesses trompeuses de Jean, leur donna un secours de cinq fois dix mille hommes. Peu de temps après cependant il se retira de leur alliance, ne voulant pas encourir la colère du roi très-auguste.

Ensuite, et au mépris de son traité et de la teneur du serment par lequel la ville de Lille s'était soumise au roi, cette ville conclut un autre traité avec Ferrand, et lui ouvrant traîtreusement ses portes, au milieu de la nuit et en grand secret, elle introduisit dans ses murs Ferrand et son armée. Aussitôt que les Français que le roi y avait laissés pour la garder et la défendre eurent reconnu cette trahison, ils se retirèrent prudemment dans la tour, et, prenant les armes, résistèrent avec leur valeur ordinaire à Ferrand et aux gens de la Flandre. Mais dans le premier moment, lorsqu'ils se précipitaient dans la tour, sans avoir revêtu leurs armes, tous ne purent échapper au péril qui les menaçait; quelques-uns donc furent faits prisonniers, et beaucoup d'autres frappés de mort.

Le roi cependant ramène aussitôt son armée dans

[1] Guillaume, comte de Hollande.

ce pays et s'avance d'une marche rapide, impatient de porter secours sans le moindre retard à ses amis, que l'ennemi serre de près, tellement qu'il ne leur reste plus aucun espoir de salut. Les Français, dès qu'ils sont arrivés, ne s'occupent point à prendre toutes leurs mesures pour investir les murailles, de peur que le moindre retard ne soit fatal, puisque les citoyens font les plus grands efforts pour expulser de la tour les autres Français. Tombant à l'improviste sur la porte qui fait face au levant, ils brisent les barrières de fer, font rouler les portes sur leurs gonds de vive force, et avant même que les habitans aient eu le temps de monter sur leurs remparts, ils pénètrent dans les rues, et dans le premier mouvement de leur fureur, répandent les flammes autour d'eux; ils abattent et renversent sur la terre les plus belles maisons. Cet incendie devient pour les citoyens infidèles une plus grande occasion de dommage que ne pourraient être le fer ou les bras des combattans. Les fureurs de Vulcain, animées par le souffle d'Éole, suffisent à tirer vengeance de tant de perfidie; la flamme dévorante ne se borne pas à consumer sur les côtés les rues qui se communiquent, et bientôt, les étincelles volant au loin, tout ce qu'il y a de beau dans l'enceinte des remparts se trouve en un instant anéanti par la violence de l'incendie.

En même temps que les maisons, périssent tous ceux à qui les infirmités de l'âge ou la faiblesse du corps refusent les moyens d'échapper au danger. Ceux qui peuvent se sauver, fuyant à pied ou à l'aide d'un cheval vigoureux, évitent à la fois la double fureur des flammes et de l'ennemi, et s'élancent à la suite de Ferrand, le cœur rempli d'épouvante, à travers les broussailles et en rase campagne, hors de tous les sentiers, se croyant toujours près des portes fatales, n'osant porter la tête en arrière, soit pour ne pas tomber, soit pour ne pas perdre un seul mouvement de leurs pieds. L'effroi leur permet à peine de regarder à droite ou à gauche; aucun lieu ne leur paraît un asile assuré ; ils se croient déjà sur le point d'être tués ou faits prisonniers ; au moindre bruit qui se fait entendre derrière eux, ils pâlissent; tout leur sang, dédaignant leur visage, se retire au fond de leur cœur pour s'y cacher et porter quelque consolation à ces cœurs tout tremblans. Ainsi remplis de frayeur, ils expient leurs fautes par leurs frayeurs mêmes, et la crainte d'un châtiment futur devient un châtiment présent.

La main de la fortune cependant vint au secours des vaincus, plus que n'eût pu le faire la fuite, ou la marche rapide en laquelle ils mettaient l'espoir de leur salut. En effet, la terre humide, toute couverte de joncs de marais, et cachant ses entrailles puantes sous une plaine fangeuse, s'évaporait par l'effet d'une chaleur intérieure, et, changeant l'atmosphère en nuit épaisse, exhalait des brouillards, formés d'un mélange de chaleur et de liquide, de telle sorte que l'œil du conducteur pouvait à peine atteindre à l'objet qu'il conduisait, et que nul ne pouvait distinguer ce qu'il y avait devant, derrière lui, ou à côté de lui. Les nôtres donc ne poursuivirent les fuyards que tant qu'ils purent s'avancer, à la lueur de l'incendie de la ville, car le soleil ne pouvait luire à travers les brouillards. Ils tuèrent cependant un grand nombre d'hommes, et firent encore plus de prisonniers, que le roi vendit à tout acheteur pour être à jamais esclaves, les marquant pour toujours du fer brûlant de la servitude. Ainsi périt toute entière la ville de Lille, réservée pour une déplorable destruction. Car tout ce que la flamme put trouver à dévorer dans l'enceinte de cette ville, elle le dévora; le reste fut renversé par les instrumens de guerre et par les durs hoyaux; la tour même que le roi avait construite ne demeura point debout, afin qu'il n'y eût désormais en ce lieu aucun point où les gens de la Flandre pussent habiter.

De là, le roi alla encore, animé d'une semblable fureur, renverser les hautes murailles de Cassel, de peur que les habitans ne lui échappassent par une même trahison, et ne donnassent peut-être un asile à Ferrand.

Il y avait une ville, fière de ses richesses et de ses puissans citoyens, nommée Tournai. Elle était située sur les rives de l'Escaut, et Clovis, encore païen, ayant franchi les gouffres du Rhin, l'occupa le premier avec son glaive et son arc. Elle obéit ensuite à lui et à ses successeurs, et depuis lors elle n'avait jamais renoncé à sa soumission aux Francs. Ferrand et Renaud, s'en étant emparés par une fraude secrète et de nuit, la gardèrent pendant neuf jours, aidés par les artifices de Randolphe, qui commandait dans la ville de Mortagne, homme rempli de force et de ruse dans le conseil, qui feignait d'être notre ami, qui même était considéré comme très-fidèle, homme-lige de l'évêque et du roi, et tenant d'eux en fief tout ce qu'il possédait de terres. Mais afin que cette fraude ne leur fût pas long-temps profitable, le roi envoya à Tournai le comte de Saint-Paul [1] et son frère Garin, et leur donna en outre des escadrons de combattans, hommes très-vaillans à la guerre, tels que la France les produit sur les rives de la Seine. Ceux-ci donc, quoiqu'ils n'eussent que des forces inférieures de moitié à celles des ennemis, les chassèrent cependant, avec le secours des habitans, et, ayant conquis la ville par leur vigueur, la remirent sous le joug du roi. Et, afin que la trahison de Randolphe ne demeurât pas impunie, ils envahirent ses possessions, et, dans le transport de leur colère, les réduisirent au néant. Le noble château de Mortagne, si beau et si bien défendu par ses murailles et par sa position naturelle, et par ses guerriers, qu'il croyait n'avoir à redouter les forces d'aucun ennemi, ne put échapper lui-même au danger commun, et fut renversé de fond en comble et enseveli dans la terre, avec la population qu'il enfermait. Tous ceux qui travaillèrent dans l'intérieur à le défendre furent faits prisonniers ou mis à mort par les Français.

Qu'il te plaise maintenant, ô Phébus, qu'il te plaise d'inspirer pour moi toutes les filles de l'Hélicon, soufflant de ton souffle sacré toutes les saintes inspirations qui sortent des grottes de Cyrrha, tout le breuvage qui se peut puiser aux ondes de Castalie! O puissé-je être pénétré maintenant de l'esprit de Lucain ou de Maron, ou du moins reproduire l'image du poète de Thèbes! non point pour devenir le jouet des vaines illusions de Pythagore qui, à ce qu'il pré-

[1] Gaucher.

tend dans ses bavardages, était au temps de la guerre de Troie Euphorbe, fils de Panthée, croyant qu'une ame peut passer successivement d'un corps dans plusieurs autres corps, tandis que c'est Dieu, créateur du ciel et de la terre, qui, par sa seule parole, crée une ame de son souffle, et souffle en la créant; mais seulement afin que je puisse marcher sur les traces de ces grands hommes et devenir par mes chants semblable à l'un d'eux, car il ne faut pas que la brillante renommée de Philippe soit moins célébrée dans le monde par un effet de la faiblesse de mon esprit. Voici, ma main va commencer à écrire son dixième chant, et ose aspirer à raconter à la fois un double triomphe. Et quoiqu'elle tremble dès l'abord, et ne puisse embrasser à elle seule tout son sujet, à peine pourra-t-elle attendre un second repos, lorsqu'elle sera venue à la première page de son onzième chant, tant elle desire vivement de se couvrir au plus tôt des sueurs de Bovines, où le roi enfin trouva le terme de ses guerres et triompha définitivement de tous ses ennemis en une seule bataille! Plus je sens la beauté d'un pareil sujet, plus je me décide difficilement à l'aborder, craignant de succomber sous un tel fardeau, si ta faveur, ô Phébus, ne vient relever mon courage. Toi seul en effet, je le sais, toi seul peux pénétrer jusqu'au trône du Père céleste; toi seul, descendant du haut des cieux, inspires généreusement à l'ame des poètes ce qui doit être chanté dans le monde entier.

CHANT DIXIÈME.

ARGUMENT.

Dans ce dixième chant, le roi des Anglais est vaincu par Louis. — Il passe chez les Poitevins et s'empare lui-même de Robert le Jeune[*] par une ruse de guerre. — Il dévaste le pays, mais Louis étant survenu le met honteusement en fuite et l'expulse tout confus de la Roche au Moine. — Othon cependant prépare et équipe son armée, et en même temps Philippe appelle les Français et les excite à la guerre. — Othon vole à la poursuite des Français avec son armée, et le roi, renonçant au sommeil, revient sur ses pas et marche à sa rencontre.

Éole avait lancé les zéphirs du fond de ses antres obscurs; déjà Jupiter, imprégnant le sein fécond de la terre de ses nuages qui répandent les rosées, souriant plus doucement, et repoussant la saison de la vieillesse, avait rajeuni l'année; déjà le Bélier, ramenant le soleil, se réjouissait de faire briller la lumière devant la nuit qui se retirait; déjà mille deux cent treize années s'étaient écoulées depuis la Conception de la sainte Vierge [1]. Le roi des Anglais, voyant les flots de la mer abaissés, à la suite des frimats de l'hiver, rassemble ses troupes et ses milliers d'hommes de race anglaise; et, après avoir fait préparer sa flotte, les transporta avec lui, à travers la mer

---

[*] Fils du comte de Dreux.
[1] L'année 1214 était commencée depuis le mois de janvier.

rapidement sillonnée par ses voiles, sur le rivage de
La Rochelle. Tandis que le comte de Boulogne, Hugues [1] de Salisbury, le comte de Flandre et les autres, auxquels il paie des subsides, iront harceler de
leurs armes perfides le roi des Français, sans entreprendre toutefois d'en venir aux mains avec lui, et
seulement afin de prolonger indéfiniment les ennuis
de la guerre, le roi des Anglais se prépare à porter
lui-même ses armes dans des contrées lointaines, où
les Français ne puissent arriver facilement, comme s'il
ignorait que les rois ont les bras longs, et comme si
Philippe ne pouvait envoyer des secours en ces lieux,
ou s'y rendre lui-même.

Aussitôt les comtes d'Eu [2] et de la Marche [3], et les
autres barons que nourrit cette noble terre, toujours
inconstante dans sa foi, mais toujours belliqueuse,
rendent à Jean leur bienveillance, avec leur légèreté
accoutumée. Tous s'étant donc mis en marche avec
lui, Jean va assiéger et investir tout-à-coup de ses
bannières la ville de Nantes. Mais ni les fils de
Robert, savoir Pierre, duc des Bretons, et son frère
Robert [4], ni ces Français au cœur farouche que la
France, riche en chevaliers, avait envoyés en ces
lieux, ni les hommes remplis de courage que la Bretagne a vus naître, ne prennent soin de fermer même
légèrement les dernières barrières ; ils tirent leurs
glaives, et sortent de la ville pour marcher à la rencontre des ennemis et livrer hardiment la bataille.
Alors les autres prennent la fuite, ne voulant point se

---

[1] Il s'appelait Guillaume et non Hugues.

[2] Raoul d'Issoudun. — [3] Aimery de Lusignan.

[4] Tous deux fils de Robert II, comte de Dreux.

confier aux chances incertaines de la guerre, et Jean, aimant mieux faire reculer à pas lents son armée, médite en son cœur par quels artifices il pourra triompher de ces hommes, voyant bien qu'il ne pourrait les vaincre en combattant franchement, et la fraude qu'il imagine ne manque pas de succès.

Pierre [1], ayant vu les ennemis se retirer ainsi, et jugeant qu'il ne serait pas sûr de poursuivre tant de milliers d'hommes avec un petit nombre de combattans, rallie son armée, et la ramène dans l'enceinte de la ville, pensant que ce n'est pas un mince avantage d'avoir effrayé les ennemis au point de les faire fuir au loin, frappés de terreur et renonçant à leur siége, non sans avoir perdu en outre et des bagages et des hommes.

Mais Robert ne voulut pas s'en retourner sans gloire, et poursuivit imprudemment les fuyards plus loin qu'il n'eût fallu et jusqu'à ce qu'il pût enfin combattre de près. Alors le glaive du seigneur de Dreux se rougit du sang d'un grand nombre de Poitevins, il en envoya beaucoup dans le Tartare, et en laissa beaucoup d'autres gisans sur la terre et presque mourans. Enfin, fatigué d'un si grand carnage, il revenait sur ses pas avec ses compagnons, au nombre de dix, que leur brillante valeur eût mis en droit de n'éprouver jamais aucune crainte, s'ils avaient appris à se défendre des embuscades et à se prémunir avec sagesse pour tout événement. Mais, tandis qu'il ne songe à rien qu'à se jeter en avant, de sa personne, oubliant la fin toutes les fois qu'il entreprend quelque chose, et ne s'inquiétant nullement d'unir toujours en lui Ulysse et Dio-

---

[1] Le duc de Bretagne.

mède, l'homme fort tombe dans des piéges imprévus : trop simple, et ne sachant user que de sa force, il ne prévoit pas dans un autre la fraude qu'il ne connaît point en lui même ; n'ayant jamais su tromper, il ne craint point d'être trompé ; jamais il n'a préparé d'embûches, et ne redoute point les embûches.

Tout-à-coup se présentèrent des hommes couverts d'armes brillantes, que le roi des Anglais avait cachés au milieu des broussailles, et qui, tout reposés, élevant leurs armes contre des hommes fatigués, n'eurent pas beaucoup de peine à les charger de fers. Bientôt après le roi perfide les envoya dans son royaume d'Angleterre, afin de les tourmenter davantage, en les tenant éloignés de leur patrie. Entrant tout aussitôt dans la ville d'Angers, qui n'avait aucune enceinte de murailles, le roi des Anglais entreprit de faire élever des murs en pierres carrées. A peine pourrait-on trouver ailleurs une ville plus riche ou mieux ornée, ou plus abondante en vins que celle d'Angers. De tous côtés, on ne voit que champs chargés de vignes, qui fournissent à boire aux Normands et aux Bretons, et font que les seigneurs de ces terres ne manquent jamais d'argent. Du côté du midi, la Loire, aux ondes argentées, enveloppe la ville ; vers le nord, la Mayenne rougeâtre la traverse, et de là, prolongeant son cours à deux milles environ, elle va tomber dans la Loire, perd son nom, et change de couleur. Ainsi la Loire, la Mayenne et la Vienne, réunies, ne forment plus à elles trois que ce fleuve qui, répandant une grande fertilité dans les champs de la Bretagne, amène dans les villes des vaisseaux, embellit les campagnes de toutes sortes d'agrémens et d'avantages, arrose de ses eaux poissonneuses le sein de la ville de Nantes, et fournit aux Bretons des milliers de saumons et de lamproies, qu'ils envoient ensuite dans les pays lointains, objet de commerce précieux pour eux, attendu que ces animaux se conservent dans une gelée, parfumés de gérofle, de gingembre et de diverses espèces d'herbes. En outre, la Loire enrichit la ville de Nantes de tant d'innombrables marchandises, que cette ville n'est inférieure à aucune autre dans toute l'étendue du royaume; puis, lorsqu'elle va, d'une course rapide, se précipiter non loin de là, dans la vaste mer, ses eaux s'étonnent de devenir tout d'un coup amères, de douces qu'elles étaient d'abord.

A cette époque, le comte Hervey, à qui le roi avait fait tant de présens et donné tant de grandes terres, conclut un traité secret avec le roi Jean, et lui promit de donner sa fille, son enfant unique, pour épouse à son fils [1].

Le descendant de Charles, ayant recueilli ces différentes nouvelles, parcourt en toute hâte le Vermandois et le pays de Boulogne, distribue des armes et des guerriers dans les châteaux et dans les villes, afin de mettre les frontières du royaume à l'abri des en-

[1] En 1215, le roi Philippe voulut la fiancer à Philippe, fils aîné de son fils Louis; mais ce prince étant mort avant les fiançailles, le roi prit ses mesures pour que cette jeune fille ne fût pas mariée sans son consentement. Le comte de Nevers s'engagea par une lettre qu'on trouve dans la coll. de Martenne, tom. 1, col. 1127, « à ne pas donner « sa fille Agnès pour épouse, sans le consentement et le congé du sei- « gneur roi, principalement à quelqu'un des fils de Jean, autrefois « roi des Anglais, ni à Thibaut de Champagne, ni au fils du duc de « Bourgogne, ni à Enguerrand de Coucy, et à donner de ces pro- « messes des gages au seigneur roi, etc. »

nemis du voisinage; puis, desirant rencontrer Jean, si le sort le permet, il presse sa marche, dépasse Chinon et Loudun, et fait ses dispositions pour séparer de sa flotte le roi fugitif des Anglais. Mais nul homme ne découvre le chemin que suit la couleuvre; en vain chercheriez-vous les traces de la chute du pin tombant de haut, et celles d'un homme fourbe, et celles de la plume lancée à travers les airs : si par hasard vous labourez sur le rivage, vous pouvez, à force de travail, parvenir à tracer une route, mais les voies de ceux dont je viens de parler ne sont et ne seront jamais connues de personne.

Déjà une fuite rapide avait transporté Jean, rempli d'effroi, vers le territoire de Bordeaux, au-delà de Périgueux. Revenant alors sur ses pas, et livrant aux flammes les campagnes du Poitou, le roi dirige sa marche vers le pays de Flandre, redoutant, non sans motifs, d'avoir à essuyer de plus grands dommages de ce côté. Déjà le feu dévore les rues de Thouars, déjà Chollet, Bressuire et Vielle sont enveloppés de fumée. Le destin incendiaire y ajoute encore beaucoup d'autres châteaux, châteaux remplis de provisions et de toutes sortes de richesses, surmontés de tours carrées et de hautes murailles, environnés de fossés pleins d'eau, et que la fertilité de leur sol rend indépendans de tout le reste de la terre. L'incendie se prolongea ainsi jusqu'à ce que le roi fût arrivé à Châteauroux.

Là, entouré de tous côtés de l'assemblée fidèle de ses grands, le roi leur adressa en peu de mots ce discours amical :

« Mon fils, tu vois comme le sort nous presse

« de toutes parts. Ici sont l'armée du Poitou et les
« escadrons du roi Jean, là sont le comte de Boulo-
« gne, Ferrand, Othon et le frère du roi des Anglais[1]
« avec des milliers d'escadrons, nouveaux ennemis
« que m'a suscités le comte de Boulogne, et qu'il a
« tous armés contre moi. Toi, mon fils, tu demeu-
« reras en ces lieux avec des chevaliers prélevés sur
« nos douze cents chevaliers, et moi avec les autres
« j'irai voir de plus près Othon et l'armée innom-
« brable qui s'est rangée sous ses ordres. » Il dit, et
le fils rend à son père mille actions de grâces, de ce
qu'il lui confie à lui seul le soin de diriger de si
grandes affaires, lui fournissant une occasion de déployer sa valeur et d'acquérir à jamais une glorieuse
renommée.

A peine le roi et les Français avaient-ils laissé derrière eux le fleuve de la Seine, Jean sortant de ses
retraites, commence à parcourir la plaine, se réjouissant de montrer son visage à découvert et conduisant
à la guerre des milliers de combattans. Il passe au-
delà d'Angers, dévaste tout le pays qui s'étend jusques
à Craon, et, terrible par ses armes et dans ses paroles,
il menace enfin de renverser de fond en comble le
château de la Roche-au-Moine. Il assiége donc les
avenues de ce château, dirige contre les fortifications
toutes sortes de projectiles, et fait les plus grands
efforts pour renverser avec ses machines les murailles
et la tour. Les traits et les arcs ne cessent les uns
d'être lancés, les autres de lancer des flèches, et les
traits et les flèches résonnent à travers les airs. De

---

[1] Guillaume, comte de Salisbury, fils naturel de Henri II, et surnommé Longue-Epée.

leur côté les assiégés se défendent du haut de leurs tours avec la plus grande vigueur, lançant des traits et des flèches, des morceaux de planches et de grosses pièces de bois, ne ménageant ni les poutres, ni les bois de charpente des maisons, s'inquiétant peu des dommages qu'ils se font à eux-mêmes, pourvu qu'ils puissent repousser les insultes des ennemis.

Il y avait un certain Enguerrand, homme très-grand de corps, au front large, dont les yeux rouges semblaient lancer des traits de feu, aux cheveux noirs, à la face livide. Il avait la poitrine large, les épaules élevées et fortes comme des tours, le crâne aplati, les joues bouffies, la bouche fendue et difforme, le nez crochu, les membres robustes et tels que les peuvent avoir les géans; son cœur inhumain était d'une telle férocité, la grossièreté de son ame l'abrutissait à tel point, qu'il semblait ne mettre aucune différence entre la mort d'un homme et celle d'un animal. Brigand, vivant de rapines, et commettant sans cesse de nouvelles violences, il avait fréquemment brisé les portes des églises, ce qui l'avait rendu plus fameux encore par le surnom de Brise-Moutier [1]. Cet homme donc s'avançait précédé d'un écuyer portant un bouclier, sous l'abri duquel ne craignant rien il faisait grand mal aux assiégés, sans que ceux-ci pussent le lui rendre, protégé qu'il était par les larges parois de son bouclier, recouvert d'une peau de taureau sept fois repliée. Pons, armé d'une arbalète et d'un arc, ayant vu cet homme du haut du château, inventa un artifice admirable. Il tressa secrètement avec du lin d'une grande finesse une petite ficelle, telle qu'il

---

[1] *Fractura monasteriorum*, Brise-Monastères.

n'eût été facile à personne de la rompre, et, chose plus étonnante encore, qu'on pouvait à peine la voir. Alors il travailla à attacher la ficelle par un petit nœud à l'extrémité d'une flèche, au point où une double plume est fixée par deux fentes; et afin de ne pas perdre le fruit de son travail et le but de ses efforts, si la flèche volant de toute la longueur de la ficelle n'atteignait pas au point où il voulait viser, il attache à un pieu tout près de lui l'autre bout de la ficelle. Le roseau ailé s'envole avec la ficelle et va s'enfoncer dans le bouclier. Pons tirant alors le bouclier ainsi attaché à la ficelle et à la flèche, l'écuyer qui tenait le bouclier le suivit jusque sur le fossé, et Pons devint ainsi, sans s'en douter, la cause de la mort inopinée de ce jeune homme. Cependant Enguerrand, dont le corps se trouvait à découvert, étant arrivé sur le bord du fossé et ne pouvant éviter les traits qui pleuvaient sur lui, tomba frappé d'une juste mort, lui qui avait tué beaucoup d'autres hommes. Pons pousse alors un cri, et ne pouvant contenir son rire : « Roi, s'écrie-t-il, éloigne-toi d'ici, et laisse-« nous en paix, de peur qu'il ne t'arrive de mourir « d'une mort semblable. » Le roi frémit, et agité intérieurement et à l'extérieur des transports de sa colère, il ordonne aux siens de se tenir un peu plus loin du château et de se défier du voisinage des murailles, et menace de punir sévèrement les assiégés, s'ils ne se hâtent de lui ouvrir leurs portes et de livrer la forteresse. En signe de colère et pour inspirer plus de terreur, il fait dresser des potences et poursuit le siége pendant vingt-un jours; mais les assiégés ne cèdent ni à la terreur ni aux menaces, et se montrent de plus en plus ardens à défendre leur vie et les portes du château.

Sur ces entrefaites Louis se présente avec le nombre de chevaliers ci-dessus indiqué, suivis de sept mille hommes de pied bien armés et de deux mille hommes montés à cheval, servans d'armes, bien instruits à livrer une bataille avec vigueur. Quoique l'ennemi qu'il avait en tête eût des forces triples des siennes, l'héritier du roi ne craignait pas cependant d'en venir aux mains avec lui, et fit signifier à Jean ce court message : « Il faut ou que tu te prépares au « plus tôt pour le combat, ou que tu abandonnes le « siége. » Cet homme digne de son nom, ce fils qui n'était point indigne de succéder dignement à son père, manda à Jean ces paroles, afin qu'on ne pût pas dire, après qu'il l'aurait vaincu, et s'il ne le faisait pas prévenir ainsi avant de combattre, que sa victoire était l'effet de la ruse et non de la vaillance. Jean lui répondit avec la même brièveté : « Si tu « viens, tu nous trouveras tout prêts à combattre, et « plus tu viendras promptement, plus promptement « tu te repentiras d'être venu. »

Il dit et se prépare à combattre, disposant ses troupes dans un ordre régulier, chaque corps sous le commandement de ses propres chefs. D'autre part, Louis, ardent comme la foudre, parcourait le front de ses escadrons de cavaliers, et chacune des heures qui retardait l'heure du combat lui semblait d'une extrême longueur. Il n'était précédé que du seul Henri[1], lequel, petit de corps mais géant de cœur, et digne de la gloire du plus grand homme, élevé au-dessus

[1] Henri Clément.

de tous, remplissait les fonctions de maréchal. Ajoutant aux bataillons des Français un grand nombre de bataillons, Guillaume marche après lui, Guillaume qui commande au château des Roches, et a reçu de lui et son illustre origine et son nom. A ses côtés marchait son gendre et son unique héritier, Amaury, beau de corps, rempli de force, mais plus fort de son courage, qui tirait son nom et son origine du château de Craon, dont il était seigneur. Il avait en outre sous sa domination Sablé, Molihernes, Candé, Segré, Brion, Beaugé, Le Lude, Durtal, où la Sarthe accrue des eaux de l'Huisne reçoit celles du Loir, pour aller se perdre dans la Mayenne, et enfin Saumur dont les murailles sont établies au bord des eaux, aux lieux où la Vienne, se mêlant à la Loire et noircissant ce fleuve, perd à la fois son nom et sa couleur ferrugineuse. Guillaume et Amaury, s'étant ainsi associés, ajoutèrent quatre mille hommes à l'armée de Louis.

Ces deux chefs se livraient en présence de tous les autres à de bruyans éclats de rire, s'indignant des paroles arrogantes de Jean, s'étonnant qu'il attendît si long-temps sous les armes, lui qui jusqu'alors n'avait osé rien entreprendre si ce n'est à la dérobée ; et pendant ce temps le seigneur de Thouars[1] disait à Jean d'une voix affligée : « Je te vois trop audacieux ;
« tu as plus de troupes qu'il n'en faut ; tu oseras en
« venir aux mains avec le fils du roi de Paris qui
« s'avance vers toi, suivi d'un petit nombre de che-
« valiers. Mais si tu l'attends, aujourd'hui ou demain,
« tu éprouveras qu'il est plus fort que toi dans les
« combats, et que tu n'es point plus vigoureux que

[1] Aimeri de Thouars.

« lui. Quant à moi, il me convient mieux de me
« borner à défendre Thouars, tandis que tu fais ef-
« fort pour renverser la Roche-au-Moine, et que tu
« n'as pas encore reconnu ce que peut la Seine, et
« combien est terrible la valeur des Français, lors-
« qu'ils font voltiger leurs chevaux en cercle. » Il
dit, et en homme prudent il se retira à Thouars.

Or le roi Jean, lorsqu'il vit les bannières du roi et
reconnut à leurs drapeaux ses braves guerriers, lui
qui naguère, plein d'ardeur pour le combat, semblait
déjà vainqueur, et tonnait de la voix et par écrit,
rejetant ses armes et découvrant sa tête, s'en alla secrètement, au moment où les chevaliers commençaient déjà à combattre; vaincu par la peur, il ne songea plus qu'à la fuite, et, se jetant dans une petite
barque, traversa les eaux de la Loire [1]. Voyant que
leur chef s'était enfui, les hommes d'un rang inférieur, abandonnant ainsi le combat, fuient sur ses
traces à travers les gués; plusieurs milliers d'entre
eux périssent dans les eaux, ne pouvant à leur gré
trouver assez promptement des bateaux; rendus audacieux à l'excès par l'excès même de la frayeur, ils
veulent nager, quoique chargés de leurs armes et de
fer; mais, engloutis par le fleuve, ils perdent la res-

[1] Matthieu Paris raconte le fait, mais sans attribuer cette victoire
au prince Louis : « Les barons du Poitou, dit-il, ne voulant pas suivre
« le roi, dirent qu'ils n'étaient pas prêts à combattre. Alors le roi,
« redoutant la perfidie ordinaire des Poitevins, leva le siége, accablé
« de douleur, au moment où il allait devenir maître du château. Louis
« ayant appris que le roi des Anglais avait levé son camp, et crai-
« gnant d'être attaqué, s'enfuit, tournant le dos au roi Jean; et ainsi
« les deux armées, fuyant honteusement, se saluèrent réciproquement
« des talons. »

piration et le souffle, et aiment mieux mourir dans les gouffres de Neptune que par les coups de Mars, quoique ce premier genre de mort (dans lequel l'ame ne trouve pas un souffle semblable à celui qui l'anime) soit par cela même plus insupportable que l'autre. Pendant ce temps, les Français frappent de leurs massues, de leurs glaives, de leurs lances, et font périr de diverses manières ceux qui, évitant de se plonger dans les ondes du fleuve, vont de toutes parts cherchant des asiles dans les cavernes et les lieux solitaires.

Dans cette rencontre, succomba avec douleur le prêtre qui présidait aux sacremens dans la chapelle du roi [1], et le seigneur de Rochefort, Pains, qui, ayant eu le corps percé d'un trait, en reçut une mortelle blessure. Cependant il arriva encore vivant à la Roche, et, peu de temps après, il y mourut, avec une grande colère. Puissant par ses vassaux, et grand par ses aïeux, ce seigneur tenait le château de Rochefort, château tel que nul n'était plus fort, qu'il était inexpugnable à tout ennemi, et jamais n'avait voulu se soumettre au roi des Français. Maintenant il est mort, et son château de Rochefort n'a pu le secourir ni empêcher la mort, plus forte que lui, de l'enlever; et le château lui-même, après la mort de son seigneur, s'est soumis aux Français. Hugues de Limoges subit aussi le même sort, Hugues, que le petit peuple de Limoges a surnommé le Brun, homme illustre de nom et de naissance, puissant en richesses et en grandeurs, qui, ayant voulu porter secours à Jean dans une guerre injuste, éprouva les rigueurs

[1] Jean.

de la guerre. Avec ceux-ci moururent encore beaucoup d'autres hommes, qu'illustrait la noblesse d'une haute naissance, ou que rendait obscurs leur ignoble origine.

Alors, et à la suite de leurs longs ennuis, les hommes d'armes sortirent du château, se réjouissant de respirer enfin un air salubre, et se chargèrent de toutes sortes d'effets et de riches dépouilles, que l'ennemi fuyant avait laissés dans son camp, pour se sauver plus lestement, rejetant à la fois ses effets et ses armes. Des calices d'or, des vases d'argent, les brillans vêtemens des nobles, des ornemens pour la poitrine, teints en écarlate et recouverts d'étoffes de soie, beaucoup de pièces de monnaie fabriquées avec des métaux resplendissans, les tentes du roi, tissues en fil de diverses couleurs, des vases de cuisine, des mortiers en cuivre, des plats de composition d'or et d'argent, des chaudières de bronze, enfin des armes répandues çà et là dans les champs, armes précieuses et brillantes d'argent et d'or, tombèrent dans les mains avides du peuple, et furent enlevées aussitôt.

Louis ordonne alors sans retard de faire venir des bateaux de tous les ports voisins, et traverse le fleuve en toute hâte. Mais comme une fuite rapide avait déjà transporté le roi Jean loin de la vue des Français, car en aucune occasion, ce roi n'aurait voulu rencontrer le prince, et comme dans leur anxiété, les autres barons s'étaient enfuis de tous côtés, le noble héritier de la couronne de France disperse son armée dans tout le pays, qui naguère avait accueilli l'Anglais, et ravage par le fer et le feu le canton et le château de Thouars, qui sont sous l'autorité d'un comte. Vainqueur, il retourne bientôt après à Angers, afin de raser les murailles que le roi des Anglais avait fait élever depuis peu autour de cette ville; il fait rentrer sous la domination de son père tout le pays dépendant du comté d'Angers, et charge de fers tous ceux qu'il y trouve et qui avaient soutenu le parti de Jean. Quant aux indigènes, il leur accorde la paix, mais à condition que désormais ils demeureront fidèles à son père ainsi qu'à lui.

Cette victoire, ô Louis, porte la gloire de ton nom dans le monde entier, et doit te donner des titres à une éternelle renommée et t'offrir les plus heureux présages pour les succès qui te sont réservés dans les guerres subséquentes. Reçois avec joie les prémices de cette guerre heureusement terminée; que ton cœur en conçoive une grande allégressse, puisqu'il t'a été donné de vaincre dès la première rencontre un roi si puissant, et qui avait avec lui tant de milliers d'hommes. Maintenant occupe-toi à parcourir successivement divers châteaux, à défendre ta patrie, tandis que ton illustre père brille, semblable à la foudre, sur les bords de l'Escaut, triomphe de ses ennemis, et combat au loin, à l'extrême frontière de la Flandre. C'est là qu'il se prépare à donner à la guerre le dernier coup de main, en sorte que ta victoire précède à peine son triomphe; la France se réjouit avec transport de ces victoires successives, dont la seconde est à peine séparée de la première par un court intervalle; Dieu, qui doit à la fin couronner les justes d'une double couronne, veut mettre un terme à vos guerres par un double triomphe.

Je m'afflige cependant, ô prince, de voir ta joie diminuée par la triste mort du maréchal qui, pressé d'une fièvre aiguë, vit peu de temps après se rompre les liens qui retenaient son corps à la vie, et attrista les Français de sa mort déplorable, homme qui n'était inférieur à nul autre, et comme chevalier, et comme vaillant guerrier, au dessus duquel nul n'était élevé en dignité non plus qu'en fidélité. Nul n'honorait plus que lui l'Eglise et les ministres de l'Eglise, nul n'était plus fidèle serviteur du roi. Il était chevalier du roi et du Christ, remplissant ainsi les fonctions de pélerin, afin qu'il pût être bientôt transformé de chevalier en citoyen digne d'être reçu dans la cour céleste. Albéric, son frère, avait obtenu la même récompense de sa fidélité, de sa vaillance, de son honneur. S'étant autrefois dévoué au service de la croix, et ayant suivi le roi en Syrie, il fut chargé de s'emparer de vive force des portes de la ville d'Accaron[1]; mais, au moment où il y pénétrait, le feu le délivra des liens de la chair, et par là il fut jugé digne de payer enfin au Christ la dernière dîme, et il se réjouit de se racheter par la couronne du martyre, et d'obtenir sa récompense au terme de sa course.

Déjà le méchant Othon avait dressé ses tentes sur les bords de l'Escaut; et Mortagne, ne pouvant contenir tant de corps d'armée, les autres établirent leur camp en toute hâte dans des lieux plus éloignés, couvrant leurs tentes de joncs et de paille. Les uns se défendaient du soleil et de la pluie, seulement avec des branches d'arbres; les autres s'emparaient des cabanes dans les champs, en en chassant les habitans, disant qu'ils avaient droit pour le moment sur

---

[1] Saint-Jean-d'Acre.

les choses qui ne leur appartenaient pas, et pensant, selon l'usage de la guerre, que tout leur était permis.

Les frontières de notre royaume furent plus particulièrement frappées de terreur par le beau-père d'Othon, Henri [1], à qui le Brabant fournissait mille escadrons et plus, le Brabant, dont le peuple est cruel dans les combats et accoutumé au maniement des armes, autant que tout autre peuple du monde.

D'un autre côté, le duc de Lorraine [2] animait à la guerre ses Lorrains, pleins de fourberie, qui déploient leurs bannières dans les airs, et qui, ayant toujours à la bouche le langage d'hommes simples, sont loin cependant de se montrer dans leur conduite également dépourvus de finesse. Située entre le pays des Gaules et celui des Teutons, leur terre, belle et féconde, les nourrit de ses produits abondans, en ces lieux où la Moselle, située seulement à quelques milles de la Meuse, arrose de ses belles eaux les villes de Toul, de Metz et de Trèves. Ce fut dans celle-ci que Ricciovaire, qui remplissait les fonctions de gouverneur sous l'empereur Maximien, arriva jadis du pays des Vosges, et fit périr à la fois et plonger tous ensemble dans les abîmes des eaux tant de saints dévoués à la loi du Christ, que la Moselle s'étonna d'en devenir toute rouge, et que le sang des saints fit changer la couleur de ses ondes.

Le duc de Limbourg [3] conduit aussi un corps de troupes, formé de gens des Ardennes, et cependant

---

[1] Duc de Brabant, dont la fille Marie était mariée à l'empereur Othon. Peu de temps auparavant, ce duc avait épousé Marie, fille de Philippe-Auguste.

[2] Thibaut. — [3] Henri III.

son fils même, Galerand, n'a point consenti, comme son père, à se déclarer pour le parti d'Othon, ne voulant point perdre l'amitié du roi des Français.

Les Saxons furieux marchent avec leur duc [1], et prennent les armes d'autant plus volontiers, qu'Othon lui-même a été autrefois leur compatriote et était uni à eux par le même sang, lorsqu'il n'était pas encore roi et n'avait pas été élevé aux faisceaux de l'empire.

Dortmund aussi envoya le comte Conrad, aux ordres duquel obéissent les enfans du pays de Westphalie et des contrées que la Roer arrose de ses eaux poissonneuses ; et toi aussi, Gérard, tu te réjouis de quitter Randeradt, ta patrie, pour aller à la guerre éprouver les rigueurs des armes françaises.

Le comte Othon vint pareillement du Tecklenbourg, et le pays d'Utrecht envoya aussi au secours d'Othon ce comte que les Teutons ont appelé le Velu [2], Utrecht, située aux lieux où la Meuse, se jetant dans un plus grand fleuve, ne perd pas cependant son nom, et, osant enlever au Rhin la moitié du sien, prend celui de Rhin-Meuse. Philippe, comte de Namur [3], encore à la fleur de son âge, et parent du roi, portait cependant les armes contre lui, quoique Pierre, son père, depuis long-temps comte d'Auxerre et de Nevers, tînt pour le parti du roi. Ce Philippe ayant été par la suite appelé au trône de Constantino-

[1] Albert.

[2] *Pilosum.* — Barth prétend qu'il ne faut pas entendre velu par ce mot, mais qu'il correspond au mot *rauhgraf*, seigneur d'une âpre contrée. Il est probable qu'il s'agit ici de Guillaume, comte de Frise et de Hollande.

[3] Philippe de Courtenai, fils de Pierre, comte d'Auxerre, et de Yolande de Namur.

ple, reçut de la main du pape le diadême impérial; mais il ne put parvenir à s'asseoir sur le trône sacré, et fut fait prisonnier à Durazzo par le prince des Comans[1].

A toi, comte de Boulogne, demeure étroitement uni Hugues, qui était né pour commander au château de Boves; mais il aima mieux se faire l'ennemi du roi et vivre dans l'exil, que jouir d'une douce paix et se soumettre au roi. Epris d'amour pour une courtisanne, tu faisais entrer sa sœur dans ta couche, et la conduisais en tous lieux en ces temps de guerre; et elle, quoique d'une illustre naissance, se mettant à ta solde, abandonnait son époux, et privait notre camp de sa présence.

Le frère du roi des Anglais, aux ordres duquel le pays de Salisbury se soumet avec joie, amène aussi à l'armée trois fois trente mille hommes de la nation anglaise; et toi, comte de Boulogne, te confiant en ces forces, et te reposant sous leur ombre, tu oses promettre à Othon une victoire dont il est indigne.

Qui pourrait compter la force du bataillon de la ville d'Ypres et énumérer les milliers de compagnies que vomit la ville de Gand en ouvrant ses portes? Qui pourrait dire combien de troupes envoyèrent le Belge et les Blavotins furieux, et la ville de Lille, et les terribles Isengrins, combien de milliers d'hommes couvrirent les campagnes, armés et envoyés par Bruges et par Oudenarde, qui s'était associée à Courtrai, sa voisine, pareille en forces, et vouée à la même foi; combien d'escadrons de cavaliers la Flandre souleva dans ses villes et dans ses campagnes pour les armer

[1] Théodore l'Ange Comnène.

contre le roi, se souvenant en son cœur des châtimens qu'elle avait reçus, l'année précédente, et des pertes que le roi Philippe lui avait fait éprouver, en juste retour de ses fautes, lorsque Ferrand recevait des Anglais des sommes d'argent, que maintenant encore il emploie méchamment, sans que les malheurs l'aient corrigé?

Ces hommes, et beaucoup d'autres encore, qu'il serait trop ennuyeux d'énumérer, la Flandre les fournit au comte Ferrand comme auxiliaires, afin qu'il paraisse pouvoir à lui seul, et en toute sécurité, se mesurer avec le roi et les siens, car ses forces surpassent de plusieurs milliers d'hommes les forces du roi! Mais, se confiant en Dieu et en la justice de sa cause, la bouillante valeur des Français ne s'arrête pas à compter le nombre de ses ennemis.

Parmi les Français, l'un des premiers était le seigneur des Barres qui, par sa vaillance, tenait à lui seul la place d'un grand nombre d'autres, et avec lui étaient encore Gérard Scropha et Pierre de Mauvoisin, qui tenait ferme comme la pierre, de fait aussi bien que de nom. Je ne vous oublierai point, toi, Gui des Roches, ni toi non plus, Galon de Montigny, toi, dont le courage est inébranlable autant qu'une montagne, et qui portais en ce jour la bannière royale. Hugues de Mareuil et son frère Jean, Pierre, seigneur du pays de Rumigny, marchant avec deux cents chevaliers tout au plus, tels que les produit la terre de Champagne, animés d'un même esprit, formaient ensemble une seule troupe.

Les hommes illustres que tu as amenés avec toi de Montmorency, ô Matthieu, le comte Jean de Beaumont,

Étienne, qui tire de Sancerre son surnom et son origine, homme illustre, et qui se tient pour le second après le roi par l'élévation de sa naissance, Michel, seigneur des Harmes, et Hugues Malaune, se groupent en un seul corps, à la suite des Champenois.

Suivi de son fils, le vieux Robert [1] conduit autant de chevaliers qu'il a pu en rassembler contre les Anglais qui retenaient l'un de ses fils dans une dure captivité. Il est accompagné par l'évêque de Beauvais, son frère, tous deux issus de la race royale : avec eux sont encore l'évêque de Laon [2] et Gaucher, qui naguère s'honorait du comté de Châtillon, et est décoré maintenant de celui de Saint-Paul, chevalier aussi célèbre que tout autre dans le maniement des armes.

Les gens du Ponthieu suivent à la guerre leur comte d'une naissance illustre par ses aïeux ; il tient encore à une race d'un sang beaucoup plus illustre par sa femme, sœur de l'auguste roi Philippe, qui avait été épouse de Richard, et que Richard rendit autrefois à son frère Philippe, sans s'être uni à elle, lorsqu'il voulut épouser la fille du roi de Navarre [3].

Thomas, noble héritier de Saint-Valery, seigneur de Gamaches, tenant encore plusieurs bourgs et un grand nombre de châteaux, illustre par sa puissance et plus illustre par sa naissance, conduit à la guerre cinquante chevaliers et deux mille servans d'armes, hommes audacieux, remplis de courage et de force de corps.

Jean, vigoureux comme un chêne, et son frère

---

[1] Robert II, comte de Dreux. — [2] Robert de Châtillon. — [3] Bérengère.

Thomas, sont dans la compagnie du roi et demeurent constamment à ses côtés; avec eux sont encore Étienne, seigneur de Longchamp, et les soixante et dix chevaliers qu'a envoyés la terre de Neustrie, la Neustrie fidèle sans doute et même très-fidèle au roi, si elle savait mieux réprimer les écarts de sa langue déchaînée contre lui.

Au milieu d'un grand tumulte, Eudes de Bourgogne conduit à l'armée les vaillans guerriers que sait produire la terre de Bourgogne, richement dotée par la nature. La crainte et le respect qu'inspirent sa valeur et sa renommée se répandent au loin dans une immense étendue de pays, car seul et quoique absent, il tient sous ses lois et effraie par son nom seul les peuples au milieu desquels serpente la rivière du Doubs, située au-delà de la Saône, le pays qui s'étend au-delà du Rhône jusqu'à Vienne, les habitans de Pontarlier, enrichis par une grande quantité de sapins, et placés près des gorges de la montagne dans laquelle le Doubs prend sa source, ceux de Salins, établis dans une étroite vallée, auxquels une eau tirée (chose merveilleuse!) de deux puits et épurée par un feu ardent fournit un sel dont se servent les habitans de la vallée de Besançon, pour assaisonner leurs mets; les citoyens de Langres et des Vosges, qui touchent aux frontières de l'Allemagne, tout le territoire qui s'étend depuis le pays de France jusqu'au pays des Alpes, et enfin toute cette contrée couverte d'aspérités et de montagnes, qui produit cependant des grains, des denrées et du vin en abondance, et couvre les bords du lac Léman de jolies villes et de nombreux villages. Ce lac est traversé d'une course rapide par le fleuve du Rhône, qui coule au milieu de ses eaux sur une longueur de trente lieues, borné des deux côtés par ces mêmes eaux, de telle sorte que les ondes immobiles du lac ne mettent point obstacle à la marche de celles du fleuve, que le fleuve dans son impétuosité n'entraîne point après lui le lac immobile, qu'enfin les eaux du fleuve ne s'unissent point à celles du lac, ni les eaux du lac à celles du fleuve ; de même Aréthuse, fuyant pour échapper aux transports d'Alphée, coule du rivage de l'Élide jusqu'à celui de la Sicile, et là, sortant de nouveau, elle arrose d'une course paisible les champs de la Sicile, se rend agréable aux habitans autant par sa beauté qu'en répandant autour d'elle la fertilité, et tandis qu'elle coule doucement sur une grande longueur, l'amère Doris ne confond point ses ondes à celles d'Aréthuse, et l'âcreté des ondes salées n'altère point la vertu de ses eaux, qui conservent leur douceur.

Transporté de la passion de la guerre, le duc de Bourgogne aborde le roi, en lui adressant ces quelques mots : « Cette fois du moins nous travail-
« lerons jusqu'à ce que nous ayons atteint les enne-
« mis ; car, quoiqu'il soit pénible de quitter si souvent
« sa patrie, nous sommes encore plus fâchés d'y re-
« tourner sans avoir combattu. »

Muse, pourquoi taisons-nous les noms du jeune Gautier[1], de Barthelemy[2], de Guillaume de Garlande? Est-ce parce qu'ils demeurent toujours auprès du roi, en paix aussi bien que dans la guerre, et parce qu'il est rare que le roi aille sans eux en quelque lieu que

---

[1] De Nemours. — [2] De Roye.

ce soit? Ce que tout le monde sait, il est inutile de le rappeler. Ces hommes sont plus assidus que les autres auprès du roi, et l'assistent sans cesse de leurs conseils et de leurs guerriers, autant qu'il est donné à chacun de pouvoir en entretenir à ses frais.

Cependant la vieille comtesse [1], fille du roi de Portugal, que l'on appelait reine pour ce motif seulement, et qui était en outre sœur du père de Ferrand, desirant, selon l'habitude des habitans de l'Espagne, être instruite des choses de l'avenir, consulta les sorciers qui pratiquent un art qui nous est inconnu. Elle-même cependant n'ignorait pas, à ce que je pense, les prestiges que Tolède la devineresse a coutume d'enseigner aux Espagnols. S'étant donc fait tirer le sort, elle mérita d'être séduite par cette réponse problématique, dans laquelle la vérité se cachait sous des paroles ambiguës : « Le roi renversé de cheval par « une grande foule de jeunes gens, sera écrasé sous « les pieds des chevaux, et il ne lui arrivera point « d'être inhumé : à la suite de la bataille, le comte, « traîné sur un char, au milieu de bruyans applau- « dissemens, sera reçu à Paris par les citoyens. » Après cette réponse, Ferrand, rendu plus audacieux, invoqua la guerre avec une nouvelle fureur, ne comprenant point l'énigme contenue sous ces paroles obscures, et se plaisant à bercer son cœur ambitieux de vaines espérances, comme s'il eût voulu que Crésus ne fût pas le seul à être trompé par la réponse ambiguë d'un oracle [2].

[1] Mathilde, veuve de Philippe d'Alsace, comte de Flandre.
[2] Allusion à ce vers de Juvénal :

Et semel ambiguo deceptus Apolline Crœsus.

Othon tint ensuite une conférence secrète avec le comte Ferrand et le comte de Boulogne, leur révéla ses espérances, et admit aussi les chefs les plus considérables à entendre son discours :

« Si le roi des Français seulement n'était pas pré-
« sent, nous pourrions nous estimer en sécurité contre
« tout autre ennemi de ce monde, et soumettre à nos
« glaives l'univers tout entier. Mais lui seul prenant
« parti contre nous, et ayant presque toujours dé-
« fendu la cause du clergé comme sa propre cause,
« le Pape ose par suite nous frapper d'anathème et
« délier nos grands de la fidélité qu'ils nous doi-
« vent. Se portant pour l'ami du roi de Sicile, il
« ose diriger ses forces contre notre empire, il livre
« sans cesse de nouvelles attaques à notre famille, et
« ne craint pas de déshériter le roi Jean lui-même,
« qui dans son extrême générosité fait pleuvoir sur
« nous ses richesses et ses dons. C'est donc contre
« celui-là seul qu'il convient que nous dirigions
« tous nos efforts ; c'est lui qu'il faut tuer le premier
« de tous, lui qui seul oppose une barrière à nos
« succès, qui seul nous résiste et se fait notre ennemi
« en toutes choses. Aussitôt qu'il sera mort, vous pour-
« rez à votre gré enchaîner tous les autres, soumettre
« le royaume à notre joug, et le partager de telle
« sorte, que toi, Renaud, tu t'empares de Péronne et
« de tout le Vermandois : toi, Ferrand, nous te con-
« cédons Paris ; que Hugues[1] s'empare de Beauvais,
« que le héros de Salisbury prenne Dreux, que Gé-
« rard[2] prenne Château-Landon et le Gâtinais, que
« Conrad[3] possède Mantes avec le Vexin, que les

[1] De Boves. — [2] De Randeradt. — [3] De Dortmund.

« autres grands prennent chacun ce qui lui conviendra, que nul d'entre eux ne s'en aille sans avoir reçu un don de moi. Je veux en outre que la ville de Sens et le fertile territoire qui s'étend depuis la rivière d'Yonne jusqu'aux lieux où le Loing se jette dans le fleuve de la Seine, et le pays enfin qui est situé entre Moret et Montargis, soient livrés au comte Hervey[1] pour être possédés par lui, puisque déjà notre oncle les lui a concédés par avance[2].

« Quant aux hommes du clergé et aux moines, que Philippe exalte tellement, qu'il aime, protége et défend de toute la vivacité de son cœur, il faut, ou que nous les mettions à mort, ou que nous les déportions, de telle sorte qu'ils ne soient plus qu'un petit nombre, que leurs ressources soient suffisamment réduites, et qu'ils ne vivent plus que du petit produit des offrandes. Que les chevaliers, ceux qui prennent soin des affaires publiques, et qui, soit en combattant, soit dans la paix, assurent le repos des peuples et du clergé, possèdent les campagnes et reçoivent de larges dîmes. Le jour en effet où le Père des pères me décora pour la première fois du diadème impérial, je promulguai une loi, et je voulus qu'elle fût rédigée par écrit et exécutée rigoureusement dans le monde entier, or-

---

[1] De Nevers.
[2] Notre auteur dit dans son histoire en prose : « Ce que je viens de dire sur leurs trahisons et leurs projets audacieux fut rapporté au roi, après la victoire, par des narrateurs véridiques qui avaient eux-mêmes assisté à ce conseil, car à Dieu ne plaise que nous racontions même de nos ennemis des choses que démentirait notre conscience. Nous ne disons absolument que ce que nous savons et ce que nous croyons vrai. »

« donnant par cette loi que les églises ne posséde-
« raient que les dîmes et les présens des offrandes,
« et qu'elles nous abandonneraient les campagnes et
« les domaines des champs, pour assurer la subsi-
« stance du peuple et la solde des chevaliers.

« Maintenant, puisque le clergé ne veut pas m'o-
« béir, en se soumettant à cette loi, ne dois-je pas
« appesantir ma main, et ne suis-je pas fondé à lui
« retirer les grandes dîmes et ses domaines? Ne
« puis-je pas ajouter une nouvelle loi à la loi de
« Charles-Martel, qui ne voulut pas enlever aux
« clercs leurs terres? S'il leur retira les dîmes, ne
« me sera-t-il pas permis aussi de leur ôter les terres
« aussi bien que les dîmes, moi qui puis faire des
« lois, changer les droits, moi qui seul possède l'em-
« pire du monde entier? Ne me sera-t-il pas permis
« d'enchaîner le clergé par une loi telle qu'il sache
« se contenter des choses qui lui seront offertes et
« des prémices des champs, apprenant enfin à de-
« venir plus humble et moins superbe? Combien il
« sera plus utile et plus avantageux, lorsque j'aurai
« ainsi rétabli la justice, que le chevalier rempli
« d'activité possède ces champs, bien cultivés, ces
« terres abondantes en toutes sortes de délices et de
« richesses, à la place de cette race paresseuse, née
« seulement pour consommer les grains, qui vit d'oisi-
« veté, qui se dessèche à l'ombre et sous les toits des
« maisons, au lieu de ces hommes qui vivent inutiles,
« dont l'unique occupation est de s'adonner à Bacchus
« et à Vénus, dont la crapule fait gonfler les membres
« incessamment engraissés et charge le ventre d'un
« énorme embonpoint? Aussi, et dès que le pape

« se déclara rebelle envers moi, quand je publiai la
« loi dont je viens de parler, lui enlevai-je sur-le-
« champ Montefiascone, Aquapendente, Bitillia, Ra-
« dicofani, le château de San-Quirino, les remparts de
« Viterbe, Civita-Vecchia, d'innombrables villages et
« beaucoup d'autres châteaux, qui environnent de
« toutes parts la riche ville de Rome, me montrant
« plus fort que lui et beaucoup plus puissant par mes
« armes, que je tiens encore et tiendrai long-temps
« en mes mains, en dépit de lui, et quoiqu'il pré-
« tende me ravir l'empire et ose promettre à Frédé-
« ric ce qui m'appartient à bon droit.

« Maintenant nous n'avons pas même le temps de
« nous arrêter à tenir conseil. Voici, le chef des en-
« fans de la France a laissé derrière lui le pont de
« Bovines. Aujourd'hui même il établira son camp
« sous les murs de Tournai, près des eaux du fleuve
« de l'Escaut; et quoique ceux qui portent les armes
« pour lui fassent à peine le tiers de notre cheva-
« lerie, voilà, ils viennent à nous pour nous atta-
« quer, ils n'attendent point que nous marchions sur
« eux, tant ce chef a de courage, tant est grande la
« présomption du chevalier français, qui n'hésite ja-
« mais à braver toute sorte de péril! Ce qu'ils disent,
« ce qu'ils font, sera bientôt transmis à nos oreilles
« par le rapport fidèle d'un espion véridique. Ils
« ignorent, à ce que je crois, combien de porte-ban-
« nières suivent nos armées, quelle est la force des
« corps de troupe de notre nation, combien de com-
« tes et de ducs marchent avec nous, quelle est la
« fureur des Teutons dans les combats, avec quelle
« violence ils font rouler leur glaive dans l'air, com-

« bien sont rudes les coups qui partent de leurs
« corps revêtus de fer! Qu'ils viennent donc, afin
« que nous leur apprenions toutes ces choses par le
« fait, et que le Parisien ne rougisse pas d'être ins-
« truit par le Saxon. »

Il dit, et tous les grands lui promettent d'une voix unanime qu'il en sera ainsi qu'il l'espère, tous lui jurent d'exécuter fidèlement tout ce qu'il a dit. Et, afin que chacun puisse mieux se préserver de tout péril et distinguer par un signe certain son compagnon de son ennemi, chacun place aussitôt une croix sur son dos et sur sa poitrine, et en même temps les mains des hommes de pied et du moindre des serviteurs se chargent de petites cordes, de lacets et de liens de toute espèce, afin de pouvoir plus facilement enchaîner les Français, qu'ils tiennent déjà pour vaincus, et qu'ils espèrent pouvoir garotter dès la première rencontre. Le roi en effet acquit la certitude de tous ces détails par un certain religieux d'une fidélité non douteuse, envoyé en secret dans son camp par le duc de Louvain, la nuit même qui précéda le jour de la bataille. Car ce duc, quoiqu'il fût le beau-père d'Othon et son fidèle, avait tout récemment reçu pour femme la fille du roi, et son messager apprit à celui-ci que le chemin était fort embarrassé d'épaisses plantations de saules, qu'il y avait un marais fangeux, dont les joncs pointus et piquans empêchaient de passer à travers les champs de Mortagne, et où les chevaux et les chariots auraient beaucoup de peine à trouver un chemin.

Aussitôt le roi change ses résolutions, et ne communique ce changement qu'à un petit nombre de

personnes, afin qu'Othon ne puisse se vanter de nouveau de savoir toutes choses. Il dit : « Le che-
« min pourrait être dangereux pour les chariots à
« quatre roues et pour les chevaux, et quel homme
« de pied voudrait marcher ou combattre sans eux?
« Loin de nous une telle pensée! que les Teutons
« combattent à pied; vous, enfans de la Gaule, com-
« battez toujours à cheval. Que nos bannières revien-
« nent sur leurs pas, passons au-delà de Bovines,
« allons gagner les plaines de Cambrai, d'où nous pour-
« rons marcher plus facilement sur les ennemis. Dieu
« me garde de revoir les champs de ma naissance,
« avant que le Français, triomphant sous mes ordres,
« aient réfuté les paroles d'Othon, afin que le Parisien
« donne des leçons au Saxon, plutôt que le Saxon se
« puisse vanter que c'est à lui d'instruire le Parisien!
« Et toi, duc Eudes, qui te plains de venir si souvent
« à la guerre, qu'un seul jour mette un terme à tes
« travaux, par la victoire des Français! »

Il dit, et ayant entendu la messe, ordonne que l'on enlève les tentes, et que l'on retourne vers Bovines dès la première fraîcheur du matin.

Pourquoi, Othon, pourquoi te vanter ainsi? pourquoi prétendre vainement élever les glaives teutons au dessus des glaives français? Jadis la Saxe fut long-temps rougie par les glaives des Français, lorsqu'elle subit un juste châtiment par la vengeance de Charles, qui ne permit pas qu'on laissât subsister un seul enfant mâle dont le corps se trouverait plus long que son glaive [1].

[1] Voyez le récit du moine de Saint-Gall., liv. II, dans le tom. III de cette collection.

A peine le roi s'était-il éloigné de la vue de Tournai, que l'espion d'Othon se rendit vers son maître, et lui rapporta que Philippe, frappé d'une grande terreur, et tous les Français avec lui, s'en retournaient fuyant vers Péronne. Trompé par cette idée, il trompa de même son seigneur. Celui-ci, concevant en son cœur une vaine joie, saisit aussitôt ses armes, et, dans son transport, laisse les portes derrière lui : toute son armée, sortant en même temps, inonde les campagnes, comme une légion de sauterelles. Ni la forêt obstruée par les branches des saules verdoyans, ni le marais tout couvert de joncs et de fondrières cachées, ni la terre toute fangeuse et salie de boue et de glaïeuls, ne peuvent ralentir leur marche; ils craignent que les Français n'aient franchi le pont avant qu'ils puissent les atteindre, ils s'encouragent les uns les autres à faire usage de leurs éperons, pour s'avancer d'autant plus promptement; les imprudens, ils ne redoutent pas leur ruine prochaine, et tombent justement dans le précipice.

Où courez-vous, hommes qui vous jetez ainsi vers la mort? Votre impétuosité vous servira mal dans le combat. Vous croyez donc que le roi vous tourne ainsi le dos, et n'osera pas se retourner et courir à votre rencontre? Il ne siérait point que la peur de vous voir le détournât de son chemin, il ne siérait point qu'on pût croire qu'il s'est enfui à cause de vous; la seule chose qu'il desire, c'est de pouvoir vous rencontrer et vous livrer bataille dans une plaine bien découverte, et en peu d'instans, cette vérité vous sera bien démontrée par le fait.

A la suite de toutes les bannières, Garin s'était mis

en marche le dernier. Elu, et non encore consacré dans le siége épiscopal de Senlis, ami particulier du roi, il dirigeait avec lui les affaires les plus difficiles du royaume. Tandis donc que les troupes se portaient en avant, leurs bannières flottant dans les airs, Garin, s'éloignant un peu et secrètement du dernier corps d'armée, se mit à diriger sa marche vers les champs de Mortagne, desirant d'apprendre quelque nouvelle. Puis, lorsqu'il eut fait quelques milliers de pas, s'avançant toujours vers le midi, et suivi d'un petit nombre d'hommes, parmi lesquels était Adam de Melun, il monta sur un tertre que le hasard avait élevé au milieu de la plaine, pour porter au loin ses regards. De là, il vit des corps de troupes se répandant avec ardeur dans la plaine; il lui était même impossible de les embrasser tous ensemble d'un seul coup d'œil; et, lorsqu'il eut vu tant de boucliers dont l'éclat le disputait à celui des astres de la nuit, tant de têtes dont les casques répétaient la lumière du soleil, tant de flancs jaunis de la rouille du fer qui les enveloppait, tant de bannières dont le balancement léger agitait les vents, tant de compagnies de cavaliers, tant d'armures de fer, enveloppant les membres vigoureux des chevaux, Garin dit à Adam : « Ils viennent, croyant ne pouvoir nous atteindre as-
« sez vite au gré de leurs desirs : toi, demeure en-
« core sur le haut de cette colline, afin de mieux
« reconnaître et leur nombre, et leurs intentions,
« tandis que j'irai moi-même rapporter ces choses
« à Philippe qui n'en croirait nul autre que moi. »

Il dit, et vole auprès du roi. A peine celui-ci peut-il croire qu'un homme quelconque ose entreprendre une bataille en ce jour saint que Dieu lui-même a consacré spécialement à lui seul [1]. Le roi cependant suspend sa marche, donne ordre que l'on fasse arrêter les bannières qui se portent en avant, et parle en ces termes à ses amis : « Voici, le Seigneur me « donne lui-même ce que je desirais. Voici, bien au-« delà de nos mérites et de nos espérances, la faveur « seule de Dieu nous accorde ce qui dépasse tous nos « vœux. Ceux que naguère nous nous efforcions d'at-« teindre à travers de vastes circuits et les nombreux « détours des routes, voici, la miséricorde du Sei-« gneur les conduit vers nous, afin que lui-même « détruise par nous ses ennemis en une seule fois. Il « coupera avec nos glaives les membres de ses enne-« mis, et se fera de nous des instrumens propres à « couper; ce sera lui qui frappera, et nous serons le « marteau ; il sera le chef de toute la bataille, et « nous serons ses ministres. Je ne doute point que « la victoire ne se déclare pour lui, qu'il ne triomphe « par nous, que nous ne triomphions par lui de ses « propres ennemis, qui lui portent tant de haine. Déjà « ils ont mérité d'être frappés par le glaive du Père « des pères, ayant osé le dépouiller, priver l'Eglise de « ses biens, ayant enlevé les sommes qu'ils emploient « maintenant pour leur entretien au clergé, aux moi-« nes et aux pauvres de Dieu, dont les malédictions « font et feront leur damnation, et dont les plaintes, « élevées jusques aux cieux, les forceront à succom-« ber sous nos coups. Au contraire, l'Eglise est en

[1] Matthieu Paris dit que la bataille de Bovines fut livrée *au mois de juillet*, le 6 des calendes d'août, c'est-à-dire le dimanche 27 juillet 1214.

« communion avec nous, elle nous assiste de ses
« prières, et nous recommande en tous lieux au Sei-
« gneur. En certains lieux même les clercs prient
« pour nous avec plus d'ardeur encore, eux qui nous
« chérissent d'une plus tendre affection. C'est pour-
« quoi, ainsi fortifiés par la force inébranlable de
« l'espérance, montrez-vous, je vous en prie, enne-
« mis des ennemis de l'Eglise. Que votre combat soit
« destiné à vaincre, non pour moi, mais pour vous
« et pour le royaume; que chacun de vous, en pre-
« nant soin du royaume et du diadème, prenne garde
« aussi à ne pas perdre son propre honneur. Toute-
« fois je desire moins vivement le combat, en ce jour
« sacré qui ne se verra pas sans horreur souillé de
« sang. »

Il dit, et les Français, remplis de joie, proclament par leurs cris qu'ils sont tout prêts à combattre pour l'honneur du royaume et du roi. Tous cependant sont d'avis de se rendre jusqu'à Bovines, pour voir s'il ne plaira pas à l'ennemi de respecter le jour sacré et de différer la bataille jusqu'à ce que le lendemain vienne leur rendre la faculté de combattre. D'ailleurs, cette position sera meilleure pour défendre les bagages et tous les autres effets que l'on transporte à la suite d'un camp, attendu qu'elle n'est ouverte d'aucun côté, et que le marais, se prolongeant sans interruption sur la droite et sur la gauche, intercepte la route, et rend tout passage impossible, si ce n'est sur le pont assez étroit de Bovines, par où les quadrupèdes et les bipèdes se peuvent diriger du côté du midi. De ce côté, s'étendent au loin des champs et une belle plaine toute verdoyante des grains de Cérès, et qui, se prolongeant sur une vaste étendue de terrain, atteint à Sanghin du côté du couchant, et à Cisoing vers l'orient; lieu bien digne en effet d'être souillé de carnage et de sang, puisque l'un et l'autre de ces noms rappellent le sang et le carnage [1].

Tout aussitôt le roi fait élargir le pont, de telle sorte que douze hommes puissent le traverser en marchant à côté l'un de l'autre, et que les chariots à quatre chevaux puissent y passer avec leurs conducteurs.

Tout près d'une église consacrée sous l'invocation de Pierre, le roi, brûlé par le soleil, se reposait sous l'ombre d'un frêne, non loin du pont, que déjà la majeure partie de l'armée avait franchi, espérant que la bataille serait remise au lendemain; et le soleil, parvenu à sa plus grande hauteur, annonçait le milieu du jour. Tandis que le roi se disposait à goûter quelques instans de repos, un messager rapide, accourant en toute hâte, s'écrie : « Déjà l'ennemi s'est « élancé sur le dernier corps de l'armée : ni les trou-« pes de la Champagne, ni ceux que vous avez envoyés « naguère ne suffisent plus à le rejeter en arrière : « tandis qu'ils résistent à l'ennemi, et s'efforcent de « ralentir sa marche, celui-ci pousse en avant et a « fait déjà deux milles sans s'arrêter. »

Emu de ces paroles, le roi se lève aussitôt, entre dans l'église, et place ses armes sous la protection du Seigneur. Bientôt, ayant terminé une courte prière, il sort : « Allons, s'écrie-t-il, allons en toute hâte « porter secours à nos compagnons. Dieu ne s'irritera

[1] Jeu de mots sur *sanguineus* et *cæsus*, de *cædere*, tuer, massacrer.

« pas, si nous prenons les armes, en un jour sacré,
« contre ceux qui viennent nous attaquer. Il n'a point
« imputé à crime aux Macchabées de s'être défendus
« en un saint sabbat, lorsqu'ils repoussèrent par une
« sainte victoire les forces de leurs ennemis. Bien
« plus, il nous convient beaucoup mieux de com-
« battre en ce jour où l'Eglise toute entière adresse
« pour nous ses supplications au Seigneur, dont nous
« nous montrons les amis. » Disant ces mots, il revêt
son corps de ses armes, s'élance, de sa haute taille,
sur son grand cheval, et, retournant sur ses pas, vole
vers l'ennemi, d'une course rapide, tandis que les
sons horribles des clairons retentissent autour de lui.

CHANT ONZIÈME.

ARGUMENT.

Récit de diverses scènes de carnage. — Othon combat sous l'étendard impérial, se prétendant le seigneur du monde. — Les rois disposent leurs corps d'armée dans un ordre régulier. — Bientôt Eustache* est tué par suite de sa faiblesse, et la Champagne triomphe de Ferrand dans un premier engagement. — Etienne** tombe en présence du roi. — Le comte de Salisbury est précipité du haut de son cheval, frappé par l'évêque de Beauvais. — Le roi tombe, Othon prend la fuite, la victoire demeure aux Français. — Le comte de Boulogne est fait prisonnier, vaincu enfin le dernier de tous.

C'était le premier jour auquel les serviteurs du Christ donnent le nom de jour du Seigneur, après les jours de joie où l'on célèbre les fêtes de Christophe et de Jacques. Les Gentils prétendent que ce jour est celui du soleil, qui s'est consacré la première heure de cette journée ; car chez eux, chaque jour porte le nom d'une planète et lui consacre spécialement sa première heure dans l'ordre que les poètes de l'antiquité ont adopté pour tracer la marche des temps.

Lorsqu'il vit les Français accourir en toute hâte avec leur roi, leurs bannières déployées pour la bataille, Othon, à qui l'on avait rapporté que, vaincus par la seule frayeur, les Français s'étaient enfuis pour

---

* De Maquilin. — ** De Longchamp.

retourner dans leur patrie, Othon fut saisi d'étonnement, et, perdant ses espérances, fit un mouvement en arrière, et se retira un peu sur la gauche. Là, rangeant son armée en bataille, et se détournant un peu vers le nord, il étendit ses troupes sur le terrain en une ligne non interrompue, de façon à occuper le premier rang, présentant le front de ses hommes d'armes sur une ligne droite qui occupait un espace de deux mille pas. De son côté aussi, le roi prit soin de prolonger les ailes de son front de bataille, afin de ne pouvoir être en aucun cas tourné ni enveloppé par ses nombreux ennemis.

Bientôt Othon, arborant les bannières de l'Empire, comme s'il voulait déjà célébrer par avance le triomphe dont il se croit sûr, élève dans les airs son étendard, s'environne des honneurs suprêmes de l'empire, afin de faire briller ses faisceaux au milieu d'un si grand appareil et de se proclamer par la victoire le souverain du monde entier. Il fait dresser au dessus d'un char un pal, autour duquel s'entortille un dragon qui se fait voir ainsi au loin et de tous côtés, se gonflant de la queue et des ailes, aspirant les vents, montrant ses dents horribles, et ouvrant son énorme gueule ; au dessus du dragon plane l'oiseau de Jupiter, aux ailes dorées, et toute la surface du char, resplendissante d'or, rivalise avec le soleil, et se vante même de briller d'un plus grand éclat.

Quant au roi, il lui suffit de faire voltiger légèrement dans les airs sa simple bannière, formée d'un simple tissu de soie d'un rouge éclatant, et semblable en tout point aux bannières dont on a coutume de se servir pour les processions de l'Eglise, en de certains jours fixés par l'usage. Cette bannière est vulgairement appelée l'oriflamme : son droit est d'être, dans toutes les batailles, en avant de toutes les autres bannières, et l'abbé de Saint-Denis a coutume de la remettre au roi toutes les fois qu'il prend les armes et part pour la guerre. En avant du roi cependant la bannière royale était portée par Galon de Montigny, très-vaillant homme. Ainsi les deux armées se trouvaient précisément vis-à-vis l'une de l'autre; la portion de la plaine qui les séparait était peu étendue; elles étaient rangées face à face, mais on n'entendait encore retentir aucune voix.

Placé de l'autre côté et vis-à-vis du magnanime Philippe, Othon était tout couvert d'or et revêtu des ornemens impériaux. Le seigneur de Dreux, avec les gens de Gamache et de Ponthieu (qui n'étaient éloignés du roi que de manière qu'il n'y eût aucun intervalle entre leurs corps d'armée et le sien), le seigneur de Dreux se plaça en face du comte de Boulogne et des Anglais, contre lesquels il nourrissait plus particulièrement une antique haine, et ses troupes étroitement unies formaient l'aile gauche de l'armée.

A l'aile droite, et à une grande distance du roi, le corps des Champenois menace les gens de la Flandre. Avec eux sont le duc de Bourgogne, le comte de Saint-Paul, Jean de Beaumont, et ceux qu'avait envoyés l'abbé de Saint-Médard, bourgeois illustres par une grande valeur, et qui étaient au nombre de trois cents. Chacun d'eux, monté sur un cheval, était transporté de joie en allant à la guerre, et brandissait avec ardeur son glaive et sa lance; ils étaient tous venus de la vallée de Soissons, où s'élèvent des hommes pleins de vigueur. Entre ceux-là et le roi étaient placés, sur une ligne non interrompue, des hommes brillans de valeur, et chacun de leurs chefs resserrait autour de lui ceux qui composaient sa troupe, tandis que la trompette retentissait horriblement, invitant les guerriers à se porter promptement contre l'ennemi.

Pendant ce temps, l'élu de Senlis visitait rapidement les uns et les autres, les encourageant à veiller chacun à la défense publique, à combattre vigoureusement pour l'honneur de la patrie et du roi, à se souvenir de leur race qui, victorieuse dans tous les combats, a toujours détruit les ennemis ; sur toute chose à prendre garde que l'ennemi plus nombreux, prolongeant ses ailes, ne cherche à les envelopper ; que sa ligne ne s'étende jamais plus que leur propre ligne, qu'aucun chevalier ne serve jamais de bouclier à un autre chevalier, mais plutôt que chacun se présente volontairement pour faire face à un ennemi.

Comme les gens de la Flandre attendaient toujours, ne daignant pas s'avancer à découvert dans la plaine ni sortir de leurs rangs, la troupe des gens de Soissons, impatiente et entraînée par les discours de Garin, lance ses chevaux de toute la rapidité de leurs jambes, et attaque les ennemis. Mais les chevaliers de Flandre ne se portent point à leur rencontre, et aucun signe même n'indique qu'ils veuillent se mettre en mouvement ; ils s'indignent extrêmement que la première charge dirigée contre eux ne soit pas faite par des chevaliers, comme il eût été convenable ; ils ne rougissent point de montrer leur extrême répugnance à se défendre de ceux qui les attaquent (car c'est le dernier excès de la honte, pour des hommes issus d'un sang illustre, d'être vaincus par des enfans du petit peuple), et demeurent immobiles à leur poste. Les gens de Soissons cependant ne pensent pas qu'il faille agir mollement avec eux ni les ménager; ils les maltraitent rudement; ils les renversent de leurs chevaux, en tuent plusieurs, et ayant ainsi jeté le désordre parmi eux, les forcent enfin à abandonner leur position et à se défendre, qu'ils le veuillent ou non. Ainsi ces hommes, orgueilleux de leur noblesse, fiers de leur dignité, n'ont plus de honte enfin de combattre avec des hommes qui leur sont inférieurs, et leur portent et en reçoivent à leur tour des coups et des blessures. Mais enfin, dédaignant les bourgeois, Eustache, qui tire son origine de Maquilin, et est fier de ses illustres aïeux, s'avance au milieu de la plaine, et d'une voix superbe, s'écrie à plusieurs reprises : *Mort aux Français!* Il est suivi de Gautier et de Buridan, celui-ci venu de Ghistelle, celui-là de Furnes, et des chevaliers de Flandre, à qui cette méchante terre inspira dès la plus tendre enfance la haine du roi très-auguste; et tous s'élancent d'une course rapide à la rencontre de nos chevaliers.

Déjà les sons des clairons avaient horriblement retenti, et de tous côtés tous les corps de troupes engageaient le combat, et se précipitaient vers leur destinée. Michel des Harmes se jette contre celui qui criait, annonçant la mort aux Français, et de sa lance il lui transperce son bouclier. Eustache l'attaque à son tour, et le pressant, cherche à frapper de sa lance et la selle et les côtes du cheval, et l'une et l'autre cuisses du cavalier. Le cheval tombe, son maître roule avec lui, et ne parvient qu'avec beaucoup de peine à dégager ses cuisses de la lance qui le presse. Hugues de Malaune accourt alors, suivi de Pierre de Rheims et de la troupe des Champenois, et du comte de Beaumont et du comte de Sancerre. Toi Gaucher[1], et toi seigneur de Montmorency[2], vous vous élancez de même sans aucun retard. Les milliers d'escadrons de la Flandre s'opposent à ces guerriers. Tandis que Ferrand combat, et par sa présence excite le courage des siens, les lances se brisent, les glaives et les poignards se heurtent; les combattans, se frappant réciproquement de leurs haches de damas, se fendent la tête, et leurs glaives abaissés se plongent dans les entrailles des chevaux, lorsque les vêtemens de fer qui recouvrent les corps de leurs maîtres ne permettent pas au fer de les transpercer. Ceux qui sont portés tombent alors avec ceux qui les portent, et deviennent plus faciles à vaincre lorsqu'ils sont ainsi renversés dans la poussière; mais alors même le fer ne peut encore les atteindre, si leur corps n'est d'abord dépouillé des armures qui le protégent, tant chacun des chevaliers a recouvert ses membres de plusieurs plis de fer, et enfermé sa poitrine sous des cuirasses, des pièces de cuir, et d'autres sortes de plastrons! Ainsi les modernes sont maintenant beaucoup plus soigneux de se mettre à couvert que ne l'étaient autrefois les anciens, qui souvent, ainsi que nous le lisons, tombaient par mille milliers en un seul jour. A mesure que les malheurs se multiplient, les précautions contre les malheurs se multiplient aussi, et

---

[1] De Châtillon. — [2] Matthieu.

l'on invente de nouveaux moyens de défense contre de nouveaux genres d'attaque.

Michel cependant se relève de terre, avec l'aide de ses compagnons, et quoiqu'il soit accablé de la double blessure qu'il a reçue dans les cuisses, il replace ses membres sur un nouveau cheval qu'il rencontre privé, comme beaucoup d'autres, de son maître, car Hugues de Malaune avait renversé par terre celui qui le montait. Cependant Gautier[1] plonge son épée dans les flancs du cheval de Hugues, et le met ainsi à pied. Devenu fantassin, et se raffermissant sur ses pieds, Hugues s'approche de son ennemi, et le frappant à coups redoublés, le force à se rendre en se reconnaissant vaincu. Avec lui est fait prisonnier Buridan, qui semblait se divertir, et s'écriait en ce moment : *Que chacun maintenant se souvienne de sa belle!* Alors Michel cherche celui qui avait tué son cheval et qui lui avait porté à lui-même une double blessure; l'ayant trouvé, il le serre dans ses bras vigoureux, lui enlève son casque, lui dépouille le visage et la gorge pour ouvrir ainsi un chemin à son glaive, et le frappant alors : « Afin de rabattre « du moins ton orgueil, ô Eustache, reçois mainte- « nant, s'écrie-t-il, reçois la mort que tes cris promet- « taient aux Français : cet orgueil de ta langue est la « seule cause de ta mort, c'est ta langue qui ne te per- « met plus de demeurer dans la société des vivans, et « fait qu'en même temps que tu meurs, beaucoup « de tes compagnons sont chargés de liens. »

Sur un autre point le duc de Bourgogne, transporté de fureur, agitait son glaive d'un bras agile au

---

[1] De Ghistelle.

milieu des colonnes ennemies de la Flandre et du Hainaut. Mais tandis que dans l'excès de son audace, et comme assuré de la fortune, il renverse les uns et les autres, et s'oubliant lui-même, se lance avec trop d'ardeur au milieu des ennemis, il éprouve la douleur de voir le cheval qui le porte, percé de mille glaives, tomber sur la terre et l'entraîner avec lui dans sa chute. Pendant que la fureur des ennemis s'exerce de tous côtés sur ses flancs, et le frappe à coups redoublés, une troupe de Bourguignons arrive en toute hâte et porte à temps encore un secours précieux à son seigneur. Les uns l'aident à se relever, tandis qu'il est ralenti dans ses mouvemens par l'excès de son embonpoint et par le fer qui le couvre; les autres combattent et écartent l'ennemi, qui, le serrant de près, faisait toujours des efforts pour le retenir; d'autres lui cherchent en hâte un cheval sur lequel il puisse remonter. Déjà il s'est placé sur un autre cheval; on lui demande de prendre quelque repos jusqu'à ce qu'il se soit un peu délassé et qu'il ait pu du moins reprendre haleine : « Au contraire, ré-
« pond-il, tandis que la bouillante colère entretient en
« moi le souvenir de mon déshonneur et de la perte
« du coursier qui me conduisait à l'ennemi, mon hon-
« neur exige que je cherche à venger mon déshon-
« neur. » Il dit, et s'élance au milieu des ennemis comme transporté de rage.

Les gens de la Flandre se jettent sur lui avec non moins d'ardeur. Les Bourguignons serrent leurs rangs; chacun d'eux brûle de venger la chute de son seigneur et du cheval qui le portait : des deux côtés les combattans s'engagent sur toute la plaine dans une mêlée tellement épaisse, et ceux qui frappent et ceux qui sont frappés se touchent de si près, qu'à peine peuvent-ils trouver la place ou l'occasion d'allonger le bras pour porter des coups plus vigoureux. Les vêtemens de soie, attachés au haut des armures pour faire reconnaître chaque chevalier à des signes certains, sont tellement frappés et déchirés en mille lambeaux par les massues, les glaives et les lances qui frappent à coups redoublés sur les armures pour les briser, qu'à peine chaque combattant peut-il encore distinguer ses amis de ses ennemis. L'un est couché sur le sol, renversé sur le dos et les jambes en l'air, un autre tombe brusquement sur le flanc, un troisième est précipité la tête la première et se remplit de sable les yeux et la bouche. Ici un cavalier, là un homme de pied se livrent volontairement aux fers, craignant d'être frappés de mort plus encore que de vivre dans les chaînes. Vous eussiez vu des chevaux répandus çà et là dans les champs, et rendant le dernier soupir, d'autres vomissant leurs entrailles froissées dans leur ventre, d'autres fléchissant sur leurs genoux et se couchant sur la terre, d'autres encore errant çà et là, privés de leur maître, et se présentant gratuitement à quiconque voudra se faire transporter par eux : à peine y a-t-il une place où l'on ne trouve des cadavres étendus ou des chevaux expirans.

Mais qui sera digne de parler dignement de la valeur du comte Gaucher [1] qui, déployant toutes ses forces, et suivi d'une troupe de chevaliers bien armés, s'élance au milieu des rangs ennemis, à travers

[1] De Saint-Paul.

les milliers d'escadrons de la chevalerie de Flandre, semblable à la foudre à trois langues de flamme, ou à l'épervier qui disperse les canards effrayés, lorsque l'horrible faim dévore ses entrailles? Nouvel Oger il chasse devant lui tous ceux qu'il rencontre, et de son glaive nu s'ouvre un chemin au milieu des ennemis, écartant ceux qui le serrent de près à droite et à gauche, renversant les uns, tuant les autres, en blessant d'autres encore, puis faisant un détour à la suite de cette étonnante scène de carnage, il revient par un autre côté, et enveloppe avec une égale valeur une foule innombrable de combattans qu'il retient enfermés comme des poissons pris dans un filet, de même qu'à Mantes, au milieu des eaux poissonneuses, Gaubert[1] attire les aloses, au moment où elles s'élèvent à la surface des eaux, dans les filets qu'il leur a tendus; ayant ainsi enveloppé les chevaliers, Gaucher les force à recevoir la mort ou à se livrer aux chaînes des vainqueurs; ensuite, ayant vu de loin un de ses compagnons arrêté et fait prisonnier par l'ennemi, Gaucher baissant la tête, et embrassant le cou de son cheval d'Ibérie, s'élance une seconde fois au milieu des rangs. Tandis qu'il se précipite ainsi, les bras ennemis ne cessent de le frapper; lui cependant ne relève ni la tête ni le bras avant d'être arrivé auprès de son compagnon; il se redresse alors, tirant son glaive il renverse tous ceux qui retiennent encore celui-ci, le délivre, et le ramène avec lui sain et sauf et plein de vie.

Alors seulement les gens de la Flandre commen-

[1] Habile marinier de Mantes. Voyez ci-dessus, chant septième.

cent à éprouver quelque mouvement de crainte, car tout le poids de la bataille porte sur eux. Toutefois ils ne veulent ni se retirer ni présenter le dos à leur ennemi, tant leurs cœurs sont remplis de colère et possédés du désir de conserver leur honneur; ils aiment mieux mourir en combattant, ou se laisser charger de fers, tuer et être tués à leur tour, que se faire signaler pour avoir fui. Mais tandis que leur ardeur se ralentit, et qu'ils se montrent moins animés au combat, Hugues de Mareuil et Gilles d'Athies font tous leurs efforts pour atteindre Ferrand au milieu des ennemis. Ferrand blessé marchait déjà beaucoup plus lentement, après avoir combattu toute la journée sans prendre un instant de repos; long-temps encore il lutte contre les deux chevaliers, mais enfin, vaincu et cédant à la fortune plus forte, il se rend pour n'être pas tué, et tous ceux qui suivent sa bannière et qui ne veulent pas se rendre comme lui, sont enlevés par la mort cruelle.

C'est ainsi qu'à l'aile droite Bellone déployait ses fureurs, et que la victoire au visage riant promettait ses faveurs aux enfans de la France. Toutefois, avant ces heureux événemens, elle ne s'était manifestée à eux que par des pertes douloureuses, afin qu'une si bonne conclusion fût plus agréable encore à la suite de la tristesse, et que la joie du succès fît oublier les maux antérieurs.

Pendant ce temps, au centre de l'armée, le roi fait resplendir son épée en face d'Othon, qui se renforçait en mettant en avant de lui un triple rempart de plusieurs milliers d'hommes de pied. Le comte de Boulogne usait aussi pour lui-même d'un semblable artilice, et avait également disposé les hommes de pied en trois corps formés en rond, afin de pouvoir, toutes les fois qu'il le voudrait, aller avec ces corps attaquer son ennemi, et se retirer ensuite au milieu d'eux, autant de fois qu'il serait nécessaire. Comme Othon demeurait toujours en retard, ne voulant pas attaquer le premier le roi, celui-ci impatient, ne pouvant supporter aucun délai, et brûlé du desir de combattre, osa enfin s'avancer au milieu des Teutons, hommes de pied. Mais tandis qu'il se hâte pour pénétrer à travers ces bandes de fantassins, une troupe d'entre eux armés de lances dirige contre lui ces lances dont la pointe était longue et effilée comme celle d'une alène, et dont quelques-unes étaient dentelées comme les javelots recourbés, et armées vers leur milieu d'un crochet saillant et bien aiguisé. Munis de ces traits, les hommes de pied ne cessaient de poursuivre le roi, mais sans pouvoir faire incliner son corps ni à droite ni à gauche, ni le déranger de dessus la selle, sans même l'empêcher de les écarter avec son épée, se portant toujours en avant, renversant, tuant beaucoup d'hommes autour de lui. Ainsi il allait s'ouvrant un chemin à travers les ennemis, et se dirigeant toujours en droite ligne vers Othon, lorsqu'un homme plus audacieux que les autres perça les mailles de sa cuirasse entre la poitrine et la tête. La pointe du fer, poussée par un bras vigoureux, s'enfonça tant qu'elle trouva le bois, à travers un triple collier et la cuirasse à trois lisses, jusqu'au fer qui repoussa toute blessure, tout près de la peau, et précisément au dessous du menton. Le roi voulut alors se dégager de la lance en se retirant, mais elle résista, car le croc s'était engagé dans les plis des mailles, et comme le roi tirait de nouveau de toutes ses forces, poussé en même temps par la foule qui l'environnait, il tomba de la hauteur de tout son corps et fut renversé par terre, la tête en avant.

Ainsi étendu sur une place indigne de lui, le roi n'y put même jouir du repos qu'on trouve à être couché, tantôt les chevaux le pressant sous leurs pieds, et tantôt les barbares ennemis l'accablant de leurs traits. Bientôt cependant la force qui lui était naturelle l'aida à se relever, et il se retrouva sur ses pieds. Mais la pointe de la lance demeurait encore fermement attachée sous sa gorge, embarrassée comme elle était dans les mailles de la cuirasse et suspendue aux plis de la tunique qui brillait par dessus l'armure. Tandis que les Français la retirent enfin, repoussant en même temps les ennemis et préparant aussi un cheval sur lequel le roi puisse remonter, voilà, Othon arrive en hâte, suivi de ses Teutons remplis de fureur; et sans doute dans leur cruauté ils eussent tué le roi sur la place même et eussent ainsi (ô crime!) attristé le monde de funérailles déplorables (car il leur eût été assez facile de le frapper de mort, tandis qu'il était étendu et que les ennemis l'empêchaient même de se relever de terre), si le chevalier des Barres s'avançant en hâte, et les plus illustres enfans de la France avec lui, ne se fussent aussitôt placés entre eux et le roi. Se portant en avant et laissant le roi derrière eux avec quelques-uns des leurs, ils forcèrent enfin les Teutons à reconnaître qu'ils sont réellement inférieurs aux Français, et qu'il n'y a aucune comparaison à faire entre eux pour les exercices de Mars.

Aussitôt que le roi, naguère homme de pied, se fut élancé d'un saut sur son cheval, tout bouillant de fureur, tout préoccupé du desir de châtier l'homme de pied qui l'avait renversé, devenu par sa chute plus terrible encore et plus dangereux, il travaille à assouvir les premiers transports de sa colère sur ces hommes de pied qui avaient été les auteurs de sa disgrâce, et leur porte à tous des blessures diverses, afin que quiconque parmi eux avait osé dans sa témérité ou porter la main sur lui, ou diriger des traits contre son corps sacré, apprenne par un tel châtiment combien est imprudent celui qui prétend de ses mains souillées toucher une personne sacrée !

A l'aile gauche cependant, le comte de Boulogne, qui n'est inférieur à nul autre dans les batailles, combat toujours avec acharnement ; tantôt son bras est armé d'une énorme lance de frêne, que tout autre pourrait à peine porter (semblable à celle qui, suivant ce que nous lisons, était portée dans la ville de Thèbes, berceau de Bacchus, et que Jupiter n'abattit qu'avec peine d'un coup de sa foudre), tantôt il manie un poignard, impatient de ravir la vie, tantôt il brandit son glaive tout rougi de sang. Sur le haut de sa tête le brillant cimier de son casque agite dans les airs une double aigrette, tirée des noires côtes que porte au dessous de l'antre de sa gueule la baleine, habitante de la mer de Bretagne ; en sorte que le chevalier, déjà grand de sa personne, ajoutant ainsi à sa grande taille ce bizarre ornement, semblait encore plus grand. Et comme au milieu de la forêt de Bière, toute couverte de rochers, s'élance d'une course rapide un cerf au corps immense, dont les bois à plusieurs branches annoncent déjà un grand nombre d'années; on approche du mois d'octobre, le mois de septembre n'est pas encore terminé; Vénus après un an lui a inspiré de nouveaux feux; il s'élance avec vigueur sur les cerfs plus faibles, dont le front est moins orné de bois, et les chasse tous loin de lui, afin de demeurer vainqueur et de pouvoir, sous l'ombrage des hêtres, s'unir à la biche qu'il a préférée; de même, du milieu des hommes de pied qu'il a lui-même disposés en rond avec habileté, pour s'en entourer comme d'un camp, le comte de Boulogne s'élance et vole contre Thomas et le comte de Dreux, tous deux fils de Robert, et contre Philippe de Beauvais, de tous les Français ceux qu'il déteste le plus et qui l'ont forcé de s'exiler loin du royaume. A ses côtés, marchent le héros de Salisbury, Hugues de Boves, Arnoul d'Oudenarde, et l'essaim des chevaliers anglais, qui ont préféré ces champs aux champs de leur patrie.

En face d'eux et pour leur résister se présentent couverts de leurs armes Thomas de Saint-Valery, conduisant avec lui les gens de Gamaches et du Vimeux, les fils de Robert et le comte de Ponthieu, encourageant de la voix et par leurs actions les gens de Dreux à marcher contre les ennemis. Rejetant leur lance et tirant leur glaive, les combattans s'attaquent des deux parts, et se confondant dans une seule mêlée, se frappent les uns les autres, redoublant avec fureur, couvrent les champs de leur sang, et teignent en rouge la verdure des prés.

Pendant ce temps le roi Othon, rempli de fureur, tandis que l'aveugle fortune le permet encore, élève de ses deux mains et brandit la hache qu'il fait retomber sur les Français. Renversant les uns, blessant les autres, il ne peut cependant briser entièrement leurs forces, ni faire pénétrer l'effroi dans leurs ames pleines de vigueur. Tel cet horrible Briarée, couvert de ses armes dans les champs Phlégréens, se confiant en ses cent bras et en son corps immense, redoublant par son audace le courage des audacieux enfans de la Terre, osait faire la guerre aux habitans des cieux et au souverain Jupiter; mais lorsque celui qui régnait sur les immortels se fut livré aux justes transports de sa colère, armant sa droite de ses traits célestes, il lança sur Briarée un coup de sa foudre mesuré au nombre de ses bras, ne voulant pas le priver entièrement de la vie, mais le livrant au feu céleste et le plaçant ensuite sous les rochers de l'Etna, d'où il doit vomir à jamais des torrens de flamme, de sa bouche renversée; de même Othon assouvit sa fureur contre les Français, espérant, mais en vain, pouvoir passer inopinément au milieu d'eux, pour aller aussi déployer les transports de sa colère contre le roi lui-même, qui se trouve enveloppé de tous côtés par des milliers d'ennemis furibonds. L'un se montre terrible par sa massue, l'autre redoutable par son épée; celui-ci combat avec un épieu, celui-là avec des traits, un autre avec la hache à deux tranchans; l'un armé d'un dard, l'autre d'un poignard aiguisé comme une alène, cherchent sur une cuirasse un passage étroit, ou travaillent à rencontrer les œillères du casque, pour y plonger leur fer et l'enfoncer dans le cerveau.

De son côté Philippe s'avançait aussi à la recherche d'Othon, ne formant d'autre vœu que de pouvoir le rencontrer seul à seul et combattre comme Énée contre ce nouveau Turnus. Déjà ayant abattu dans un premier combat les remparts qui s'opposaient à sa marche et frappé de divers genres de mort les hommes qui portaient des lances, il s'avançait en hâte vers Othon au milieu des rangs des chevaliers. Mais ni l'un ni l'autre ne put trouver le chemin libre devant lui, tant la mêlée était épaisse, tant les deux partis combattaient pêle-mêle. Un grand nombre d'hommes sont renversés, mais le carnage est plus grand parmi les Teutons, car le seigneur des Barres fait rage contre eux selon son usage, et engraisse les champs du sang qu'il répand à grands flots. Avec lui sont encore Pierre de Mauvoisin, le vigoureux Gérard, qui n'a point dédaigné de recevoir son surnom d'une truie [1], et beaucoup d'autres guerriers, au cœur invincible, qui ne desirent que de vaincre ou de mourir en combattant. Contre eux combattaient avec fureur le comte Othon, à qui obéit le pays de Tecklenbourg, Girard de Randeradt, et cet autre Girard, qui ne trouve parmi tous les Teutons aucun homme plus vaillant, ni plus grand que lui de corps et de cœur, Girard envoyé contre les Français des rives de la Baltique, qui jouissait d'une si grande réputation, et portait un si grand nom, qu'à peine la Saxe mettait-elle Othon au dessus de lui. Enfin, avec eux encore étaient d'innombra-

[1] Jeu de mots sur *scropha* et *scrofa*, truie.

bles guerriers, qui tandis que la victoire balançait encore incertaine, et que la fortune semblait se montrer également propice aux deux partis, résistaient aux enfans de la France de toutes leurs forces et avec leur fureur accoutumée, n'étant pas encore contraints de reconnaître combien la violence allemande est inférieure à la valeur française.

Mais lorsqu'enfin le roi fut parvenu jusqu'au corps des Saxons, et quand les enfans de la France virent leur roi auprès d'eux, s'étonnant qu'il fût remonté si légèrement à cheval, la surprise des Teutons et l'audace des Français s'accrurent à la fois. A peine est-il arrivé bouillant d'ardeur et de colère que la bataille se ranime encore plus, comme si l'on n'avait pas encore combattu. Les champs sont jonchés des cadavres des deux partis; quelques seigneurs sont renversés sans blessure; une même chute frappe de mort et les seigneurs et leurs chevaux, afin que celui qui portait console en mourant celui qu'il a porté, et qu'il n'ait pas à s'affliger, après avoir perdu son maître, d'obéir à son ennemi. Il en est qui, ayant perdu leurs chevaux, se redressent sur leurs pieds et combattent encore; puis si le hasard leur fait rencontrer quelque cheval errant à l'aventure, ils se plaisent à s'y élancer soudain, sans s'inquiéter, après avoir perdu le leur, si celui dont ils s'emparent a appartenu à des compagnons ou à des ennemis; tant ils sont pressés de retourner au combat.

Là, tandis que la Parque cruelle se préparait déjà à rompre le fil de ses jours, Étienne, seigneur de Longchamp, chevalier dont la taille est immense, et à qui son courage donne encore de plus grandes forces, combattant en avant du roi, et entouré d'un grand nombre d'ennemis, tantôt perce de son épée ceux qui lui résistent, tantôt, s'il ne trouve pas assez d'espace pour porter ses coups, saisit un ennemi de son bras vigoureux et le sépare, en le renversant, de son cheval qui hennit; tantôt entassant les vivans sur les morts, il souille les premiers d'une souillure qui leur est étrangère; tantôt rencontrant des hommes déjà tombés, accablés du poids de leur armure, et qui dans leur chute même se sont déjà cassé la tête, ou brisé le cou, ou enfoncé les côtes, il leur enlève ce qui leur reste de vie. Mais tandis qu'il exerce ainsi sa fureur contre les uns, et se retourne ensuite contre les autres, comme si la victoire ne devait obéir qu'à lui seul, ne prenant pas un seul instant de repos, ne cessant jamais de porter des coups, un fer pointu comme l'alène entre dans sa tête (sans qu'on ait pu savoir quelle main le dirigea), passant à travers les ouvertures du casque que l'on appelle les œillères, et qui transmettent les rayons de la lumière à la prunelle des yeux, tandis que sur toutes les autres parties du corps l'armure ferme tout accès aux blessures. Saisis tout-à-coup du froid de la mort, ses membres se roidissent sur la place même où il a fait un si grand carnage des ennemis; le cheval abandonne son maître, dont l'ame va se réunir au feu du ciel, tandis que la terre reçoit sa dépouille terrestre.

Cependant le chevalier des Barres, ayant déjà inondé les champs de beaucoup de sang, se dégoûte de ces ennemis trop faibles et trop faciles à vaincre, et, dédaignant leur rencontre, il ne cherche plus qu'Othon. Mais déjà Pierre de Mauvoisin retenait ce prince par les rênes de son cheval, et, de sa droite vigoureuse, s'attachant fortement au mords de l'animal, il s'efforçait de le retirer du milieu de la mêlée, et ne pouvait y parvenir, arrêté sans cesse par la foule environnante. Scropha accourt alors, et de son poignard bien acéré, porte à Othon un coup vigoureux dans le milieu de la poitrine, mais les armes de fer dont il avait recouvert ses membres ne plient point sous le fer. Scropha redouble, et, furieux, relève le bras pour frapper plus rudement encore ; mais le cheval levant la tête rencontre son bras, et reçoit par hasard le coup. Frappé mortellement dans l'œil et au milieu de la tête, le cheval se cabre, en se levant, comme une chèvre, sur ses pieds de derrière, dégage ainsi ses rênes des mains de Pierre, qui les tenait encore, et, tout troublé du coup qu'il a reçu, recule en tournant en cercle, tandis que le mords, brisé dans sa bouche, ne peut plus contenir le superbe animal. Emporté par la chaleur et la douleur que lui cause sa terrible blessure, il entraîne violemment son maître hors de la foule ; mais bientôt la mort l'empêchant d'aller plus avant, il tombe par terre, et, près d'expirer, fait rouler avec lui Othon dans la poussière.

Girard de Hostmar arrive alors d'une course rapide, et, s'élançant à terre, donne aussitôt son cheval à son seigneur et demeure lui-même à pied. O admirable fidélité et bien digne d'éloges dans ce chevalier ! afin que le roi ne périsse pas, le chevalier se livre volontairement à l'ennemi, bien assuré d'être pris et chargé de fers, ou d'être frappé de mort ; puis courant bravement à la rencontre du chevalier des

Barres, il l'arrête dans sa marche et l'empêche de retarder la fuite d'Othon. Celui-ci, craignant, non sans raison, pour sa vie, ne ménage pas les flancs de son cheval, sachant bien qu'une fuite rapide peut seule le sauver, ne s'inquiétant plus de tous ceux de ses amis qu'il abandonne au milieu des dangers, exposés aux coups des ennemis et à la mort, et plus habile en cherchant pour le moment à prendre soin de sa personne qu'en voulant porter d'inutiles secours aux vaincus, assuré qu'il serait d'être lui-même vaincu. Guillaume en effet lui refusant tout repos, le poursuit toujours; déjà l'agile chevalier saisit le derrière de l'armure de l'empereur, au-dessus de ses larges épaules; il enfonce sa main vigoureuse entre le casque et le cou, et tandis qu'il s'efforce de détacher le casque de la tête, afin de lui couper la gorge avec son fer, voici le comte velu [1], Girard [2] et Othon de Tecklenbourg et le chevalier de Dortmund, et la nombreuse troupe des Saxons arrivent à la fois, s'associent à celui qui fuit, et lui apportent ainsi quelque consolation, afin qu'ayant des compagnons, il puisse s'enfuir avec moins de honte. Tous, réunissant leurs efforts, résistent alors à Guillaume, et mille hommes ne rougissent pas de combattre contre un seul homme. Ne pouvant triompher de lui tant qu'il est à cheval, ils plongent leurs glaives dans les flancs de celui qui le porte, et ce n'est qu'à grand'peine qu'ils parviennent à dégager de ses mains opiniâtres leur seigneur, qui, délivré par eux, prend de nouveau la fuite et présente encore le dos.

Ceux qui sont restés en arrière attaquent alors

---

[1] Guillaume de Frise. — [2] De Randeradt.

Guillaume, pensant qu'il serait facile à tant de chevaliers de vaincre un seul chevalier combattant à pied; mais lui se raffermissant sur ses pieds au milieu d'eux, et se débattant comme un lion furieux, frappant tour à tour de son poignard ou de son épée, leur fait voir qu'il n'a pas moins d'audace et de valeur en combattant à pied que s'il était encore à cheval, tant il se montre prompt à renverser ces nombreux chevaliers qui l'enveloppent en foule, tant il résiste de toute la vigueur de son courage à leurs impétueux efforts! Après qu'il s'est long-temps défendu seul contre eux tous, et qu'il a abattu sur la terre un grand nombre de ceux qui l'entouraient, enfin le héros de Saint-Valery arrive à son secours, suivi de deux mille hommes de pied, tous remplis de force, munis de bonnes armes, fidèles en toute chose à leur seigneur, qui avait pris soin de les choisir dans tout son peuple pour les associer à son expédition, avec soixante chevaliers. Tout aussitôt le chevalier des Barres s'élance sur un cheval et le pousse en avant; la troupe qui naguère l'avait enveloppé se disperse alors et recommence à fuir, mais tous ne se sauvent pas impunis. Les principaux d'entre eux, le comte Othon et Guillaume le velu, Conrad le Westphalien, Girard de Randeradt et beaucoup d'autres, distingués par leur noblesse, se rendent volontairement prisonniers, demandent eux-mêmes avec instance à être pris et chargés de fers plutôt que de perdre la vie, car les Français les pressaient tellement et en faisaient un tel carnage, que quiconque, négligeant la fuite ou voulant encore résister, tardait un instant à se rendre et à supplier pour obtenir grâce de la vie, éprouvait tout aussitôt combien sont amers les avant-coureurs de la mort, et allait, hôte nouveau, prendre sa place dans les demeures de l'Averne.

Loin de là cependant, et à l'aile gauche de l'armée, on combattait encore avec un courage égal, et la fortune se montrait encore également favorable aux deux partis. Poussant de l'un à l'autre les roues ensanglantées de son char, Bellone, les mains, les vêtemens, la poitrine et les armes teintes de sang, et avalant de sa bouche avide des torrens de sang, portait de tous côtés des milliers de morts et de blessures, tandis que la victoire, agitant au dessus du champ de bataille ses ailes encore indécises, livrait encore les deux partis à d'incertaines espérances. Mais au bout de peu de temps, tournant d'un seul côté ses regards par la volonté du Dieu suprême, elle se réjouit de diriger son vol vers les Français et d'enlever tout espoir à leurs ennemis. En effet, l'évêque de Beauvais ayant vu le frère du roi des Anglais [1], homme doué de forces prodigieuses, et que les Anglais avaient, à cause de cela, surnommé *Longue-Epée*, renverser les gens de Dreux et faire beaucoup de mal au corps d'armée de son frère, l'évêque de Beauvais s'afflige ; et, comme il tenait par hasard une massue à la main, oubliant sa qualité d'évêque, il frappe l'Anglais sur le sommet de la tête, brise son casque et le renverse sur la terre, le contraignant à y imprimer le sceau de toute la longueur de son corps. Et, comme si le noble auteur d'un tel exploit pouvait demeurer ignoré, ou comme si un évêque ne devait pas être signalé pour avoir

---

[1] Le comte de Salisbury.

porté les armes, il cherche à dissimuler autant qu'il lui est possible, et donne ordre à Jean, à qui Nivelle obéit encore, en vertu du droit de ses pères, d'enchaîner le guerrier qu'il vient d'abattre, et de recevoir la récompense de ce fait d'armes. Ensuite l'évêque, renversant encore plusieurs autres ennemis sous les coups de sa massue, renonce encore, pour d'autres chevaliers, à ses titres d'honneur et à ses victoires, pour n'être pas accusé peut-être d'avoir fait, comme prêtre, une œuvre illicite, attendu qu'il n'est jamais permis à un prêtre de se trouver en de telles rencontres, puisqu'il ne doit profaner ni ses mains ni ses yeux par le sang. Il n'est pas défendu cependant de se défendre soi et les siens, pourvu que cette défense n'excède pas les bornes légitimes.

Les fils de l'Angleterre, que les plaisirs de la débauche et les dons de Bacchus attirent avec plus de charmes que les présens du redoutable Mars, ayant vu leur seigneur ainsi chargé de chaînes, demeurent frappés de stupeur, abandonnent le champ de bataille, et fuient à travers la plaine, partout où les entraînent leur marche précipitée et l'effroi mêlé à un sentiment d'horreur. Hugues de Boves s'associe également à leur fuite; il n'a pas honte de se sauver, lui qui naguère demandait la bataille plus haut que tous les autres, qui, se moquant du comte de Boulogne même, l'appelait traître et infidèle, parce qu'il déconseillait ce combat, disant qu'il n'y aurait pas de sûreté à attaquer les Français au milieu de la plaine, et qu'il connaissait bien leur bravoure et leurs exploits : « Tu « fuiras, lui avait dit Hugues, comme un lièvre timide; « moi, je demeurerai, ou mort, ou chargé de fers. »

D'un côté donc, les gens des Ardennes, d'un autre côté, et loin d'eux, les Saxons fuient également. Les Westphaliens et des milliers de Teutons s'éloignent du champ de bataille; ici l'habitant du Brabant se sauve en courant loin des Français, là c'étaient les gens de la Flandre, ailleurs les Anglais : tous s'affligent de ne pouvoir trouver au milieu de la plaine des asiles où ils puissent se cacher pour panser du moins leurs blessures sanglantes, pour laisser passer du moins les premiers momens de cette horrible fureur, jusqu'à ce que le glaive, rassasié de sang, veuille rentrer dans son fourreau, jusqu'à ce que les Français suspendent le carnage pour quelques instans, car ils ne cessaient point de les massacrer, et de les enchaîner de ces cordes qu'eux-mêmes avaient cru préparer pour les Français, avant d'engager la bataille.

Tandis que sur les deux ailes la fuite avait entièrement dégarni la plaine, le comte de Boulogne demeurait toujours au centre, se retirant fréquemment au milieu des bataillons de ses hommes de pied, furieux, et ne cessant de frapper de son fer meurtrier le sein de ses amis et de ses parens. Ennemi de ses amis, et détestant les enfans de sa patrie, ni l'amour du sol natal, ni la commisération due à un même sang, ni les liens d'une chair amie, ni les sermens prêtés tant de fois et depuis long-temps à son roi et seigneur, n'avaient amolli son cœur, endurci à force de sang; son courage indomptable ne permettait à personne de remporter sur lui la victoire; quel que fût celui que son bras pût atteindre, il s'en éloignait vainqueur, tant il se conduisait dans les combats avec habileté et sagesse, tant la valeur qui lui était naturelle à la guerre proclamait hautement qu'il était véritablement issu de parens français! Et quoique sa faute même l'ait fait dégénérer à tes yeux, ô France, garde-toi d'avoir honte de lui, et que ton front ne rougisse point! Non seulement les enfans ne sont point un sujet de honte pour ceux qui leur donnent le jour, mais de plus il arrive souvent qu'une bonne mère met au monde des enfans dépravés, et souvent aussi une méchante mère nourrit de son lait de saints enfans.

Se retirant tant de fois, et toujours impunément derrière les retranchemens de ses hommes de pied, le comte n'avait à redouter sur aucun point d'être frappé de mort par l'ennemi. Nos chevaliers en effet, combattant eux-mêmes avec leurs glaives et leurs armes très-courtes, auraient redouté d'attaquer les hommes de pied munis de lances : ceux-ci, avec leurs lances, plus longues que les poignards et les glaives, et de plus, rangés en bataille dans un ordre tellement impénétrable, qu'ils semblaient entourés d'une triple enceinte de murailles, étaient si bien défendus qu'il n'y avait aucun moyen de les aborder. Le roi, ayant reconnu ces faits, envoya contre eux trois mille servans d'armes montés à cheval et munis de lances, afin de leur faire abandonner leur position en jetant le désordre dans leurs rangs, et de se délivrer ainsi de ce redoutable cercle de combattans. Une affreuse clameur s'élève alors, les cris des mourans, le fracas des armes, ne permettent plus d'entendre les sons de l'airain qui retentit. Il tombe, criblé de blessures, tout ce peuple dont le comte de

Boulogne s'était enveloppé avec un art désormais infructueux, croyant vainement pouvoir à lui seul braver tous les Français, osant encore les combattre, tandis que tous les autres ont pris la fuite, et dédaignant de devoir la vie à une fuite honteuse.

Les malheureux! ni leurs longues armes, ni leurs haches à deux tranchans, ni le comte lui-même, hors d'état de défendre plus long-temps ses retranchemens, ne peuvent les protéger! Rien ne peut détourner la valeur du but vers lequel elle tend : seule, la valeur surmonte enfin tous les obstacles; aucune puissance, aucun artifice, aucune force enfin ne peuvent lui résister; seule, elle supplée à tout, et s'élève bien au dessus de tous. Elle se plaît à être l'intime compagne des Français, elle leur donne enfin de jouir pleinement de leur triomphe. Ils massacrent tous leurs ennemis, les envoient dans le Tartare, et enlèvent entièrement au comte de Boulogne l'asile qu'il s'était fait. Lui cependant, ayant vu la plaine inondée de tous côtés de fuyards, en sorte qu'il restait à peine auprès de lui trente hommes, cavaliers ou fantassins, débris de toutes ses troupes, afin que l'on ne puisse croire qu'il veuille se laisser prendre ou vaincre sans résistance, se précipite au milieu des Français, suivi seulement de cinq de ses compagnons, tandis que les Français enveloppent tous les autres et trouvent à peine dans leurs rangs serrés la place nécessaire pour les charger de chaînes. Puis le comte, comme s'il devait à lui seul triompher de tous ses ennemis, et comme s'il n'eût encore livré aucun combat de toute la journée, furieux, déployant toute sa vigueur et redoublant d'efforts, fait rage au milieu des Français, poussant devant lui pour arriver jusqu'au roi, ne doutant point qu'il prendra la vie de celui-ci pour prix de sa mort, et n'aspirant qu'à mourir en même temps que lui.

Un homme qui avait reçu de Tourelle et son nom de Pierre et son illustre naissance, marchait à pied, ayant perdu son cheval, tandis que le comte s'élançait avec audace dans les rangs de ses ennemis. Cet homme, digne par son origine et par ses exploits de devenir chevalier, était à la fois cher et illustre à la cour du roi. Voyant que le comte de Boulogne recommençait à combattre, sans vouloir jamais se rendre, et résistait même avec une valeur toujours nouvelle à tous ceux qui l'entouraient, Pierre s'avança promptement vers lui, souleva de sa main gauche le filet de fer qui, attaché par de larges courroies, enveloppait le ventre du cheval, et de sa droite enfonçant son glaive dans le corps du cheval au défaut de l'aine, il lui coupa les parties nobles. Retirant alors son épée, le sang coula en abondance d'une large blessure et inonda l'herbe verdoyante. A cette vue, l'un des fidèles amis du comte[1] accourut auprès de lui, et saisissant vivement les rênes de son cheval, s'emporta en paroles et en représentations amicales contre le comte lui-même, qui, au mépris de la volonté de Dieu, et tandis que tous les autres ont pris la fuite, demeurait encore, s'efforçant à lui seul de vaincre ceux qui avaient vaincu, provoquant sa perte par une telle conduite, et ne craignant point de se précipiter vers une ruine bien méritée, lorsqu'il lui serait facile d'y échapper, en fuyant avec les autres. Tandis qu'il

[1] Arnoul d'Oudenarde.

adresse au comte de tels discours, il l'entraîne malgré lui, en tirant son cheval par la bride, afin de le faire monter sur un autre cheval, et pour qu'il puisse ensuite prendre la fuite; mais le comte résiste de toutes ses forces, ne pouvant en son cœur superbe renoncer jamais à combattre : « J'aime mieux, dit-il, être vaincu « en combattant, mais en sauvant mon honneur, que « vivre en fuyant. La vie ne vaut pas l'honneur à « mes yeux. Je retourne donc au combat, quel que « soit le sort qui me menace ! »

Il dit, mais déjà son cheval a senti ses nerfs se détendre et ne peut plus se tenir debout. Alors Jean de Condun et son frère Quenon accourent, frappent le comte à coups redoublés sur les deux tempes, et renversent à la fois et le cheval et le cavalier; ils tombent tous deux la tête en avant, et déjà le comte est étendu sur le dos, la cuisse engagée et accablée de tout le poids du cheval. Tandis que les deux frères s'occupent à lier le comte, voici Jean, surnommé de Rouvrai[1], nom que le fait justifie bien en lui, survient et force enfin le comte à se rendre prisonnier, qu'il le veuille ou non. Et comme il tardait à se relever de terre, attendant vainement quelque secours, et espérant encore pouvoir s'échapper, un certain jeune garçon, nommé Cornut, l'un des serviteurs de l'élu de Senlis, et marchant en avant de celui-ci, homme fort de corps, arrive, tenant dans sa main droite un horrible poignard. Il voulait enfoncer le fer dans les entrailles du comte, à la place où la cuirasse se réunit aux cuissards; mais la cuirasse cousue dans le cuissard refuse de s'en séparer pour s'ouvrir

---

[1] *De robore*: jeu de mot sur l'expression *robur*, force.

devant le poignard, et trompe ainsi les espérances du jeune homme. Il tourne cependant autour du comte, et cherche d'autres moyens d'en venir à son but. Écartant les deux fanons de baleine, et bientôt rejetant le casque tout entier, il le marque d'une large blessure sur son front mis à découvert. Déjà même il se disposait à lui couper la gorge; nul ne le retient; bientôt, s'il lui est possible, il lui aura donné la mort... Le comte cependant lui résiste encore d'une main, et fait tous ses efforts pour repousser la mort aussi longtemps qu'il le pourra. Mais enfin, arrivant d'une course rapide, l'élu de Senlis éloigne de la gorge du comte le fer qui la menace, et repousse lui-même le bras de son serviteur. L'ayant reconnu, le comte lui crie : « Oh! ne permets pas, mon bon élu, ne permets « pas que je sois ainsi assassiné! Ne souffre pas que « je sois condamné à une mort aussi injuste, et que « ce garçon se puisse réjouir d'être l'auteur de ma « destruction! La cour du roi me condamnera bien « mieux; qu'elle m'inflige la peine que j'ai encourue. »

Il dit, et l'élu de Senlis lui répond en ces termes :

« Tu ne mourras point; mais que tardes-tu tant à « te lever? Lève-toi, il faut que tu sois présenté tout « de suite au roi. »

Ayant dit ces mots, il force le blessé à se relever, quoiqu'il ne le veuille point. Son visage et tous ses membres sont inondés d'un torrent de sang; il ne peut presque soulever son corps pour remonter à cheval; l'élu de Senlis l'y replace, aux applaudissemens de tous; à peine encore semble-t-il vaincu. L'élu le confie enfin à la garde de Jean de Nivelle, afin qu'il aille offrir au roi cet agréable présent.

CHANT DOUZIÈME.

ARGUMENT.

Répartition du butin. — Le roi reçoit d'abord le comte avec bonté, et le gourmande ensuite sévèrement. — Le triomphe du roi porte la joie en tous lieux. — Une mort depuis long-temps désirée soumet le roi Jean à sa puissance. — Le monde est attristé des déplorables funérailles de Simon *. — Pierre, duc des Bretons, triomphe d'Amaury ** dans un combat. — Une comète qui vomit des feux porte l'effroi dans les cœurs des Français. — Le roi meurt, et tous en sont affligés. — La douleur est changée en joie par les miracles du roi devenu saint, et par les commencemens du nouveau règne, après que Louis a reçu l'onction céleste.

Les glaives des Français, tout rougis des flots de sang qu'ils ont versés, peuvent à peine être reconnus de leurs fourreaux qui, les ayant produits au jour tout brillans, sont sur le point de les repousser, tant ils paraissent changés, étant tout dégouttans de sang et de souillure. Déjà les cordes et les chaînes manquent pour charger tous ceux qui doivent être garottés, car la foule de ceux qu'il faut enchaîner est plus grande que la foule de ceux qui doivent les enchaîner. Déjà la lune se préparait à pousser en avant son char à deux chevaux, déjà le char du soleil, attelé de quatre chevaux, dirigeait ses roues vers l'Océan, et ses che-

---

* De Montfort. — ** De Craon.

vaux, négligeant le timon, se réjouissaient de se voir
près des lieux où ils trouveraient le remède à leurs
fatigues du jour; Thétis, triomphante, les attendait
pour les faire reposer dans son humide sein, et déjà
l'on pouvait voir le terme du chemin au-delà duquel
ils espèrent jouir enfin d'un calme délicieux. Tout
aussitôt les clairons changent leurs chants guerriers
en chants de retour, rappelant d'un son plus doux les
escadrons épars, et donnant le joyeux signal de la
retraite. Alors enfin il fut permis aux Français de rechercher le butin et d'enlever aux ennemis couchés
sur le champ de bataille leurs armes et leurs dépouilles. Celui-ci se plaît à s'emparer d'un dextrier; là, un
roussin à la taille élevée présente sa tête à un inconnu
et est enchaîné par une corde. D'autres enlèvent dans
les champs les armes abandonnées; l'un s'empare d'un
bouclier, un autre d'un glaive ou d'un casque. Celui-
ci s'en va content avec des bottes, celui-là se plaît à
prendre une cuirasse, un troisième recueille des vêtemens et des armures. Plus heureux encore et mieux
en position de résister aux rigueurs de la fortune est
celui qui peut parvenir à s'emparer des chevaux chargés de bagages, ou des glaives cachés sous les fourreaux qui se gonflent, ou bien encore de ces chars
appelés *covins* [1], que les Belges sont réputés avoir
construits les premiers, lorsque jadis ils possédaient
l'empire : ces chars étaient remplis de vases d'or,
de toutes sortes d'ustensiles qui n'étaient point à dédaigner, et de vêtemens travaillés par les Chinois avec
beaucoup d'art, que le marchand transporte chez nous
de ces contrées lointaines, cherchant, dans son avi-

[1] Voyez la note au chant neuvième.

dité, à multiplier ses petits profits sur quelque objet que ce soit. Chacun de ces chars, porté sur quatre roues, est surmonté d'une chambre, qui ne diffère en rien de cette superbe chambre nuptiale où une nouvelle mariée se prépare à un nouvel hyménée, tant chacune de ces chambres, tressée en osier brillant, enferme dans ses vastes contours d'effets, de provisions de bouche et de précieux ornemens! A peine seize chevaux attelés à chacun de ces chars peuvent-ils suffire pour traîner et enlever les dépouilles dont il est chargé.

Quant au char sur lequel Othon le réprouvé avait dressé son dragon et suspendu par dessus son aigle aux ailes dorées, bientôt il tombe sous les coups innombrables des haches; et, brisé en mille morceaux, il s'afflige de devenir la proie des flammes, car on veut que du moins il ne reste aucune trace de tant de faste, et que l'orgueil ainsi condamné disparaisse avec toutes ses pompes. L'aigle, dont les ailes étaient brisées, ayant été promptement restaurée, le roi l'envoya sur l'heure même au roi Frédéric, afin qu'il apprît par ce présent qu'Othon ayant été repoussé, les faisceaux de l'empire passaient en ses mains par une faveur du Ciel.

Comme la nuit s'approchait, l'armée, chargée de dépouilles, rentra tout aussitôt dans son camp, et, le cœur plein de reconnaissance et de joie, le roi rendit mille actions de grâces au roi suprême qui, de son regard favorable, lui avait donné de triompher de tant d'ennemis. Et afin que la postérité conservât à jamais le souvenir d'une si grande victoire, l'élu de Senlis fonda en dehors des murailles de cette ville une chapelle, qu'il nomme aussitôt *la Victoire,* et qui, dotée de grands biens, et se gouvernant selon les règles canoniques, jouit de l'honneur d'avoir un abbé et un saint couvent. Le roi, dans sa sagesse, choisit ceux qui devaient occuper cette chapelle dans le saint bercail du vrai vainqueur, hommes dignes d'implorer Dieu pour le salut du roi et du peuple, illustrés par leurs vertus, détestant le monde et la chair, seuls moyens par où l'ennemi de l'homme nous attire dans ses piéges; si nous triomphons d'eux, le combat contre le démon devient facile, puisqu'il ne nous reste plus qu'à triompher de l'orgueil.

O piété, ô admirable fidélité du roi! quel roi des Hébreux, quel prince, quel chef de peuple fit jamais éclater tant de douceur de cœur et de miséricorde, qu'il ne punît pas sur-le-champ un ennemi capital, coupable de lèse-majesté, qui avait voulu être l'assassin de son seigneur, et qui, si cela lui eût été permis, eût réalisé ses desseins iniques? Le roi voulut se montrer confiant envers son vassal infidèle, qui n'avait pas voulu lui garder la foi jurée. Il pouvait bien légitimement le faire mourir d'une mort quelconque et ne lui devait qu'un sac et un singe[1]; mais dans sa bonté, le roi lui remit sa faute, lui donna, au lieu de châtiment, des récompenses, la paix en échange de la guerre, accorda la vie à celui qui ne méritait que la mort; et de plus, le consolant dans ses frayeurs, il lui adressa ces paroles amies : « Ne crains rien, applique-toi désormais à me mon-« trer un cœur fidèle, et ne m'irrite pas contre toi

---

[1] C'était la peine du parricide. On enfermait le criminel dans un ac, avec un singe, un coq et un serpent et on le jetait à l'eau.

« par des crimes nouveaux. Si tu te tiens à mes côtés,
« tu n'y seras pas le dernier, et même tu me deviendras
« plus cher que tu ne l'as jamais été. Garde-toi
« cependant de retomber dans le précipice par de
« nouvelles fautes, et de te rendre une autre fois coupable
« de pareils crimes, afin qu'il ne te puisse arriver
« rien de fâcheux, et que tu ne te trouves pas
« complétement indigne de notre clémence. »

Il dit, et ordonne de retenir le comte dans des liens honorables. Trois jours après, le roi étant à Bapaume, au retour de la guerre, on lui rapporta (je ne sais qui lui dévoila ces machinations) que le soir même, après la bataille, le comte avait envoyé secrètement à Othon des écrits nuisibles aux intérêts du roi et du royaume. Le fait ayant été bientôt reconnu, le roi, transporté de colère, et répandant la terreur autour de lui, adressa ces paroles au comte : « Toi et ton
« père [1], séduits par des présens, vous avez pendant
« long-temps servi le parti d'Henri, roi des Anglais, et
« porté les armes contre moi et contre vos compatriotes;
« et cependant j'étais votre roi, et la dignité de
« votre comté vous liait tous les deux à moi par le
« droit féodal, et je t'avais donné moi-même ta pre-
« mière ceinture de chevalier. La paix se rétablit en-
« tre nous : ensuite, au mépris de cette paix, et ton
« père étant mort, tu m'attaquas au commencement
« de la guerre, lorsque le roi Richard, après la mort
« de son père, me déclara aussi la guerre. Celui-ci
« étant mort bientôt après, tu devins enfin mon ami,
« quand déjà ma faveur t'avait accordé pour femme la
« comtesse de Boulogne avec tout son comté : peu de

[1] Albéric de Dammartin.

« temps s'était écoulé depuis ces événemens, lorsqu'il
« arriva que tu tins à la fois de nous cinq comtés [1],
« que ta fille [2] devint la femme de mon fils Philippe,
« et que ma nièce fut mariée à ton frère Simon [3].
« Ainsi je te liais à moi par des dons et par des gages
« chéris, afin qu'aucune méfiance ombrageuse ne te
« soulevât contre moi, et que tu ne revinsses plus à
« tes révoltes accoutumées; car les hommes pervers
« retournent facilement à leurs méchantes habitudes.
« Sans reconnaissance cependant pour tant de bien-
« faits, en chassant de ton cœur le souvenir, rendant
« le mal pour le bien et m'abandonnant volontaire-
« ment, déserteur de ta patrie, tu as conclu un traité
« d'iniquité avec les associés de Bélial, qui détes-
« tent la paix et Dieu; et d'accord avec tes complices,
« tu as conspiré contre ma tête et porté les armes
« comme un sicaire. Et lorsque, te remettant tout
« cela, avec ma bonté ordinaire, je t'avais donné une
« vie que tu ne méritais point, en échange de la mort
« que tu méritais, tu as osé, quand la soirée était à
« peine finie, dans la nuit même qui a suivi la ba-
« taille, recommencer tes perfidies, et, distillant le
« venin de ton cœur, enfermer ta fraude dans des
« notes et des écrits, pour adresser à Othon des priè-
« res artificieuses et le pousser à me faire encore la
« guerre et à tenter une nouvelle attaque contre moi.
« Tel te voilà, telles sont les souillures dont tu souil-

---

[1] Savoir: les comtés de Dammartin, de Boulogne, de Mortagne, d'Albemarle et de Varennes.

[2] Mathilde.

[3] Marie, fille unique de Guillaume III, comte de Ponthieu, et d'Alix, sœur de Philippe-Auguste, mariée à Simon, comte d'Albemarle, frère de Renaud de Boulogne.

« les le monde ; quoique tu sois entièrement indi-
« gne de vivre, tu ne perdras point cependant la vie,
« et tu vivras dans une prison éternelle, afin que du
« moins tu t'abstiennes de crimes tant que tu seras
« chargé de fers. Si tes méchantes intentions ne peu-
« vent être chassées de ton cœur, du moins ta main
« ne pourra se livrer à ses actions accoutumées, et les
« suggestions de ta langue demeureront sans effet.

A ces mots (car le comte, ayant la conscience de son crime, ne put ni murmurer, ni répondre), le roi l'enferma tout de suite dans la tour de fer de Péronne, le fit charger de doubles liens et de chaînes qui le serraient de près, et, plaçant auprès de lui un fidèle gardien, donna ordre à Guillaume de Pruny de le surveiller, avec l'aide de neuf autres chevaliers.

La tour de Dreux s'honore ensuite de recevoir le frère du roi des Anglais [1] jusqu'à ce que Jean desire, en échange de son frère, de rendre un fils à son père [2]. L'ayant fait tomber, à Nantes, dans une embuscade, bientôt après Jean l'avait envoyé, chargé de chaînes, au-delà de la mer, avec douze compagnons, et depuis long-temps il le retenait en prison. Toutefois il tarda long-temps encore à consentir à cet échange, car il avait toujours détesté son frère et toute sa famille, et il aimait mieux laisser d'illustres jeunes gens souffrir indignement que les délivrer de leurs maux, en les échangeant l'un pour l'autre.

Quant aux autres comtes, le seigneur de Randeradt, Othon de Tecklenbourg et le comte surnommé

---

[1] Le comte de Salisbury.

[2] Robert, fils de Robert II, comte de Dreux, et qui devint Robert III.

le Velu, les hommes nobles, les grands et d'innombrables chevaliers d'un nom moins illustre, le roi donna ordre de les garder dans les diverses villes du royaume, afin de s'assurer des cautions, selon ce que chacun d'eux pourrait avoir de ressources pour se racheter. Il leur fit donner généreusement tout ce que demandent les besoins de la nature, ou l'usage, ou les habitudes de ces hommes nobles, afin qu'il ne fût fait aucune insulte à leur personne, ni à leur rang.

Cependant Ferrand, conduit par deux chevaux vigoureux, qui le traînaient sur une litière munie d'un double timon, et que leur couleur faisait appeler comme lui, en sorte que Ferrand et ses chevaux portaient un même nom, Ferrand, dis-je, est offert aux regards des citoyens de Paris, et doit être enfermé dans la tour de Lupare. A son arrivée, le clergé et le peuple célébraient solennellement le triomphe du roi par des chants et des hymnes d'allégresse. Alors Ferrand, alors te fut manifestée l'erreur de ta pythonisse, qui t'avait fait follement espérer que la ville royale t'accueillerait avec les plus grands honneurs. Certes nulle loi n'est plus équitable que la loi du sort, et Dieu règle toutes choses par des jugemens remplis d'équité; rien n'est plus juste que cet arrêt du sort qui, conformément à leurs vœux, attache les prisonniers aux villes mêmes qu'Othon leur avait promises, et qu'il leur eût données, en exécution du traité conclu avec eux, si la victoire l'eût secondé dans ses espérances. Ainsi il arrive que chacun sert dans les fers aux lieux mêmes où il avait compté en son cœur avide pouvoir établir sa domination : le lieu où l'on espérait trouver des honneurs devient le lieu même du châtiment, et les espérances trompées changent les joies en douleurs.

Jadis Pompée extermina les bandes des pirates, et, aidé du fils de Mithridate, força ce prince, qui différait encore, à hâter sa chute par le poison : il se tua ainsi, pour ne pas voir son fils régner sous l'autorité des Romains, et afin qu'un sort trop dur ne le réduisît pas lui-même à se voir inférieur à son fils. Après lui, Rome soumit à sa puissance presque tous les royaumes situés au-delà de la mer de Grèce et contenus dans la troisième partie du monde.

César, après avoir vaincu les Gaulois, et conquis avec de grandes fatigues la plupart des royaumes qu'éclaire le soleil de l'Occident, portant au loin dans le monde les lois de l'Empire, quoique lui-même eût présenté le dos aux blonds Bretons, vainquit Pompée, afin de devenir plus grand que tout autre homme, de s'élever au dessus de toutes les têtes, d'être le chef unique du monde, et de faire que Rome, régnant sur tous les autres, n'obéît qu'à lui seul. Devant aucun des deux cependant, Rome ne tressaillit de joie, et ne fit retentir ses hymnes d'allégresse lorsqu'ils montèrent au Capitole, traînés par quatre chevaux blancs, avec autant de transports qu'en éprouva la France, lorsqu'elle offrit des fêtes solennelles à son illustre roi Philippe, après l'heureux succès de la bataille de Bovines.

Rome même ne se souvient point d'avoir, plus tard, célébré avec autant de transports un triomphe magnifique, lorsque Titus et Vespasien ayant entièrement renversé Jérusalem et rasé le temple, l'enlevèrent justement, ô Judée, et le rang que tu occupais et ton peuple. Ces princes ajoutèrent alors aux trésors des Romains le candelabre, les tables de la loi, l'arche d'alliance, la table du Seigneur, beaucoup d'autres gages sacrés, et la verge d'Aaron qui, depuis long-temps entièrement desséchée, se couvrit de nouveau de feuilles et produisit tout-à-coup les fleurs de l'amandier, figurant par là les joies nouvelles dues à l'enfantement de la Vierge toujours pure; de plus ils te livrèrent à vil prix, toi et ta race, pour vivre à jamais dans l'esclavage et devenir le jouet de tous les vents, Dieu employant ainsi leur bras pour te châtier de tes péchés. Telle fut la punition finale qu'attira sur toi ce Calvaire, sur lequel tu avais osé crucifier notre Sauveur. Elle avait été annoncée à l'avance par cette invasion que firent les ours contre les enfans de Bethléem, lorsqu'ils accablaient d'injures le saint Prophète [1], et qu'ils l'appelaient le chauve. Car depuis long-temps la bouche de tes prophètes t'avait prédit toutes ces choses, afin que tu n'ignorasses pas combien tu te préparais à pécher, quel rude châtiment devait suivre un si grand crime, et afin que tu ne péchasses pas autant, du moins par la crainte de la punition, et qu'un moindre péché entraînât une moindre peine.

En ce temps la seule ville de Rome donnait des applaudissemens à ses rois, et les autres villes ne s'inquiétaient nullement de se réjouir des triomphes des Romains, ou de faire quelques frais pour ajouter à leurs pompes. Maintenant, en tous les lieux où s'étend le sol de notre vaste royaume, qui contient dans son sein tant de bourgs, tant de châ-

---

[1] Elysée.

teaux, tant de villes, tant de comtés, tant de duchés, dignes des honneurs, du sceptre, dans toutes ces provinces soumises à tant d'évêques, dont chacun administre la justice dans son diocèse, et fait publier ses édits dans d'innombrables villes, toute ville, tout village, tout château, tout pays ressent avec la même ardeur les joies d'une victoire commune à tous, et s'attribue en propre ce qui appartient à tous en commun, en sorte que ces applaudissemens universels se répandent en tous lieux, et qu'une seule victoire a fait naître mille triomphes. Dans toute l'étendue du royaume on n'entend résonner sur tous les points que les mêmes acclamations; toute condition, toute fortune, toute profession, tout sexe, tout âge chantent les mêmes hymnes d'allégresse, toutes les bouches célèbrent à la fois la gloire, les louanges et l'honneur du roi. Et ce n'est pas seulement par des chants ou par les gestes du corps que s'expriment les transports de l'ame : dans les châteaux et dans les villes, les clairons retentissent dans toutes les rues, afin que ces concerts multipliés proclament plus hautement les sentimens publics. Ne croyez pas non plus que l'on ménage aucune dépense : chevalier, citoyen, habitant des champs, tous brillent sous l'écarlate, nul ne porte que des vêtemens de soie, de lin très-fin ou de pourpre. Le paysan tout resplendissant sous les ornemens impériaux, s'étonne de lui-même et ose se comparer aux rois souverains. L'habit change tellement son cœur, qu'il pense que l'homme lui-même est changé, ainsi que le vêtement qui lui est étranger. Et ce n'est pas même assez pour chacun de paraître avec autant d'éclat que ses compagnons, si chacun ne cherche encore à se distinguer de beaucoup d'autres par quelque ornement. Ainsi tous se disputent à l'envi, cherchant à se dépasser l'un l'autre par la richesse de leurs vêtemens.

Durant toute la nuit les flambeaux de cire ne cessent de briller dans les mains de tout le monde, chassant les ténèbres, de telle sorte que la nuit se trouvant subitement transformée en jour et resplendissante de tant d'éclat et de lumières, dit aux étoiles et à la lune : *Je ne vous dois rien,* tant leur affection pour le roi portait les peuples à se livrer en tous lieux aux transports de leur joie !

Plus que toutes les autres villes, Paris ajoute aux applaudissemens, aux acclamations, à l'allégresse générale, des dépenses plus grandes, et célèbre des jeux et de belles danses avec un zèle encore plus ardent. Surtout ceux qui se livrant aux doux travaux de Pallas recherchent les aimables enseignemens d'une vie bienheureuse, font des préparatifs plus splendides pour mieux honorer la fête du triomphe du roi. Pendant huit jours et tout autant de nuits ils se livrent sans interruption aux transports de leur joie et s'y abandonnent avec d'autant plus d'ardeur, que le roi est plus chéri de tous; c'est par ses soins en effet qu'ils jouissent du repos de la paix, qu'ils vivent en sécurité sous les lois des seigneurs de Cyrrhe et de Nisa [1], en sorte que leurs cœurs ne sont jamais tourmentés que des soucis de l'étude et rejettent tout autre soin.

Le royaume tout entier jouissait de la paix, très-

---

[1] Apollon et les Muses, expression empruntée à Juvénal, satire VII, v. 63.

agréable aux peuples, et le roi gouvernait son royaume et son peuple avec une affection paternelle, aimant tous les Français et aimé de tous, ne faisant de mal à personne, n'étant à charge à personne, juste envers tous, surtout protégeant le clergé contre tout ennemi. Sa bonté se montrait surtout en cela qu'il favorisait les amis de la paix d'un cœur plein de tendresse, et punissait rudement ceux qui faisaient le mal. Aussi était-il appelé avec respect et par toutes les bouches le roi du clergé, le père de la patrie, et le soutien de l'Église. Et l'on ne pouvait savoir si le roi aimait son peuple plus que le peuple n'aimait son roi; il y avait entre eux à ce sujet une aimable émulation, et l'on se demandait lequel des deux était le plus cher à l'autre, chez lequel des deux l'amour se produisait avec le plus de force, tant une tendre affection les unissait l'un à l'autre par des liens parfaitement purs!

Déjà l'on était parvenu à la quatrième année depuis la bataille de Bovines, quand le roi Jean, à la suite de tous les crimes qu'il avait commis lui-même, perdit son royaume et la vie. Il fut chassé loin de sa patrie, au-delà du fleuve de l'Humber, condamné par un juste jugement du clergé et du peuple, car il avait été la cause de la mort de son propre père, traître envers son frère, meurtrier envers son neveu, qui avait plus de titres que lui à hériter du royaume. La nation anglaise voulait, ô Louis! t'élever sur son trône, mais ton père te refusa son consentement, ne voulant pas offenser le souverain pontife, qui faisait tous ses efforts pour rétablir Jean dans la possession de son sceptre. Ainsi privé des honneurs de la royauté, et selon le pronostic même de son surnom, entièrement dépouillé de terre, Jean cessa enfin de se montrer malfaisant, et la mort mit un terme à ses méchantes actions. Bientôt Gualon[1], qui représentait en ce pays le père des pères, fit succéder à Jean son fils Henri. Celui-ci avait à peine dix ans; il reçut l'onction et se lia par serment envers le Pape, s'engageant à lui être soumis, à lui payer tribut, comme avait fait son père, et à tenir son sceptre du souverain pontife même.

En ce même temps encore, Othon le réprouvé, étant tombé malade à Brunswick, obtint enfin d'être relevé de l'anathème qui avait si long-temps pesé sur lui, et lorsqu'il fut réconcilié avec l'Église, la mort vint dissoudre en lui la funeste alliance de son corps et de son ame.

Peu de temps après, l'illustre comte Simon (par un événement qui serait bien déplorable, si la raison ne nous défendait de pleurer sur les palmes d'un martyr), étant occupé à assiéger la ville de Toulouse, ennemie de notre foi, qui accueillait les hérétiques, et qui maintenant encore n'échappe pas à cette peste, le comte Simon, enlevé subitement de cette vallée de larmes, obtint par un bienheureux martyre de s'élever aux demeures célestes. Apportant aux martyrs de nouvelles joies, devenu leur concitoyen, et régnant avec le Christ dans la cour éthérée, la vue du Seigneur suffit à le repaître, tellement qu'en jouissant continuellement il n'en éprouve jamais de dégoût. Depuis sa mort, le parti des catholiques, extrêmement affaibli, se désole, et le parti contraire relève la tête. Amaury, son noble héritier, se chargea du

[1] Légat du pape.

fardeau de son père, mais trop jeune encore, il ne pouvait à lui seul combattre tant d'hommes vigoureux : alors notre auguste roi prenant compassion de la foi qui dépérissait dans ces contrées, sentant ses entrailles s'émouvoir toujours de pitié en faveur des affligés, et voulant porter un remède à de si grands dangers, envoya aux frais de son fisc soixante chevaliers, dix mille servans d'armes bien équipés, et hommes forts de corps et de cœur, secours qui fut infiniment agréable à Amaury en ces circonstances. Par là la puissance de l'hérésie fut encore réprimée pour un temps, et la foi catholique prévaut encore aujourd'hui en ces pays.

A peine deux années s'étaient écoulées depuis ces événemens, lorsqu'un grand nombre d'hommes furent fortement agités jusque dans le cœur du royaume, par une querelle particulière qui s'éleva tout-à-coup dans le pays des Bretons, aux lieux où Thétis a posé sur le rivage de la mer les limites de la terre et de son empire, et où l'on ne voit rien au-delà, si ce n'est l'eau et l'air. Il n'est donné à personne de connaître ce qui s'étend plus loin, et nul ne peut faire à ce sujet de recherche suffisante.

Quoique bien peu de gens puissent comprendre cette vérité, les agitations de la guerre sont utiles, même à ceux qui en souffrent, puisqu'il est certain que Dieu ne fait rien sans motifs dans le monde entier, et ne fait rien faire qui ne porte quelque fruit. Etant lui-même cause immobile de toutes les causes, il assigne des causes fixes aux choses mobiles, il tourne à notre usage les maux dont nous souffrons, et fait sortir pour nous des avantages de nos propres malheurs; il fait que la guerre devient utile à ceux qui la supportent; par là un trop long repos ne donne pas trop d'aliment à nos vices, et la paresse ne plonge pas nos ames dans un extrême engourdissement; la valeur en effet, qui se plaît à s'exercer sans cesse pour pouvoir se développer, s'accroît à force de travail, et les maux du présent nous dégagent plus aisément de la rouille de nos péchés; nous sommes ainsi instruits dans ce monde par de brefs châtimens, bien moindres que ne sont les flammes de la géhenne, lesquelles frappent les coupables de peines terribles et sans fin.

Les comtes Bretons, Conan et Salomon, furent les premiers qui troublèrent la paix; et ils avaient de justes motifs de faire la guerre, car le duc de Bretagne, Pierre, plus fort qu'eux, les avait dépouillés des biens de leurs aïeux, ne leur laissant rien pour se défendre de la faim et du froid, quoiqu'ils fussent nés pour commander à beaucoup d'hommes, issus d'un sang illustre, et célèbres eux-mêmes par leurs actions et par leur nom. Il n'en est pas moins certain que le duc n'avait été que juste envers eux, à de certains égards, attendu qu'ils tenaient eux-mêmes beaucoup de biens qu'en toute justice le duc eût dû occuper plutôt que ces comtes. Mais cet homme, puissant par son peuple et plus fort qu'eux par ses armes, indigné qu'on lui refusât ce qui était juste, déroba, en même temps que ce qui lui appartenait de droit, ce qui appartenait aux autres; dans l'emportement de sa passion, il ne sut point reconnaître de limites, tant il est vrai que celui qui refuse ce qui est juste à l'homme fort qui tient les armes dans ses mains, lui livre ainsi tout ce qu'il possède.

Le duc enleva donc aux comtes tout ce qu'ils avaient, et les chassa de leur pays dans les forêts et les vallons, et dans les déserts, asiles des bêtes féroces. Ceux-ci donc, toutes les fois qu'ils pouvaient lui faire quelque mal, à lui ou aux siens, aidés de quelques compagnons, s'attachaient à lui enlever du butin, à charger ses hommes de chaînes, à détruire ses propriétés. Tandis que le duc avait résolu de les anéantir entièrement, voici, Amaury de Craon lui déclara la guerre, prétendant avoir des droits à un certain château sur lequel le duc disait de son côté qu'il n'avait aucun droit, et qu'il était même tout prêt à le prouver en justice, en présence du roi ; mais Amaury, se confiant en ses forces et non à l'issue toujours incertaine d'un jugement, prit fièrement les armes avec beaucoup de fracas, dévasta les terres du duc par le fer et le feu, et s'empara de la Guerche et de Châteaubriand.

Laissant alors de côté Conan et Salomon, dont beaucoup de Bretons avaient déjà embrassé le parti, le duc tourna ses armes contre Amaury, et invita ses parens et ses grands à lui prêter secours contre tant d'ennemis. Cette guerre terrible se prolongea durant deux années, le duc faisant toujours de grandes dépenses, et aucun point de son duché ne demeurant à l'abri de ce fléau. D'un côté les habitans de Saint-Paul-de-Léon, aidés de ceux de Tréguier et des vassaux du comte de Goel et du vicomte de Rohan, ne cessaient de le harceler, et d'un autre côté il était aussi attaqué par Amaury, qui conduisait à sa suite tous les chevaliers du Mans, de l'Anjou, de Tours, tous ceux qui avaient quelque réputation ou quelque dignité dans le pays qui s'étend jusques à Chartres, un parti très-nombreux de Français, une troupe venue de la ville de Séez, un escadron de Bourges, et le comte de Nevers[1], hommes qui s'étaient associés à lui, soit pour raison de parenté, soit pour amitié, soit parce qu'ils en recevaient une solde, lien qui entretient l'affection, qui échauffe le cœur des chevaliers, qui les revêt des plus puissantes armes, qui donne du courage aux lâches et des forces à ceux qui ne savent pas combattre, qui anime les audacieux, pousse les timides à la mort, chasse la pâleur des visages, guérit les blessures, boisson enfin plus salutaire que toute autre pour adoucir les esprits inquiets.

De son côté le duc a sous ses ordres la majeure partie des Bretons, qui suivent d'un cœur intrépide leur seigneur et duc. Fort de leur assistance et de leur fidélité, le duc conçoit en son ame royale d'immenses projets, et se propose de défendre en même temps tout son pays. Ainsi, sans s'inquiéter des forces de Conan et de Salomon, sans s'arrêter aux maux qu'ils lui font en pillant la contrée et en lui enlevant ses hommes, il se dispose à terminer par eux cette guerre déjà trop longue, et voulant ou vaincre ou être vaincu en une seule fois, dans son audace il livre bataille à Amaury, auprès des vignobles de Châteaubriand, triomphe par sa brillante valeur, et fait prisonnier Amaury lui-même et beaucoup d'autres seigneurs, que tout le monde regardait comme invincibles, car leurs forces étaient supérieures en nom-

[1] Le comte Hervey.

bre à celles du duc, et eux-mêmes, jouissant d'une grande réputation, n'avaient jamais été vaincus jusqu'alors dans aucun combat.

Ainsi, avec le secours de ses Bretons, le duc se fit un nom célèbre, sauva sa patrie des ennemis, et se montra par sa valeur véritable enfant de la France, véritable rejeton de la race royale, étant petit-fils de Louis, et aussi noble que son cousin, le roi Philippe[1]. Ensuite, et quoique leur parti se trouvât infiniment affaibli et chancelant à la suite de cette bataille, les gens de Saint-Paul-de-Léon n'en continuèrent pas moins à faire la guerre au duc, et lui résistèrent longtemps avec une grande valeur. Enfin une bonne paix mit un terme à ces querelles. Au retour de la paix ils se rattachèrent au duc avec leur affection accoutumée, et méritèrent d'être réintégrés par lui dans leurs droits.

Pourquoi pleures-tu, ô muse? pourquoi t'affliges-tu si tristement? pourquoi étouffes-tu tant de sanglots? pourquoi portes-tu tes yeux vers le ciel? pourquoi sembles-tu chercher l'origine inconnue des astres? pourquoi t'étonnes-tu de voir briller comme l'or une comète nouvelle? Voici, elle précède l'astre funèbre de Philippe, astre qui fait la douleur du monde et la joie des demeures célestes, toutes réjouies de la prochaine arrivée d'un hôte si illustre : voici, les mages et les astres du ciel l'appellent, afin qu'étant lui-même assuré de son salut par des signes aussi manifestes, il apprenne que ses actions ont été agréées du suprême Seigneur des astres, de peur que son ame ne vienne peut être à se troubler, tremblante de se

---

[1] Pierre, duc de Bretagne, était fils de Robert II, comte de Dreux.

séparer de son vase d'argile et de se rendre à son créateur par la victoire de la mort, après avoir déjà vaincu le démon, le monde, la chair et ses tentations. Et si nous lisons par hasard que d'autrefois les comètes à la chevelure menaçante ont annoncé les choses de l'avenir, jamais cependant elles n'ont brillé aussi long-temps et d'un rouge tellement éclatant que le septième jour et la septième nuit aient resplendi de la lumière flamboyante de leur astre et teint en rouge la nue qui l'environne, de même qu'on voit une petite cabane couverte de paille, entourée de fumée, et devenue par hasard la proie d'un incendie dévorant, vomir dans les airs des vapeurs enflammées, toute parsemées de brûlantes étincelles. Tel était le nombre que demandait comme signal la vie du roi Philippe; par ce nombre, ô Christ, tu as voulu mettre au grand jour les mérites de ton serviteur, afin qu'il sût que trois fois et quatre fois bienheureux, il s'élèverait heureusement vers les cieux en corps et en ame : ce nombre septenaire ainsi bien complété, le conduit à ce huitième cercle où réside l'Infini. Ainsi donc, ne demeure pas dans la stupeur, que la douleur ne te tourmente point; mais plutôt, si la mort t'a contristé, que la victoire de la mort te réjouisse, puisque déjà tu vois se multiplier les signes par lesquels il t'est démontré qu'ayant vaincu la mort, il vit avec le Christ, qu'il a servi dignement dans cette vie. Et si tu t'es appliqué à rapporter les actes de sa vie, maintenant applique-toi, avec plus de zèle encore, à raconter son honorable mort, et fais que cet ouvrage que tu avais cru finir, lui vivant encore, se termine par ses honneurs funèbres et par la gloire toute particulière dont le Christ a voulu le béatifier à ses derniers momens.

De la maladie et de la mort du roi Philippe.

Une nouvelle étoile avait effrayé les peuples de ses rayons menaçans, et des bruits divers ne cessaient de circuler parmi le vulgaire, sur les choses nouvelles qui devaient survenir à la suite de ce prodige inintelligible. Un mois ne s'était pas encore écoulé depuis cet événement, et voilà, une fièvre quarte envahit le corps du roi. Le quatrième jour le tourmentait d'une chaleur qui lui enlevait la respiration, et les autres jours cependant il cessait d'être malade : ainsi la fièvre était intermittente, en sorte que ses membres ne perdaient ni leur vigueur ni leur teint, et lui-même déployant toujours sa force et son activité accoutumées, et toujours empressé à s'occuper avec sollicitude des affaires de son royaume, continuait à visiter, selon son habitude, ses divers châteaux et ses villes, et principalement tous les lieux qu'il s'occupait à faire rebâtir, et où il élevait des murailles et des citadelles. En effet, tout autant que son domaine possède de villes, de châteaux et de bourgs, le roi les a fait entourer de murailles à ses propres frais, et il les a tous vus de son vivant ainsi enclos à ses dépens : et ce qui paraîtra bien plus étonnant et bien plus digne d'éloges à tous ceux qui l'entendront raconter de leurs oreilles, c'est que dans tous ces lieux nul n'a été vexé par aucune imposition extraordinaire, que nul n'a été accablé d'aucune corvée, comme beaucoup d'autres ont coutume d'en exiger.

Quiconque a vu sa maison, son fonds de terre ou sa vigne emportés par les fossés, par les tours ou par les remparts, a reçu du roi la juste indemnité de tout ce qu'il a perdu. Et quoique cette amélioration publique dans tout le royaume ait été fort utile à la communauté des citoyens et du peuple, le roi n'a pas voulu qu'elle devînt onéreuse aux autres, et, dans sa pieuse munificence, il a mieux aimé en supporter seul tout le poids.

Dès qu'il éprouva les premières atteintes du froid, et que le tremblement de la fièvre tortura ses membres sacrés, le roi nettoya tout aussitôt le vase de l'homme intérieur, et disposa sa maison dans toute sa pureté, afin que l'hôte céleste se complût, à son arrivée, à s'établir dans une résidence agréable, car il met toutes ses délices à habiter dans un cœur pur, et ne pénètre dans les ames que lorsqu'elles sont bien nettoyées et dégagées de toute souillure. Bientôt, faisant son testament de mort, il statua de sa propre bouche, et en outre par un écrit public, que tout ce qu'il possédait en effets mobiliers serait distribué à la terre de Jérusalem et aux pauvres de Dieu, et il fit faire lui-même le partage de ce que chacun devait avoir. Ainsi tracassé par la fièvre, presque durant tout le cours de l'année, il n'en continuait pas moins à se servir de son corps avec courage, et il arriva au cinquième mois[1], où Sirius a coutume de redoubler pour les malades les ardeurs de la fièvre, comme celles du soleil, et l'on était dans le courant de l'année 1223, depuis que le Verbe s'est fait chair.

Déjà s'avançait le jour lamentable pour le monde,

[1] Mois de juillet, à partir de mars.

où notre royaume allait devenir veuf de son roi Philippe, qui régnait heureusement depuis quarante-trois années, bon pour les justes, terrible aux méchans, reprenant les hommes mauvais avec douceur, et, dans la bonté de son ame, préférant d'ordinaire la justice à la rigueur. Et comme Christ l'avait aimé durant tout le cours de sa vie, il prouva qu'il le chérissait encore plus à sa fin. En effet, le roi de Jérusalem [1], et celui qui, réglant les plus grandes affaires à la place du souverain pontife [2], avait été envoyé contre les hérétiques qui souillaient encore le pays de Toulouse, et de plus l'assemblée des saints pères [3] de tout le royaume, tenaient alors un concile général à Paris, Philippe voulant relever l'Eglise, qu'il s'affligeait de voir dépérir, en deçà comme au-delà de la mer. Et comme les autres ne pouvaient rien terminer sans lui, quoiqu'il fût incessamment dévoré d'une fièvre continue, redoublée par sa propre violence et par la chaleur de la saison, préférant l'intérêt public à sa commodité particulière, le roi partait pour Paris, malgré l'avis de ses médecins, et, sortant de Pacy, il se rendait en hâte au concile, desirant mettre en tête de tous ses mérites celui d'avoir, au moment de sa mort, relevé l'Eglise et la foi, et de leur rendre leur vigueur catholique.

Une pareille ferveur de foi animait ce Martin qui, connaissant à l'avance le dernier jour de sa vie, et l'ayant annoncé à ses frères et à ses saints compagnons, ne craignit pas cependant de se rendre à Candat, pour y apaiser un schisme qui jetait le trouble dans l'église de ce lieu, se réjouissant de laisser en

---

[1] Jean de Brienne. — [2] Conrad, évêque de Porto. — [3] Les évêques.

paix et l'église et le clergé. Animé d'un desir semblable, le roi était arrivé à Mantes : là, après la célébration des saints mystères, après que l'Eucharistie lui eut présenté la pâture de vie, le dernier jour, terme de sa vie bienheureuse, se présenta à lui, Dieu ayant voulu le délivrer en ce lieu, par une belle mort, et recevoir en son sein son ame sainte, au moment où le jour du lendemain allait amener les ides du cinquième mois [1].

Des cris s'élèvent aussitôt, tout retentit de lamentations, les gosiers s'épuisent à force de sanglots, toutes les poitrines sont inondées de larmes. Il n'est personne qui puisse soulager sa propre douleur, ou celle des autres; les paroles même ne peuvent les adoucir, car l'excès de l'angoisse contraint la langue à demeurer immobile dans le palais. On n'entend qu'un cri de deuil dans toute la ville de Mantes; il n'est pas une maison, pas une place, pas un coin de rue, qui ne soient assourdis par les gémissemens et tout trempés de larmes. La même cause produit ce deuil, la douleur de tous est la même, et cependant ces tourmens se manifestent sous mille formes diverses. Celui-ci pousse des hurlemens en se frappant la poitrine, celui-là se déchire les joues avec ses ongles; l'un arrache ses vêtemens, l'autre ses cheveux. Il en est qui, dans l'excès de leur affliction, ne peuvent pas même ouvrir la bouche; seulement du bord de leurs lèvres fatiguées s'échappent quelques soupirs; leurs cœurs tout gonflés ne peuvent les repousser au dehors, et le transport de leur douleur refoule au dedans les plaintes qui devraient se produire à l'extérieur. D'autres,

[1] Le 14 juillet 1223.

transportés d'une sorte de délire, perdent leurs forces accoutumées, et, poursuivis par l'ombre fantastique de la mort, pressent de leurs bras la poussière des pavés. Et qui pourrait contenir ses lamentations, en voyant d'un côté Louis, tout inondé d'un torrent de larmes, de l'autre Philippe [1] et les grands, et les comtes, et l'assemblée d'hommes aux cœurs pleins de force, et les chevaliers, et les serviteurs, et les officiers de la cour, faire retentir de leurs tristes gémissemens cette cour frappée de stupeur? Ainsi ceux qui avaient soumis à Philippe et des peuples, et des royaumes, ceux à qui nul fier courage ne put résister, qui domptèrent par leurs forces, et firent rentrer dans le repos et les fléaux et les monstres, ceux-là mêmes sont vaincus par la douleur de la mort du roi, et tellement troublés, qu'ils oublient de se souvenir d'eux-mêmes et de tous les leurs. A peine un seul d'entre eux demande-t-il ou présente-t-il des parfums, à peine un seul pense-t-il à répandre de l'encens, tant la violence de la douleur leur enlève l'usage des facultés de leur esprit!

Le corps ayant été royalement embaumé et déposé ensuite dans un cercueil, comme il est convenable, le cortége s'avance douloureusement, les hommes transportant sur leurs hautes épaules la dépouille mortelle du prince invincible. Lorsqu'ils furent sortis par la porte que l'on appelle porte de Paris, et arrivés à la distance que parcourrait une arbalète en lançant trois fois ses traits, ceux qui portaient le cercueil le déposèrent sur le sol avec la torche sacrée, d'autres s'empressant avec ardeur à se charger à leur tour de

---

[1] Comte de Boulogne.

ce fardeau. En même temps ils désignent ce lieu, pour que la croix de Philippe y soit dressée, consacrée par son nom, et entourée de colonnes en pierres. De fréquens miracles ont déjà été manifestés en ce lieu, Dieu n'ayant pas tardé de proclamer les mérites de Philippe. Aussitôt on construit en fort peu de temps, et sur le même emplacement, une nouvelle église, dans laquelle on puisse honorer le lieu de repos de Philippe, et l'on arrête que des personnes saintes, et éprouvées pour leur ferveur religieuse, serviront à jamais le Seigneur dans cette même église.

De là, se mettant de nouveau en marche avec le corps sacré, ils s'avancent, afin que saint Denis se réjouisse de voir son église honorée d'un hôte si illustre. Son corps, inhumé à côté de celui de Dagobert, est recouvert d'une pierre, tandis que son esprit resplendit au milieu de la cour des anges, où il est reçu sous l'égide du même patron. La nuit suivante, Denis lui-même fit cette révélation au Père des pères, afin que nul ne puisse douter que Philippe règne avec le Christ, ce fait étant affirmé par un si grand témoin!

Les obsèques furent célébrées avec beaucoup de pompe par Bertrand[1] qui représentait le souverain Pontife, et que le peuple de Préneste s'honorait d'avoir pour évêque. Il était du pays de Bâle, noble par sa naissance, et saint par ses sentimens religieux, et portait l'habit de Cîteaux. Les premiers du royaume, les grands et les hommes puissans assistèrent aux fu-

---

[1] Il paraît qu'il y a ici erreur de nom. Dans la liste des évêques de Préneste, donnée par Ughel, on ne trouve point de Bertrand. De plus, le légat du pape qui assista aux obsèques de Philippe-Auguste était le cardinal Conrad, évêque de Porto.

nérailles, ainsi que presque tous les saints évêques, que le Saint-Esprit avait par une disposition mystérieuse réunis en ce lieu, venant s'y rassembler de diverses contrées pour un tout autre motif, afin qu'il fût démontré à tous, par une preuve certaine, que sous l'apparence du concile qu'ils croyaient tenir à Paris, Dieu avait pris soin lui-même de la pompe funèbre de Philippe, et voulu honorer, par la présence de tant d'hommes considérables, celui dont il savait que la fin prochaine réclamerait ces honneurs. En effet, ce qui a eu un bon commencement et un bon milieu, a droit à une fin bienheureuse, et pour que le tout soit bon dans son ensemble, il faut que la fin soit bonne aussi. On vit également à cette cérémonie Jean, roi d'Accaron [1], homme comblé d'honneurs et de gloire. Il était français par ses aïeux et champenois par sa naissance. Jérusalem, qui s'afflige maintenant d'obéir aux tyrans d'Égypte et de Syrie, avait dû l'avoir pour roi. Les maux qu'elle souffre, nous les avons mérités par nos péchés, nous qui ne craignons pas de nous montrer ingrats envers Christ, qui ne cessons d'ajouter à des fautes de nouvelles fautes, qui ont eu pour juste conséquence de nous faire perdre justement et tout dernièrement la contrée d'Égypte et la ville de Damiette : le roi Jean, en ayant été expulsé depuis peu, avait donc passé la mer et était venu implorer le secours du roi Philippe. Celui-ci donna à ce roi et aux saints qui lui prêtaient leur assistance, savoir les frères dits de l'Hôpital et du Temple, dont l'office particulier est de défendre le sépulcre de tout leur pouvoir, en vivant sous les

---

[1] Jean de Brienne, roi de Jérusalem.

saintes lois de la religion, le roi Philippe leur donna trois fois cinquante mille marcs d'argent, pour être répartis entre les serviteurs de la croix et le sépulcre. Aussi nous est-il permis d'espérer, avec l'assurance de la foi, que l'inépuisable miséricorde du Christ restituera la Terre-Sainte à ses serviteurs, par l'intercession des mérites et des dons de Philippe, et qu'ils n'auront pas long-temps à attendre.

Il y avait encore l'archevêque de Rheims, Guillaume, et Gautier, archevêque de Sens, tous deux les premiers à la cour du roi, et tous deux issus d'un sang illustre. Avec eux étaient aussi l'archevêque de Bourges [1] et l'évêque de Tours [2], Thibaud, archevêque de Rouen, homme d'une extrême sévérité, et qui se laisse difficilement fléchir par les prières, et l'archevêque de Lyon [3], dont la Gaule entière, à ce que rapporte la renommée, avait coutume de reconnaître les prédécesseurs pour primats du pays; devant qui on portait toutes les affaires difficiles, afin qu'elles y fussent jugées en dernier ressort, en sorte qu'on ne déférait à Rome aucun procès que lorsque le siége de Lyon n'avait pu le terminer lui-même. L'inscription du sceau de cet archevêché et les pièces de monnaie qui circulent dans le commerce, rappellent encore ce titre d'honneur : avec lui étaient aussi les saints évêques que la loi de suffragance soumet à ce métropolitain. Les deux premiers dont j'ai fait mention ci-dessus furent illustrés par la grâce et par les honneurs, à tel point que l'un d'eux [4] se trouva appelé tout-à-fait à l'improviste du siége de Langres au gouvernement de l'archevêché de Rheims, et mérita par là

[1] Simon. — [2] Jean. — [3] Renaud. — [4] Guillaume de Joinville.

d'avoir à se réjouir de douze cathédrales soumises à son autorité.

Quant à toi, Gautier, peu de temps après que ton élection au siége de Paris eut été confirmée, tu en fus enlevé pour le siége de Sens, afin que la langue des méchans, tandis qu'elle travaillait à te persécuter, te servît, à son insu, à t'élever au-dessus de plusieurs siéges épiscopaux, en même temps que tu étais dépouillé d'un siége pareil. Ceux qui n'avaient pas rougi de se montrer rebelles contre toi, maintenant soumis à toi, sont accablés d'une plus vive colère, couverts d'une plus grande confusion, te voyant ainsi élevé, ainsi rendu puissant par le bras du Christ, afin que tu puisses les soumettre à un frein plus sévère, que tu ne ferais si tu n'étais encore qu'évêque particulier de Paris [1]. Mais tu ne portes point un tel visage, ni un tel esprit; les Parisiens ne t'ont point ainsi enseigné, tu n'as point ainsi enseigné les Parisiens : les saintes leçons que tu as publiées durant tant d'années de ta bouche éloquente, ne t'ont point appris à rendre le mal pour le mal, à suivre les impulsions de la colère ou de la rancune. Le souvenir de la haine n'est point l'œuvre d'une ame bienveillante comme la tienne, dans laquelle la philosophie a établi à jamais son trône, et qui, perfectionné par elle,

---

[1] Gautier Cornut, archidiacre à Paris, avait été élu en 1219 évêque de cette ville; mais comme il avait tenu pour le parti du roi contre le pape Honoré, les auteurs de la Gaule chrétienne rapportent que son élection ne fut pas confirmée. Ayant été ensuite élu archevêque de Sens, et s'étant rendu à Rome, Gautier y reçut cette réponse du souverain pontife : « Tu as perdu par nous l'église de la bienheureuse « Marie, mais le bienheureux Etienne t'a adopté : combats avec vi- « gueur. »

pratique avec vigueur la science de l'une ou de l'autre loi, que tu enseignes au monde d'une bouche et d'une main fidèles.

Et toi, Guillaume, évêque de Châlons, la fortune ne s'est point montrée avare envers toi des suprêmes honneurs. Après la fin déplorable de ton neveu Thomas, que la mort jalouse enleva à la fleur de son âge, alors qu'il allait avec Louis attaquer les terres des Anglais [1], tu fus jugé digne d'être à la fois évêque et comte, de porter à la fois l'un et l'autre fardeau, afin que la terre du Perche demeurât à son légitime héritier, et que celui qui tenait du sang des rois une double noblesse, brillât à la tête de la noblesse par de doubles honneurs.

Sur ce que le pape apprit la mort du roi par un miracle.

Au temps où l'on faisait les funérailles du roi très-auguste, le pape résidait dans la ville de Ségni, et voici quelle vision lui fut envoyée par le ciel :

Il y avait dans la même ville un noble citoyen nommé Jacques, homme honorable, qui avait pour hôte celui qui punit les péchés, comme représentant du souverain pontife. Le premier était malade, sa vie éteinte arrivait à son dernier terme, en sorte que ses amis n'avaient plus aucun espoir de le voir se relever. Déjà près de mourir, il avait reçu l'onction et l'huile sainte, selon qu'il est prescrit dans l'épître de Jacques, et il était étendu sur son lit de mort, lorsqu'une apparition céleste vint le fortifier de cette sorte. Il

[1] Thomas, comte du Perche, mourut en 1217.

vit saint Denis venant à lui des demeures éthérées, environné d'une grande splendeur, précédé d'anges qui portaient des vêtemens blancs, et ayant lui-même un vêtement rouge. Auprès de lui était le roi Philippe avec une robe blanche; jamais le mourant ne l'avait vu de la vue corporelle, mais il le connaissait bien de réputation. Alors le saint lui dit : « Hâte-toi, « lève-toi, va dire à Jacques [1], qui entend, au nom « du pape, les péchés des hommes coupables et donne « l'absolution à qui se confesse selon la loi, em- « ployant des remèdes adaptés aux diverses maladies : « Je suis le hiéromartyr Denis, et celui-ci est Philippe, « roi des Français, qui, le jour avant celui-ci, a été « délivré de son enveloppe d'argile : fais que le pape « lui donne l'absolution, en vertu de cette puissance « que le Christ n'a confiée qu'à Pierre, ainsi que les « clefs; fais qu'il le présente au Seigneur, et qu'il « célèbre une messe, dont l'effet soit d'expier pour « lui ses péchés véniels. » Le chevalier dit alors : « Qui suis-je, pour pouvoir prendre part à de si grands « mystères, moi qui ne puis même me lever de mon « lit et suis à l'article de la mort? Ni le pape, ni Jac- « ques, ne voudront me croire; je passerai pour in- « sensé, si j'ose rapporter de telles choses à de tels « hommes. » Et le saint reprit : « Mon fils, éloigne « toute crainte, et reçois dans la fermeté de ton cœur « une foi également ferme. Tu iras auprès d'eux, « guéri, et cette santé, qui te sera rendue aussi promp- « tement et d'une manière inopinée, fera que le pape « et Jacques te croiront entièrement. » Il dit; et afin

---

[1] Il y a ici confusion de nom. L'hôte de Jacques est désigné ailleurs sous le nom de Thomas, et comme cardinal.

qu'il fût bien reconnu qu'il était le bon esprit, il le prouva en guérissant parfaitement le malade, et répandit autour de lui de suaves parfums. Alors celui-ci s'élance hors de son lit, bien portant; nulle trace de maladie ne demeure en lui; il se réjouit et s'étonne à la fois de ne plus sentir de douleur dans aucune partie de son corps; il révèle les paroles qu'il a entendues à Jacques, et par lui au souverain pontife : le miracle fait ajouter foi à ses paroles, et l'apparition divine ne rencontre aucun obstacle [1].

Dans la ville d'Auxerre est un saint couvent de moines institués sous l'invocation de saint Germain, dont l'église fut profanée par des brigands qui osèrent s'y introduire le soir même du jour où la Flandre

---

[1] Voici comment ce fait est rapporté en prose par Chesnius, tom. v, *Rerum Francicarum*, page 260 : « Un certain chevalier de Ségni, « nommé Jacques, était tellement malade dans la même ville qu'on « désespérait de lui, et qu'il se trouvait à toute extrémité. Comme il « était sur le point de rendre le dernier soupir, il fut transporté en « esprit de sa maison sur une place, où il vit passer une innombrable « foule de cavaliers, et après eux un homme portant une barbe, ayant « le visage un peu allongé, revêtu d'une chape rouge, et à côté de « lui un certain chevalier avec une tunique blanche et un manteau « blanc attaché sur la poitrine. Le saint dit au malade : « Quel est ton « hôte? » Le malade répondit : « Maître Thomas, cardinal-prêtre de « Sainte-Sabine. » Et le saint : « Dis-lui qu'il se lève de grand ma- « tin, et qu'il aille vers le pape, afin que celui-ci donne l'absolution à « l'ame de Philippe, roi de France. » Le malade lui dit : « Qui es-tu, « seigneur? » Il répondit : « Je suis Denis le martyr, et celui-ci, à « côté de moi, est Philippe roi de France. » Et le malade : « Vers « quel lieu le conduis-tu, seigneur? » Et le saint : « A la vallée de « Josaphat. » Et le malade : « Seigneur, les cardinaux et le pape ne « me croiront point sur cela. » Et le saint : « Ceci sera ton signe; ton « ame devait être séparée cette nuit de ton corps, et te voilà guéri. « Demain rends-toi vers le pape avec le cardinal; » et étendant la « main sur la tête du malade, il le reporta dans sa maison et partit

eut à s'affliger de la victoire du roi, et ne craignirent pas d'emporter secrètement les effets sacrés. Ensuite le sacristain de ce lieu, se présentant devant la châsse du bienheureux évêque, invoquait son nom d'une voix lamentable, et s'écriait en gémissant : « Pour-
« quoi, Germain, as-tu ainsi délaissé ton serviteur,
« que l'opinion fâcheuse de ses frères condamnera
« comme coupable de ce crime? Où t'étais-tu trans-
« porté, en quel autre lieu te trouvais-tu, alors que
« ces voleurs ont osé violer ton sanctuaire? Quelle
« faute de notre part a pu t'indisposer contre nous,
« de telle sorte que tu aies évité de nous protéger se-
« lon ta coutume? » Aussitôt une voix sortant de la châsse sacrée lui répondit en ces termes : « Lorsque
« ces dommages nous ont été faits, j'étais avec d'au-
« tres saints auprès de Cisoing, non loin du pont de
« Bovines, assistant les Français et leur roi, à qui la
« victoire a été donnée par notre secours; et celui qui
« l'a fait, par notre aide, triompher de tant d'enne-
» mis, vous fera aussi vous réjouir avec transport des
« choses que vous retrouverez. »

Ainsi le Roi des cieux a voulu que tant de saints pères, tant de milliers de nobles, vêtus de manteaux de pourpre, aient rendu les derniers honneurs à ce saint roi. Et comme autrefois l'illustre mort de Mar-

---

« ensuite avec le roi et les autres. Le matin, le chevalier étant en
« pleine santé, accompagna le cardinal, se présenta devant le pape
« et lui raconta ce qui lui avait été enjoint. Ayant entendu ces choses,
« et reconnaissant le miracle par le témoignage du cardinal, le seigneur
« pape fit des aumônes pour l'âme du roi, et ordonna que dans toute
« la ville on célébrât vigile et des messes, et lui-même entonna en grand
« respect et en toute dévotion l'*Absolve quæsumus, Domine*, et les au-
« tres prières relatives à l'absolution. »

tin fut révélée par le Ciel à Ambroise et à Séverin, de même un soir Germain annonce de loin la victoire du roi, de même Denis recommande ce même roi aux prières du pape, après sa sainte mort ; ainsi Dieu a voulu que les saints aient servi de témoins à celui qu'il avait connu juste pendant sa vie, par les mérites des saints; ainsi il l'a déclaré son ami par des signes certains, afin que l'envie, qui, se gonflant de son fiel amer, se repaît sur les vivans, s'arrête du moins après sa mort, afin qu'elle ne trouve en lui, au-delà du trépas, rien qu'elle puisse déchirer de sa dent empoisonnée, laquelle, lorsque la puissance divine publie quelque chose dans le monde entier, aux acclamations du peuple, ou le nie, ou cherche quelque moyen de le travestir : mais déjà depuis long-temps la voix publique lui a ordonné de demeurer en silence, et les témoignages des yeux ont repoussé ses perfides suggestions.

CONCLUSION DE CET OUVRAGE,

ET

EXHORTATION AU NOUVEAU ROI LOUIS.

C'est assez pour moi, ô Louis, d'avoir chanté jusqu'ici les actions de ton père ; je demande du repos, car voici, les flancs de mon coursier battent rapidement et avec force. Beaucoup de choses, certes, ont été rapportées ici, mais il en reste encore davantage, dont tu confieras le récit à d'autres poètes, qui sauront faire jaillir leurs vers d'une source plus abondante, qui pourront célébrer mieux et plus complétement, et d'un style plus élevé, tous les miracles du saint roi, et chanter ces signes merveilleux que la puissance divine a fait miraculeusement apparaître en lui, pour montrer qu'il est devenu de chevalier citoyen des cieux. Ils chanteront aussi d'un ton plus grave les brillans débuts de ton règne, et diront de quels transports de joie, de quels applaudissemens toute la France, remplie d'allégresse, a accueilli son nouveau roi, avec quelles grandes dépenses, avec quel éclat, avec quelle pompe particulière, ces transports de joie, à jamais célèbres, ont été solennisés dans toute l'étendue de la France.

Tu leur fourniras aussi un sujet digne de leurs

chants, lorsque la Rochelle toute rougie par Bacchus, fière de son port, tel que nul autre n'est plus fréquemment visité par les flottes, et fière aussi de son vin d'Aunis, qui ne le cède en rien à celui de Chypre, se sera soumise à toi ; lorsque les villes de Saintes et de Niort, qui se sont dérobées en apostats à notre juridiction, succomberont vaincues par toi ; lorsqu'au delà de la Garonne, dont les eaux refluent en arrière quand la mer s'élève, tu planteras une fois tes tentes sur le mont des Pyrénées, aux lieux où, tracées au nom de Pépin, afin que les deux royaumes soient séparés d'une manière positive, des limites certaines divisent les champs de la Gaule de ceux des colons d'Espagne[1]. Tu es obligé de reculer jusque là tes frontières, afin d'être en possession des droits de tes aïeux, sans aucun intermédiaire, et pour qu'aucun étranger ne possède rien sur notre territoire.

Tu ne souffriras point non plus qu'il règne en paix ce roi tout nouveau qui ose maintenant porter le sceptre des Anglais, lequel, enlevé à son père par une juste sentence, ne revient qu'à toi seul, qui t'est réservé pour un jour, n'étant dû qu'à toi seul en vertu des droits de ton épouse[2], et sur lequel l'élection unanime du clergé, du peuple, et des grands de l'An-

---

[1] Ce lieu est appelé par Matthieu Paris *la Croix de Charles.*

[2] Blanche, femme de Louis VIII, était fille d'Alphonse, roi de Castille, et d'Eléonore, fille de Henri II, roi d'Angleterre, et d'Eléonore d'Aquitaine ; mais Blanche n'était née qu'après Mathilde, duchesse de Saxe. Ainsi la succession au royaume d'Angleterre, si elle était arrivée aux femmes, eût dû passer d'abord aux ducs de Saxe. Louis n'en revendiquait pas moins ce royaume au nom de sa femme, sur le motif, dit Matthieu Paris, à l'année 1216, « que la reine de Castille était la « seule survivante de tous les frères et sœurs du roi d'Angleterre. »

gleterre t'a déjà préparé des droits tout particuliers. Cette entreprise t'appelle, et tu dois t'y préparer après la pâque, lorsque sera expirée la trêve que Jean a obtenue de ton père à force de supplications[1]. Alors prenant heureusement les armes sous de favorables augures, et marchant sous les auspices de ton père, commence à rétablir dans leur intégralité les droits de ton royaume, et à ajouter un royaume à un royaume, donnant d'abord le signal des combats devant les murs de Thouars, afin que tu puisses t'ouvrir un chemin plus facile vers la ville de Bordeaux, que tu donneras au comte de la Marche[2], attendu qu'il t'est demeuré fidèle, et qu'il est redevable de cette ville à son épouse[3], laquelle la reçut à titre de donation pour cause de mariage, lorsqu'elle fut autrefois promise au roi Jean.

Et lorsque l'Aquitaine se sera soumise toute entière à toi, lorsque l'étranger ne possédera plus rien dans notre royaume, alors transporte tes armées victorieuses vers le pays de Toulouse, et fais que la véritable foi ose lever la tête dans ces contrées, et qu'elle abolisse un culte profane, afin que toute hérésie soit chassée au loin sur toute l'étendue du royaume. Ne prends toi-même aucun repos jusqu'à ce que l'enfant de l'Angleterre, vaincu par tes armes, ait résigné entre tes mains un sceptre sur lequel il n'a aucun droit,

---

[1] Il ne peut être question ici de la trêve de cinq ans que Philippe-Auguste conclut avec le roi Jean en 1215; il faut donc entendre par ce passage, la trêve de quatre ans que Philippe accorda à Henri III, fils de Jean, à partir de la pâque de l'an 1220. Les deux traités étant rédigés dans les mêmes termes, c'est probablement ce qui fait dire à l'auteur que la trêve avait été sollicitée par le roi Jean.

[2] Hugues de Lusignan. — [3] Isabelle d'Angoulême.

et que tu puisses enfin régner seul sur les deux royaumes, ayant entièrement extirpé de nos jardins le venin et toute la race du serpent blanc, selon les promesses qui te sont faites dans les prédictions du prophète Breton [1].

Tels sont les honneurs, telles sont la valeur et l'élévation, tels enfin sont les dons qui t'ont été promis d'une manière positive et digne de foi [2]. Dieu révéla ces choses à Elisabeth par des signes évidens, alors qu'elle te portait encore dans son sein, fardeau sacré. Comme elle allait supplier Notre-Dame de Chartres et se recommander à elle par ses prières et dans son église, au moment où elle te sentit pour la première fois remuer dans son ventre, le feu du ciel vint allumer à la même heure les quatre flambeaux, sans que personne s'en approchât, et la lumière céleste répondant ainsi aux vœux de la reine, montra publiquement combien grands étaient ses mérites, et annonça en même temps les honneurs qui devaient t'échoir en partage, car déjà la volonté du ciel t'enchaînait à cette condition, que les guerres que ton père a laissées, sans les terminer, dussent être entièrement finies par la puissance de tes armes. Le destin t'accordera donc un triomphe définitif : aie seulement la volonté de te servir de ta valeur et de tes forces.

Oh ! que n'ai-je maintenant, que ne me reste-t-il

---

[1] Allusion à une prophétie d'Ambroise Merlin, qui commence en ces termes : « Malheur au dragon rouge, car son extermination s'avance. Le dragon blanc, qui désigne les Saxons, que tu as appelé, occupera ses cavernes : le dragon rouge désigne la nation de la Bretagne, qui sera écrasée par le blanc. »

[2] Le récit de ces divers événemens, sous la forme d'une prédiction, prouve que le poète breton a vécu au-delà de l'année 1226.

maintenant une portion de cette vie dont le souffle est près de s'éteindre, pour que je pusse m'efforcer de raconter tes exploits, dignes d'être célébrés par Sophocle ou par le poète de l'Ibérie [1]. Oh! si Gautier [2] ou Gilles [3] vivaient en ce temps, quels chants brillans relèveraient l'éclat de tes combats! Alexandre tout entier, Antiochus qui lui dut son illustration, et ses douze capitaines, s'affligeraient de n'être que de petites gens, comparés à la splendeur de ton nom, et la mordante critique succomberait elle-même devant un livre composé en ton honneur, s'il t'était donné de trouver un poète semblable à ceux-là!

A Charlot, trésorier, fils du roi Philippe.

Et toi, pour qui mon amour s'accroît à toute heure, en sorte que j'estime qu'il ne m'est pas permis de terminer cet ouvrage sans célébrer encore tes louanges, en qui la noblesse du cœur est la preuve de ton illustre origine, afin qu'il soit bien évident que tu es fils de ton père Philippe, toi, qui bien lavé de toute carie [4], chéri en toute charité, véritablement digne de porter le surnom de Charlot, et qui, embellissant ton nom propre d'un surnom véridique, justifies l'un et l'autre de ces noms par tes vertus et par ta vie, toi à qui j'ai donné les premiers enseignemens de l'enfance, et dont les heureuses dispositions secondent si

---

[1] Sénèque.

[2] Gautier de Châtillon, auteur d'un poème sur Alexandre, intitulé l'*Alexandride*.

[3] Gilles de Paris, auteur de *la Caroline*.

[4] *Carie lotus* : jeu de mots sur *Carlotus*, Charlot.

bien la facile intelligence, que déjà tu pourrais passer pour mon maître, quoique tu sois à peine arrivé à ta quinzième année, Pierre, tends la main à celui qui accourt vers toi, qui se rattache à toi par ses espérances; accueille son écrit d'un regard favorable, et rends-le tout aussitôt digne d'être lu, à l'aide de la force d'esprit que t'ont donnée la nature et l'étude. Daigne te faire mon guide et mon censeur, ajoutant à cet écrit ce qui y manque, en retranchant avec habileté ce qui peut être superflu. Cet écrit célèbre les louanges des rois ton père et ton frère, ses éloges s'attachent à toute la race de Pépin et des enfans de la France, et après avoir passé en revue et désigné par leurs noms les générations qui se sont succédées depuis l'origine de la nation, il s'arrête à la première année du règne de Louis le huitième.

Guillaume Breton de l'Armorique, à Philippe-Auguste, roi des Français [1].

Afin que l'on ne puisse pas croire que tes vers égalent en nombre les vers des Métamorphoses, ô Philippe, compare le nombre des vers de ton poème au nombre des vers de cet autre poème. Il y a dans le manuscrit de celui-ci douze mille vers, et le mien en a neuf mille cent cinquante, et afin qu'il n'y ait rien de plus ou de moins dans chacun de ces deux nombres, retranches-en quinze à celui-là, et cinq au

[1] Les vers suivans, d'après le manuscrit de Denis Petavius, étaient placés à la fin de *la Philippide*, avant que l'auteur, qui l'avait publiée d'abord du vivant de Philippe-Auguste, eût pu se déterminer à raconter la mort de ce roi.

mien [1], car je ne veux point faire entrer dans ce compte les vers des argumens qui précèdent chaque chant. Ici celui qui a été le sujet de mes chants m'impose le devoir de faire connaître à mon lecteur en combien de temps cet ouvrage a été fait et composé.

J'ai été écrite [2] en trois années, revue et corrigée en deux années, sans que je sois encore parfaitement exempte de défaut, car revoir et corriger est un travail plus grand que celui d'écrire, et le sujet lui-même m'interdisait par sa nouveauté de rester long-temps cachée. En outre *la Carlotide* m'a dérobé le même espace de temps que j'ai employé à la composer [3], ouvrage dans lequel ma muse s'avançant humblement à pas lents, a d'abord exercé ses coursiers sur un sujet plus facile. Que si une nation étrangère vient à me dédaigner, il me suffira d'être lue par les enfans de la France.

[1] Les manuscrits publiés ne contiennent que neuf mille cent quarante vers, non compris les argumens.
[2] L'auteur fait parler *la Philippide*.
[3] On n'a pas retrouvé un seul manuscrit de cette Carlotide, dont Guillaume le Breton se déclare ici l'auteur, et qu'il ne faut pas confondre avec deux autres poëmes, savoir *la Caroline*, ou *Histoire de Charlemagne*, écrite par Gilles de Paris pour l'instruction des fils de Philippe-Auguste, et *la Carolide*, ou *Poëme sur les misères des guerres des Anglais au temps de Charles* VII, poëme dont la Bibliothèque du Roi possède le premier chant en manuscrit, sous le n° 6266.

TABLE DES MATIÈRES

CONTENUES

DANS CE VOLUME.

LA PHILIPPIDE, POÈME.

	Pages.
Notice sur Guillaume le Breton.	vij
Dédicace.	1
Chant premier.	5
Chant second.	38
Chant troisième.	65
Chant quatrième.	97
Chant cinquième.	124
Chant sixième.	151
Chant septième.	176
Chant huitième.	212
Chant neuvième.	252
Chant dixième.	284
Chant onzième.	320
Chant douzième.	350
De la maladie et de la mort du roi Philippe.	370
Sur ce que le pape apprit la mort du Roi par un miracle.	379
Conclusion de cet ouvrage, et exhortation au nouveau roi Louis.	384
A Charlot, trésorier, fils du roi Philippe.	388
Guillaume Breton de l'Armorique, à Philippe-Auguste, roi des Français.	389

FIN DE LA TABLE DES MATIÈRES.

www.ingramcontent.com/pod-product-compliance
Lightning Source LLC
Chambersburg PA
CBHW052037230426
43671CB00011B/1687